노인복지론

WELFARE FOR THE ELDERLY

노인복지론

전명숙·김기명 공저

동문사

머리글

사회복지는 인간이 사회에 적응하지 못하는 문제를 해결하기 위한 조직적이고 사회적인 활동이라 할 수 있다. 이러한 노력은 개인을 변화시켜 사회에 적응하도록 하는 방법과 사회 그 자체를 변화시켜 개인이 적응할 수 있도록 하는 방법 이 두 가지 노력에 의해 이루어진다고 말할 수 있다. 한 사회에서 일어나는 현상이 개인이 해결할 수 없는 사회문제로 이슈(issue)화 되면 거시(macro), 중간(meso), 미시(micro) 측면에서 체계(system) 작동을 준비하게 된다. 우리나라뿐만 아니라 전 세계적으로 저출산으로 인한 생산가능 인구의 감소와 인구의 고령화 현상은 개인, 가족, 특정 집단의 문제를 넘어 사회구성인 전체가 고민하고 함께 해결해야 하는 사회문제로 자리매김하였다. 이러한 사회문제를 해결하기 위한 조직적이고 사회적인 노력의 일환으로서 사회복지 활동을 노인의 생활상의 일부로, 개인과 사회의 변화를 추구하는 관점에서 노인복지를 논하고 싶은 욕심을 담아 교재 집필을 시작하게 되었다.

비조직적이고 비사회적인 형태로 이루어지는 단순한 시혜(dole)적 행동은 사회복지활동으로 볼 수 없다. 노인을 사회구성원으로 수용하고 인생의 발달과업을 성공적으로 수행한 인생 통합 단계에 도달한 관점에서 노인을 바라보고, 기능적 노화를 이해하는 패러다임의 전환을 제시하고 싶은 개인적 고집도 담겨 있다.

이 책의 구성은 총 4PART로 나누어서 15CHAPTER로 배치하였으며 인용된 통계자료들은 가급적 최신자료를 사용하였다. 전체적인 내용으로 고령화 시대의 노인 문제를 시작으로 노인복지실천으로 미무리되는 노인복지의 세부적인 내용을 다루고 있다. PART 1에서는 노인과 노화의 이해 측면에서 우리나라 고령화의 원인과 문제를 기반으로 생활상에서 경험하는 노인 문제를 구체적으로 설명하고 있다.

머리글

PART 2에서는 노인복지의 기초와 관련된 이론을 다룸으로써 노인복지 개론의 관점에서 접근하여 노인복지의 기초를 자세히 설명하고, 역사적 이해를 위한 노인복지 패러다임과 이론의 발전을 노인복지의 변천과 연결시켜 노인복지 관련 법을 구체적으로 다루었다.

PART 3에서는 활동적 노화, 기능적 노화의 촉진으로서 일상생활에 밀접하게 관여하는 노인복지정책에 대해서 다루고 있다. 구체적으로 노년기의 생활상과 노인복지를 시작으로 노후소득보장제도, 사회참여지원제도, 노인건강보장정책, 노인주거보장정책에 대해 자세히 설명하고 있다.

PART 4에서는 사회복지실천의 개입 방향을 노인복지실천기술로 접목하여 복합적이고 다양한 노인의 욕구 해결의 기술로서 포괄적 노인사정(査定)에 이어 노인사례관리, 노인상담까지 폭넓은 측면에서 내용을 자세히 다루면서 인권의 개념과 영역, 인권 관점에서 노인복지정책과 실천 과제 등을 살펴보았다. 기존 상담과 사례관리 분야에서 다루지 않았던 노화(老化)에 따른 허약(虛弱)에 관여하는 요인 평가를 '포괄적 노인사정(査定)'으로 배치하여, 실천 개입기술을 상담과 사례관리로 한정하지 않은 것은 사회복지실천기술의 방법으로 사례관리와 상담이 나아가야 할 방향성을 제시하고 싶었기 때문이다.

노인복지론 원고를 마무리하면서 사회복지교육 현장에서 마주하게 될 사회복지사를 희망하는 학생들이 저자의 책을 통해 노인을 세대 연대의 대상이 아닌 활동적·기능적 노화 촉진자로서 긍정적인 이미지의 노인상(老人相)을 인식하는 계기가 되길 간절히 바라본다.

출판을 맡아주신 동문사 임직원 여러분께 감사드리며, 전 과정에 함께 해 주신 유재영 상무님, 교재 집필에 함께 해 주신 김기명 교수님께 감사의 말씀을 전한다. 끝으로 올해 90세를 넘기시며 건강한 노년기를 보내고 계신 어머니와 사랑하는 남편, 두 자녀에게 마음 깊은 고마움을 전한다.

2021년 2월

전 명 숙

차 례

차 례

PART 01

고령화 시대의 노인 문제

CHAPTER 01

노인과 노화의 이해

01 노인의 개념

산업의 발전과 현대 과학 문명이 발달하고 현대인들은 건강에 대한 관심이 커지면서 인간의 수명이 점점 더 연장되고 있다. 이러한 모습에 노인에 대한 학문적 · 사회적 관심이 높아지면서 노인의 개념에 대한 다양한 논의가 진행되었다. 일반적으로 노인은 생애주기의 최종단계에 돌입하게 되면서 신체적 · 정신적 · 사회적 측면에서 능력이나 적응성이 퇴화하는 현상을 보이기 때문에 단순히 몇 살이라는 역연령으로만 정의될 수 있는 것이 아니며 생물학적 · 심리학적 · 사회학적 측면과 관련된 복합적 개념으로 이해해야 한다(백진호 · 현승권, 2005).

우리 사회에서 전통적으로 60세가 넘으면 노인으로 인정하였다. 이전에는 노인들의 수명이 지금보다 훨씬 짧아서 만60세가 되면 환갑잔치를 하면서 장수를 기원하였다. 환갑잔치는 두 가지의 의미를 담고 있는데, 하나는 장수를 기원하는 것이고, 다른 하나는 만70세에 칠순 잔치를 기대할 수 없기 때문이다.

제도적인 측면에서 「국민연금법」에서는 연금 수혜자를 60세 이상으로 규정하고 있으며, 「고령자 고용촉진법」은 고령자를 55세 이상의 자로, 준고령자는 50세 이상에서 55세 미만의 자로 규정한다. 반면 「노인복지법」은 65세 이상의 개인으로 노인을 정의하고 있다(이영분 외, 2004). 최근 학계에서는 은퇴 연령인 만65세 이후의 시기를 노인으로 규정하기도 한다(엄현목, 2019).

국제노년학회는 노인을 노화 과정에서 나타나는 생리적·심리적·환경적 행동의 변화가 상호작용하는 복합형태의 과정에 있는 사람이라고 보고, 노인에 대한 정의를 의학적 관점에서 다섯 가지로 정의하였다. 첫째, 환경변화에 적절히 적응할 수 있는 자체 조직에서 결핍을 가진 사람, 둘째, 생활 자체가 자신을 통합하려는 능력이 감퇴하는 시기에 있는 사람, 셋째, 인체의 기관, 조직, 기능 등에 있어서 감퇴 현상이 일어나는 시기에 있는 사람, 넷째, 인생 자체의 적응이 정신적으로 결손되어 가고 있는 사람, 다섯째, 인체의 조직 및 기능의 소모로 적응감퇴 상태에 있는 사람이다(정계순, 2008).

브린(Breen, 1960)은 노인을 생리적·생물학적·심리적·사회적 노화의 관점에서 생리적 및 생물학적인 면에서 퇴화기에 있는 사람, 심리적인 면에서 정신기능과 성격이 변화되고 있는 사람, 사회적인 면에서 지위와 역할이 상실되어 가는 사람으로 정의하였다(장세철, 2006).

이처럼 노인에 대한 개념은 다양한 관점에 의해 정의될 수 있다. 이에 다음에서는 노인에 대한 정의를 개인의 자각에 의한 노인, 역연령에 따른 노인, 사회적 역할상실에 따른 노인, 기능적 연령에 따른 노인, 발달단계에 따른 노인의 정의를 살펴보고자 한다.

첫째, 개인의 자각(self-awareness)에 따른 노인으로 스스로 자신이 노인이라고 생각하는 것으로 노인을 규정하는 것을 말한다. 어떤 사람은 누가 보아도 노인이라고 여겨지지만 정작 본인은 아직 노인이 아니라고 생각할 수 있는 반면, 어떤 사람은 여전히 중·장년기에 속해 있는데도 불구하고 자신을 노인이라고 말하고 있기에 노인으로 규정할 수도 있다. 이러한 개인의 자각에 의한 노인의 정의는 노화의 다양한 측면을 고려해야 하고, 종합적인 판단을 내포하고 있어야 한다. 하지만 이 개념은 매우 주관적이면서도 추상적이기에 노인에 대한 정책이나 연구에 있어 한계점을 지닐 수밖에 없다. 다만 이 개념은 노인들에 있어서 대인관계나 혹은 노인을 위한 상담, 노인에 대한 일상적인 모습을 연구하고 임상적으로 실천함에 매우 유용하게 사용될 수 있을 것으로 여겨진다(엄현목, 2019).

둘째, 역연령(曆年齡, chronological age)에 따른 노인으로 보편적으로 가장 많이 사용되고 있는 노인의 정의이다. 역연령에 따른 노인은 출생 이후부터 달력상의 나이로 계산한 만나이가 60세 또는 65세 이상일 경우 노인으로 규정한다. 서구에서는 일반적으로 사회보장제도의 급여수급 자격을 기준으로 노인을 65세로 규정하고 있다. 그러나 65세라는 획일적 기준을 적용할 경우 다양한 사회보장제도의 급여나 서비스를 이용할 필요가 없는 사람이 포함되거나 반대로 필요한 사람들은 오히려 제외되는 문제가 생길 수 있으며, 학술 연구에서도 여러 가지 제약을 가할 수 있다. 우리나라의 노인 관련 법규를 살펴보면, 「고용상 연령차별금지 및 고령자고용촉진에 관한 법률」에서는 55세 이상을 고령자로 규정하고 있고, 「국민연금법」에서는 노령연금 수급기준을 60세로, 「노인복지법」에서는 65세로 노인으로 규정하고 있으며, 「국민기초생활보장법」에서는 「노인복지법」의 노인 연령기준을 원용하고 있다. 그리고 대부분의 노인복지관에서 노인의 연령기준을 60세 또는 65세로 설정하고 있다. 특히 우리나라에는 60세를 회갑이라고 하여 이 시점부터 노인이 되는 것으로 인정하는 사회적 관습이 있고, 또 일반 기업체의 정년퇴직연령도 55세 정도인 경우가 대부분이다. 이러한 제반 법규와 사회문화적 특성을 근거로 하여 볼 때, 우리나라에서의 노인에 관한 연령 기준은 55~65세라고 할 수 있다(권중돈, 2014). 역연령에 따른 노인의 정의와 연령을 기준으로 한 노인집단의 분류에는 한계가 있으나, 65세라는 연령은 노인이 되는 법적·정책적·행정적 기준으로 보편적으로 활용되고 있으며, 학술적으로도 이 시기부터 노인이라고 규정하고 있다.

셋째, 사회적 역할상실에 따른 노인은 사회적 지위와 역할이 상당히 상실된 사람이라고 본다. 이는 사회적인 활동에서 퇴직이나 혹은 가정으로부터 지위와 역할을 상실한 상태에 있는 노인을 말한다. 이러한 정의는 노인을 사회적인 역할만을 고려하고 있다는 한계와 노인이 사회적 지위와 역할이 불분명하거나 혹은 그 역할을 수행하지 못하는 사람들의 경우에는 적용하기 힘들다. 무엇보다 여성의 경우에는 더욱 그러할 것이다. 우리나라에서는 대부분 55세에 정년퇴직을 하고 있으며, 그 이후에는 사회적 지위나 역할에 있어서 매우 저조한 상태에 놓여 있으므로 55세 이후에는 사실상 사회통념상으로 볼 때 사회적으로 노인이 되는 것으로 이해한다(엄현목, 2019).

넷째, 기능적 연령(functional age)에 따른 노인이다. 기능적 연령은 산업노년학의 분야에서 관심을 가지고 발전시킨 개념으로 특정 연령의 범주에 속하는 개인을 외모나 혹은 생산성, 신체적 기능, 정신적 기능, 자아 통제력 등을 기준으로 노인을 정의하고 있다. 대개 연령이 증가함에 따라 신체적 기능이나 업무수행능력은 줄어드는 것이 일반적이지만, 모든 사람에게서 기능의 수준이 줄어드는 것은 아니다. 오히려 70대에 기업체의 신입사원으로 입사하여 젊은 사람 못지않게 생산성을 보이는 경우도 있다. 심지어 80대에 마라톤 풀코스를 완주하는 경우도 종종 보게 된다. 그러므로 기능적 연령에 따른 노인에 대한 정의에서는 노인 개인이 할 수 있는 일이나 특정한 업무에 있어서 그의 기능이 저하된 상태에 한해서 노인이라고 규정하는 것이다. 기능적인 연령에 따른 노인의 정의는 일괄적으로 역연령에 따라서 노인으로 규정하는 것으로부터 나타날 수 있는 개인적 차이에 대한 한계점을 보완할 수 있는 장점이 있다. 하지만 기능적 연령을 기준으로 하는 영역에 있어서 매우 복잡할 수 있고, 더 나아가 행정이나 정책에 있어서 그 편의성이 매우 낮아 노인 연구에 있어 법과 정책, 실천현장에서 활용하는 데 많은 한계가 있다(엄현목, 2019).

마지막으로 발달단계에 따른 노인이다. 사람의 발달단계는 사회적인 심리와 속성, 생물학적인 특성과 환경적인 특성에 따라서 구분할 수 있다. 중년기는 사회적 전이가 심하며, 노화 증상이 나타나기 시작하는 시기이다. 하지만 중년기에 노화가 시작돼도 40~50대에 속한 사람을 노인으로 규정하지는 않는다. 대개 일반적으로 60대부터 심리적인 노화와 함께 생물학적인 노화가 진행된다. 그러므로 보통 이때로부터 노인들은 사회적인 지위와 그의 역할을 상실하게 되며, 사회에 참여하는 참여도가 현저히 줄어들고, 심지어 자녀를 출가시키고, 노인 부부만 홀로 남게 되는 그러한 상태의 노화를 경험하게 되며 이러한 사회적 노화가 급속하게 진행되는 것이다. 그리고 70대 후반에 이르러서는 신체가 갖는 쇠약함을 극도로 느끼고 심지어 만성질환을 앓게 되는 경우가 많아진다. 그로 인해서 인지기능 역시 저하되고 사회 관계망과 사회활동 참여가 축소되며, 타인에 대한 의존성이 급격히 증가하게 된다. 그러므로 노인은 이러한 인간발달단계를 근거로 해서 50대 후반부터 초기 노년기 혹은 후기 성인기로 구분하며, 60세와 65세부터 노년기로 분류한다. 그리고 75세 이후를 후기 노년기로 구분하기도 한다(권중돈, 2010).

노인에 대한 다양한 관점에서의 정의를 종합하면, 노인은 신체적으로나 생리적으로 퇴화하고 있으며, 정신적 기능과 변화되며, 개인적으로나 사회적으로 지위와 역할이 약화된 65세 이상의 사람으로 정의할 수 있다.

02 노화의 개념

인간은 연령이 증가함에 따라 노화 과정을 거치게 된다. 국립국어원 표준국어대사전에서 노화를 자연적인 시간의 흐름에 따라 신체의 구조와 기능이 쇠퇴하는 현상으로 정의하고 있다. 이는 노화가 인간이 연령이 증가함에 따라 신체의 구조와 기능이 점진적으로 약해지며, 질병과 사망에 대한 감수성이 급격히 증가하여 쇠약해지는 것을 말한다.

비버와 밀러(Beaver & Miller, 1983)는 사람은 노화를 건강한 성인에서 대부분의 신체 장기와 기관에서 비축 능력이 떨어지고 질병과 죽음에 대한 취약성이 급격하게 증가하는 상태로 변해가는 과정으로 정의했다. 노년학자들은 노화를 유기체가 환경으로부터 오는 스트레스로부터 항상성을 유지하는 능력이 감퇴하는 과정으로 정의한다(박종한, 2008). 생물학자들은 성장을 수정부터 성숙에 이르는 순간까지 일어나는 신체적 변화과정으로 그리고 노화를 유기체의 세포, 조직, 기관 등이 쇠퇴하기 시작하여 불가피하게 죽음에 이르는 과정으로 정의한다. 다시 말해 노화란 신체, 생리적인 기능이 절정의 순간을 거친 후 한참 그 효율성을 유지하다가 서서히 감퇴해 가는 과정이다. 그러나 발달학자들은 생물학자들의 관점보다 노화를 광범위한 범위에서의 변화로 설명한다. 노화는 전 생애를 통해 신체적・심리적・사회적으로 변화를 경험함에 있어 나타나는 획득과 손실, 그리고 중성적 변화들을 모두 포함한 발달과정으로 정의한다(한림대학교 고령사회연구소, 2017). 이들은 인간의 노화는 곧 인간이 발달하는 과정이며, 정자와 난자가 수정하는 자궁에서부터 죽음에 이르러 무덤에 들어가는 순간까지 인간에게 일어나는 체계적인 변화과정으로 이해되어야 함을 주장한다.

비(Bee, 2000)는 발달과정으로서 노화를 정확히 이해하기 위해서는 다음과 같은 사항을 고려해야 한다고 주장하고 있다.

첫째, 노화를 일반적으로 발달상의 변화로만 이해하는 것이 아니라 안정성을 고려해야 한다. 노화는 노화의 과정에서만 일어나는 변화뿐만 아니라 생물학적・심리적・사회적 측면에서 변하지 않고 동일하게 남아 있는 특성(staying the same)인 안정성에 대해서도 함께 고려해야 한다.

둘째, 노화의 과정에서는 상실이나 쇠퇴가 일반적인 특징이지만, 경험과 지혜가 확장되는 것과 같이 새로운 특성을 얻기도 하므로 이러한 특성들을 이해하여 노화를 정의해야 한다.

셋째, 노화가 모든 사람에게 보편적으로 나타나는 일차적이고 본질적인 것이지만 개인에 따라 노화의 속도나 정도에 차이가 있으므로 노화의 보편성과 개별성을 동시에 고려해야 한다.

넷째, 노화를 유전적 프로그램에 기인하는 외적 변화로 인식하고 있지만, 외부의 환경적 요인 역시 노화를 유발하는 주요 요인이 된다. 그러므로 노화의 원인과 결과를 논의할 때 반드시 유전과 환경 등 내적·외적 요인을 동시에 고려해야 한다.

다섯째, 생물학적 노화를 기준으로 하여 일단 노화되면 비가역적이라고 하지만 직업적 역할상실과 같은 사회적 노화는 얼마든지 원상회복이 가능하다. 그러므로 노화는 비가역적 특성과 반드시 일치하지 않는다는 점을 고려해야 한다.

03 노화 과정

노화 과정을 올바르게 이해하기 위해서 출생하여 죽음에 이르는 모든 과정 가운데 일어나는 생물학적·심리적·사회적 노화 과정에 대하여 살펴보도록 하겠다.

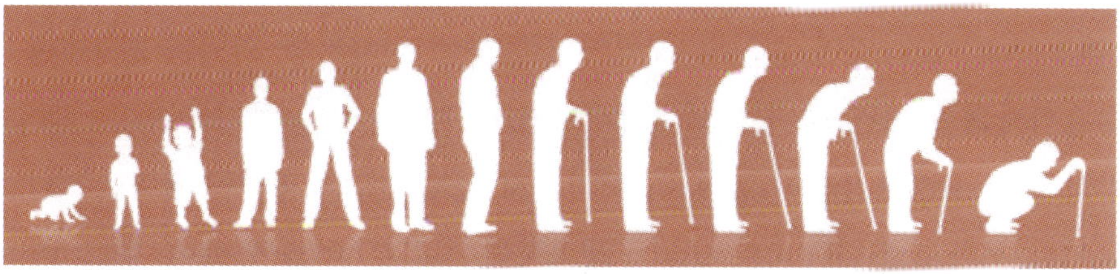

그림 1-1 노화 과정

1) 생물학적 노화

노화는 시간이 흐름에 따라 유기체의 세포, 조직, 기관조직, 유기체 전체에 일어나는 점진적인 변화로서 이는 인간의 정상적인 발달과정의 한 부분이다(Beaver, 1983). 그러므로 노화란 사람들이 일상생활을 살아나가는 동안 생물학적으로 성숙된 인간들에게 일어나는 모든 규칙적 변화이다(홍숙자, 1999).

생물학적 측면에서 노화는 수정에서 시작되어 사망 시까지 계속되는 과정이며, 세포와 신체조직, 신체기관에 걸쳐 일어나는 기능 · 구조 · 생화학적 변화과정으로 볼 수 있다(손유림 · 김재룡, 2017). 노화란 연령증가와 더불어 신체기능이 쇠퇴해 가는 과정으로서 출생 · 성장 · 성숙이 모두 정상적인 노화 과정의 일부분으로 노화현상(senility)은 어떤 질병이나 사고에 의한 것이 아니고, 가령과 동시에 자연적으로 일어나는 생체조직의 변화와 세포의 내인성[1]에 기인하며, 노화는 성숙기가 끝난 시기부터 시작되며, 일반적으로는 65세 이후를 노년기라고 하지만 노화 현상은 개인차가 매우 크다(손유림 · 김재룡, 2017).

노화의 과정은 한 개인의 출생에서 전 생애과정을 통해 발생한 변화의 총합으로 유아기에 가장 현저하게 일어나며, 학동기[2]에서 성숙기를 거치면서 점차 천천히 일어나는 것으로 알려져 있다. 노화와 수반되는 생리적 변화는 일반적으로 각기 다른 속도로, 각기 다른 조직에서 진행되며(조유향, 1992), 노인에게 있어 전신의 체력이 감퇴하는 신체기능 쇠퇴는 활동성을 감소시키고 흥미의 범위를 협소화시키며, 시각, 청각 능력의 퇴화로 말미암아 사고나 상호작용이 점점 더 어려워져 외부적 감각자극을 제대로 받아들이지 못하게 된다(김미옥, 1987). 생물학적 노화로 인하여 몸이 불편하면

1) 어떤 병의 원인이 몸속에 있는 성질을 의미한다.

2) 학동기는 만7세부터 만12세까지의 초등학교의 시기를 말하며, 학교 내외에서 심신의 활동이 계속되는 때이다. 심신의 균형이 비교적 잘 이루어지고 질병에 걸리는 수도 적으며 성장과 함께 신체 각 기관과 조직의 발달이 꾸준히 이루어지는 시기이다. 학동기의 체질과 식습관이 성인까지 계속되므로 이 시기에 올바른 식습관을 형성하는 것이 중요하다.

대부분 사람은 질병으로 혼동하게 되는데, 연구결과를 보면 노화에 대한 상식 부족으로 정상적인 노화와 병리적인 노화를 혼동하고 있기 때문이다(손유림 · 김재룡, 2017).

노화 과정을 질병과 연관하여 정상적 노화와 병리적 노화 과정으로 구분된다. 노화는 인간에게 유해무익한 과정으로 노화가 진행될수록 죽음에 이를 가능성이 커진다. 또한, 죽음과 밀접한 연관성을 지니고 있어 노화의 결과를 질병과 죽음으로 간주하는 경향이 있다. 그러나 노화 과정 자체만으로는 질병이 유발되지 않는다. 즉, 정상적 노화로 인하여 신체적 기능이 저하된 상태에서 특정한 위험요인인자들이 개입하게 되면서 정상적 노화 과정은 병리적 노화 과정으로 변하게 되며, 그 결과 질병에 이환되는 것이다(권중돈, 2010). 따라서 일반적인 노화 과정은 사람들에게 당연히 일어나는 현상으로서 막을 수 없지만, 정상적 노화 현상들은 노력으로 충분히 늦추거나 경감시킬 수 있다. 그러므로 노화 자체는 병이 아니다. 노화 과정이나 노화에 따라 생길 수 있는 질병에 대한 지나친 염려나 오해는 실제 신체적인 노화로 인한 것보다 더 부정적인 결과를 초래할 수 있으므로 일반적인 노화와 그 과정에 대한 인식과 이해는 필요하다(진영선, 2014).

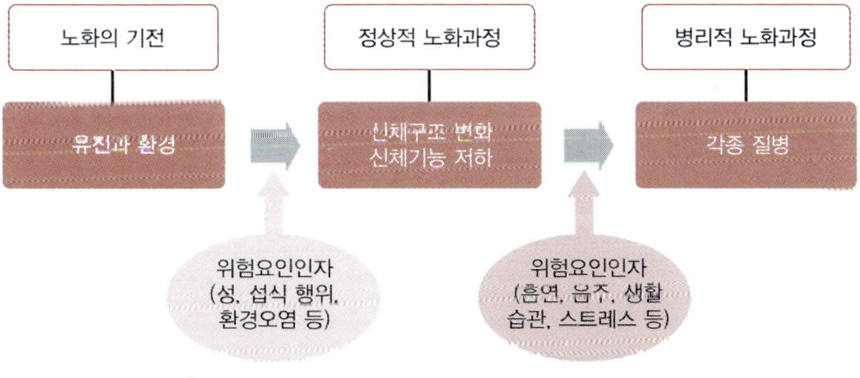

그림 1-2 정상적 노화와 병리적 노화의 관계

출처: 권중돈(2010).

생물학적 노화가 진행되면서 노인이 신체는 각 기관의 기능이 쇠퇴하며 생물학적 변화가 나타나기 시작한다. 김정은(2009)은 노인의 생물학적 특성을 신체구조의 쇠퇴, 외형적 변화, 신체적 기능의 감퇴로 구분하였다. 피부, 지방조직, 세포, 치아의 감소 및 골격, 골격근의 약화 등 신체구조의 쇠퇴가 일어나고 흰머리, 주름, 키 등 외형적인 변화를 보이며, 시력저하, 만성질환 등 발병률이 증가하며 신체적 기능이 감퇴한다고 하였다. 성수용(2005)은 보통 40대 이후부터 노안에 접어들기 시작하여, 백내장 등의 질환이 동반되며 시력저하가 나타나고, 청각의 경우 70대에 약 30%, 80대에서는 50% 이상이 난청이 된다고 하였다.

노화가 진행되면서 노인은 체력저하와 함께 운동기능 능력이 떨어지고 주위 환경에 대한 적응력이 저하되면서 외부 자극에 대한 반응속도가 느려진다. 또한, 면역능력도 저하되면서 외부의 힘에 대한 이상 상태가 정상상태로 돌아오기까지의 회복속도가 느리고, 상처를 입는 경우 상처의 회복속도가 느리다고 하였다(안나영, 2002). 나이가 들며 몸의 장기는 기능이 떨어지게 되는데, 심장은 크기와 형태가 변하지는 않지만 지방갈색소와 지방조직이 증가하여 심장판막과 혈관벽이 두꺼워지며 탄력성을 잃게 된다. 심장에서 뿜어져 나오는 피의 양이 감소하고 박동력이 떨어진다. 이러한 문제로 심장의 능력이 떨어지게 되며, 가슴부위의 척주 뼈가 휘어져 허파의 팽창이 어려워져서 호흡의 불편감이 오기도 한다. 몸에서 받아들일 수 있는 산소의 양이 점점 줄어들어 70세에 이르게 되면 생존에 필요한 최소한의 산소 섭취능력만이 남게 된다. 칼슘의 흡수율이 낮아져 뼈에 있는 칼슘을 가져오게 되어 체내 칼슘양이 현저히 줄어들며 골다공증의 위험이 증가하게 된다(정수경, 2003). 척추 사이에 있는 연골조직들이 얇아지면서 척추가 굽고 압축되기도 한다(황홍경, 2008).

노인 질병의 특징을 보면 한 가지 이상의 질병을 동시에 앓고 있으며 만성적 질환이 많다. 원인이 불분명하거나 복합적 원인으로 발병되며 질병의 경과는 길어지고 재발이 쉽다. 한 질병이 경과되고 있음에도 또 다른 새로운 질병이 발병되는 경향이 있다(김정균, 1984). 또한, 몸의 각 부분을 연결하는 조직인 엘라스틴(elastin), 콜라겐(colagen), 레티큐린(reticulin) 등의 감소로 신경통증이 증가하여 운동에 제한이 생겨 근육과 피부 등의 조직의 빠른 퇴화가 온다(한영희, 2003).

생물학적 노화에 관한 보편적 이론은 정립되지 못하고 있지만 생물학적 노화의 원인에 대해 여러 가지 이론과 가설이 등장하게 되었다. 대표적으로 유전이론(Genetic Theory of Aging), 세포이론(Cellular Theory of Aging), 면역이론(Immunological Theory of Aging), 생리적 통제적 이론(Physiological Control Theory of Aging) 등이 있다(최성재・장인협, 2010).

2) 심리적 노화

심리・사회적 측면에서 인생을 4등분하여 성장하는 기간과 일을 하는 기간, 그리고 늙어가는 기간이라고 할 수 있다. 이에 의하면 인생의 마지막인 늙어가면서 보내는 기간 동안 이루어지는 심리적 노화는 퇴행적 발달의 의미가 강하다. 즉 심리적 노화는 경험에 의한 행동기능과 감각기능, 지각기능, 그리고 자아에 대한 인식 등이 나이가 들어갈수록 변화하는 것을 의미한다. 심리적 노화에 관한 연구는 인지, 성격, 인간발달의 세 측면에서 진행되고 있다(엄현목, 2019).

심리적 노화의 양상은 감각기능에서 제일 먼저 나타나는데 신체의 변화에 대한 정보를 수집하여 뇌에 전달하는 감각기관의 기능이 저하된다. 즉, 노년기가 되면 뇌신경 자극 전달세포의 감소, 조심성, 심사숙고하는 성향이 짙어짐에 따라 문제해결 능력과 운동 반응 시간, 정보처리 과정, 기억력 등에서 반응속도가 저하된다. 인지 및 정신기능에서도 변화가 생기는데 지적 능력의 감퇴가 시작되면 정보와 기술을 배우는 학습능력이 떨어진다.

사고능력과 기억력의 심각한 감퇴로 인한 치매는 심각한 사회문제로 제기되고 있다. 치매는 뇌혈관의 장애, 뇌 질량의 감소와 인지기능과 고등 정신기능이 감퇴하는 기질성 정신장애로 판단 장애, 추상적 사고 장애, 대뇌피질 장애, 기억장애, 성격 변화가 수반되어 직업이나, 사회활동 또는 대인관계에 어려움을 겪는 복합적 임상증후군이다(엄현목, 2019).

심리적 노화의 양상으로는 정서와 성격의 변화가 나타난다. 내향성 및 수동성이 증가하고 조심성, 경직성이 증가하며, 우울 성향이 높아진다. 특히 노년기에는 의존성이 높아지고 삶에 대한 회상 경향이 나타나며 좋아하는 물건에 대한 애착이 생기기도 한다(설은주, 2005).

황홍경(2008)은 노인은 유행을 추구하지 않으며, 본질에 대해 다루려 하고 생각이 깊으며 친절하고 의리가 있지만, 반면에 활동성이 감퇴하고 흥미를 잃어가고 타인에게 의존하려 하는 성향이 강해지고 자기중심적이며 질투심이 많아지는 등 부정적인 면이 많다고 하였다.

정수경(2003)은 노인들은 소외감과 고독감이 강하다고 하였다. 사회에서 자신이 외면당하는 느낌을 받고 다양한 상황으로 인해 많은 것을 잃게 되면서 가정이나 직장에서의 지위와 역할의 상실, 대인관계의 상실, 자신감의 상실 등은 외로움과 소외감을 느끼게 하며 존재가치를 잃어간다는 생각을 하게 되고 이것은 곧 스트레스로 직결된다고 하였다.

김정은(2009)은 노인은 자신의 결정에 대해 정확한 판단에 대한 욕구가 있으나 시각, 청각 등 감각기능의 감퇴와 신체적·심리적 기능이 저하되기 때문에 노인이 되어감에 따라 판단력이 약해지고 시간의 변화에 대한 적응능력이 감소하면서 쉽게 자신감을 잃게 된다고 하였다.

심리적 노화로 인해 노인은 과거 지향적으로 과거에 대해 집착하는 성향이 강하게 나타난다. 과거에 대해 회상하며 현재와 미래에 적응할 힘이 생기고 성향에 따라서는 과거를 현실보다 더 실제적인 것으로 인지하기도 한다(정수경, 2003). 주관적 판단이 강해지고 한번 내린 결정에 대해서는 잘 바

꾸려 하지 않는 경직성과 창조성, 창의력, 성취욕 등이 감소한다. 주변 환경에 대해 소극적인 자세가 되어 위축되고 내향적인 태도로 바뀌는 경향도 있다(국민생활체육협의회, 1993).

심리적 노화에 관한 연구는 곰퍼츠(Gompertz, 1825)가 연령과 사망률과의 상관성 연구를 하면서 시작되었다. 하지만 아직도 문화와 시대를 초월하는 보편적 경험적 차원의 검증된 이론들은 많지 않다. 심리적 이론은 발달과업이론, 성격발달이론, 인지이론, 행동유전이론, 노년초월이론 등 매우 다양한데, 그중 심리적 노화와 관련된 주요이론은 심리발달이론(Erikson, 1963) 발달과업이론(Havighurst, 1972), 적응발달과업이론(Peck, 1968), 인지이론(Clark & Anderson, 1976), 정체감위기이론(Thome, 1977), 정체감 유지이론(Miller, 1965), 노년초월이론(Atchley, 1971) 등이 있다(한국임상사업학회, 2006).

3) 사회적 노화

인간은 태어나면서부터 죽음에 이르는 순간까지 다양한 사회구조 속에서, 예를 들어 가족과 친구, 지역사회, 직장, 종교집단 등에서 자신의 지위를 획득하고 그에 따른 다양한 역할을 수행하는 사회적 관계가 변화하는 것을 경험한다. 사람들의 나이가 들어감에 따라 생물학적으로 그리고 심리적으로 변화하는 것처럼 사람들이 처한 사회 환경이 바뀌므로 사회적 관계와 사회적인 역할도 변화하게 되는데, 이를 사회적 노화라 한다(진영신, 2014).

사회적 노화는 개인적 관점과 사회제도적 관점으로 구분하여 살펴볼 수 있다. 개인적 관점의 사회적 노화는 자녀의 진수, 의존성, 생활환경의 변화 등이며, 사회제도적 관점의 사회적 노화는 역할과 지위의 변화, 은퇴 등이다.

사회 구조적으로 젊음을 지향하게 되고 젊은이 위주의 역동적인 사회 속에서 노인은 불편한 존재로서 분리되어 버리는 소외감과 대립감, 거리감을 느끼게 되는 것이다(김미옥, 1987). 사회적 문화는 자연스럽게 젊은 세대들이 주도할 수밖에 없고, 현재 노인문화가 제대로 형성되어 있지 않기 때문에 사회적으로의 소외는 불가피한 것이다. 오늘날 산업화 사회에서는 노인들의 지식과 축적된 경험들이 사회에서 더는 필요하지 않다고 느껴지고 있으며 노인의 생활방식도 무시되고 있다. 특히 우리나라의 노인들은 과거의 사회 환경, 통념상의 문제로 제대로 된 교육을 받지 못하고 생활고를 겪어왔기 때문에 더욱 이러한 현상이 보여지는 것이다(김대훈, 2005).

노인은 은퇴를 경험하게 되면서 경제적인 측면뿐 아니라 대인, 사회관계가 줄어들게 되고 자녀들의 분가 등 핵가족화가 되어 사회적 고립에 처하게 된다. 사회적 유동성에 의해 사회적인 접촉이 감소하게 됨으로써 고독감, 외로움을 느끼게 되고 다양한 신체적·심리적 문제와 함께 실존적 공허 상태에 이르게 된다(신종태, 2000). 자신의 역할을 잃게 되면서 역할 수행의 활동영역을 잃게 되고, 이것은 다른 사람들로부터 역할 지원을 잃게 되어 내가 누구인가 하는 정체성을 잃어버리게 되는 것이다(나항진, 2002).

일반적으로 노인에게는 시간적인 여유가 많고 그 시간이 공허하지 않기 위하여 어떤 것이든 할 일이 필요하다. 과거 우리나라 노인의 경우 대부분 TV나 라디오, 손자나 친지와 담소, 낮잠 등으로 시간을 보내는 경우가 많았다(송정선, 1996). 그러나 최근 들어 나이가 들어서도 활발한 사회활동의 여가를 즐기려 하고, 외모를 꾸미며 자원봉사 등 의미 있는 사회활동에 적극적으로 참여하려는 움직임이 나타나고 있으나 정치·사회단체 활동에서 실제 참여율은 낮은 수준이다(정경희 외, 2013). 이는 사회활동에 대한 욕구는 있으나 현실적인 제약으로 인해 활동하지 못하고 있지만, 자신의 경험과 능력을 활용하고자 하는 희망이 있는 것으로 보인다.

노화에 대한 이론들은 노화와 관련된 사회적 관계와 여러 상황 속에서 이뤄지므로 노화가 사회적 현상에 어떠한 영향을 미치는가에 대한 다양한 이론들이 제시되고 있다(조추용 외, 2019). 이러한 이론들은 사회의 구조와 노인집단, 노인의 역할과 사회적 적응, 사회적 관계와 노인계층, 노년기 활동 등에 관한 것으로 노화와 관련되어 한 개인의 사회적 적응과정이나 사회의 반응과 대응이라는 여러 가지의 사회적 현상들을 총체적으로 설명하고 있다(권중돈, 2010). 대표적으로 개인적 관점의 사회적 노화의 주요이론으로는 활동이론(Havighurst, 1953; Lemon, Bengtson, & Peterson, 1972)과 분리이론(Cumming & Henry, 1961), 지속이론(Atchley, 1989), 역할이론(Cottrell, 1942; Hagestad & Neugarten, 1985), 스트레스 이론(Selye, 1976) 등이 있으며, 사회제도적 관점의 사회적 노화의 주요이론으로 현대화 이론(Cowgill & Holmes, 1972), 사회와해이론(Bengtson, 1973), 교환이론(Homans, 1961; Dowd, 1980), 연령계층화이론(Riley & Forne, 1968) 등이 있다.

CHAPTER 02

한국의 고령화 원인과 문제

01 한국의 고령화 현황과 전망

인구구조(population composition) 변화는 일정 시점에서 출생한 인구수에서 사망한 인구수를 제하고 유입된 인구수와 유출된 인구수의 차이를 더하여 결정된다. 즉 인구구조 변화는 출산, 사망, 인구이동으로 영향을 받는다. 출산율 감소는 인구피라미드의 기저(base)를 감소시키는데, 인구피라미드에서 젊은 연령층이 줄어듦으로써 인구의 연령 구조가 고령화된다. 반면 사망률 감소는 인구피라미드의 정점(peak)을 확장해 인구 고령화 현상을 가져온다. 국제기구를 비롯한 많은 국가들은 인구를 나이에 따라 크게 세 그룹으로 구분하고 있다. 먼저 0~14세까지 인구는 유소년인구로, 15~64세 인구는 생산가능 인구, 마지막으로 65세 이상의 인구를 고령 인구라 한다(이연호・김광민, 2015). 생산가능 인구는 실질적으로 해당 국가의 경제활동에 가장 중추적인 역할을 담당하며 이중 경제활동이 가장 활발한 시기의 25~49세의 인구를 핵심 생산인구라 일컫고 이들은 생산, 소비 등 경제 흐름의 주도적 역할을 하는 연령집단이라고 할 수 있다.

우리나라 인구구조를 단편적으로 보여주는 인구피라미드를 보면, 1970년에는 베이비부머[1)] 세대가 0~14세의 시기로 가장 많은 인구분포를 보였으며,

이후 1990년까지는 베이비부머 세대가 주 생산연령층인 20~40세에 이르고, 그들의 자녀세대[2]가 출생하였던 시기로 출생률과 사망률이 동시에 높으면서 인구가 증가하는 전형적인 피라미드형 인구구조를 보였다. 그러나 출산율의 감소와 평균 수명 연장으로 인해 2020년에는 20세 이하 연령층과 70세 이상 연령층의 인구 비중은 적고, 40~60대 연령층의 인구 비중이 높은 전형적인 항아리형 구조를 보이고 있으며, 출산율이 현재와 비슷한 수준으로 유지되고 기대수명이 증가한다는 것을 전제로 2040년에는 인구 규모가 가장 큰 연령층이 70세 이상이 되는 전형적인 호리병형의 인구피라미드 구조가 나타날 것으로 전망된다(그림 2-1 참조). 인구피라미드가 호리병형 구조로 변해가는 것은 우리나라의 인구 고령화 현상이 심화된다는 것을 의미한다.

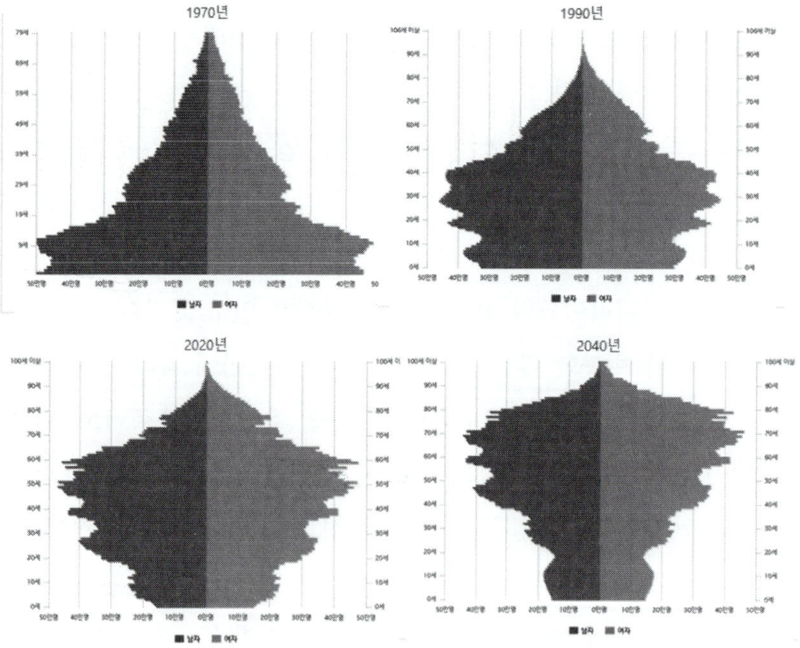

그림 2-1 인구피라미드 구조

---

1) 베이비부머는 한국전쟁 이후 출산율이 급격하게 증가한 시기인 1955~1963년에 태어난 세대를 지칭
2) 베이비부머의 자녀세대는 1970년대 후반부터 1990년 초반에 태어난 세대로 베이비부머 세대가 메아리처럼 다시 출생 붐을 일으켜 태어났다는 의미에서 에코세대라고도 지칭함

인구 고령화(ageing)는 한 사회에서 전체 인구 중 65세 이상 노인 인구가 차지하는 비중이 높아지는 현상을 일컫는다. UN에서는 사회별 고령화 속도를 비교하기 위해 전체 인구 중 노인 인구 비율이 7% 이상인 사회를 고령화 사회(aging society), 14% 이상이면 고령사회(aged society), 20%부터는 초고령사회(ultra aged society)로 구분한다. 우리나라는 지금 평균 수명의 연장과 산업화, 의료기술의 발달로 점점 더 고령화되어 가고 있다. 또한, 자녀양육에 있어 많은 비용과 교육비의 상승으로 인해서 저출산의 모습이 심각한 지경에 이르렀다. 이것은 비단 우리나라만의 문제가 아니라 세계적으로 직면하고 있는 문제인 것이다. 전 세계의 인구는 점점 노령화되고 있으며, 세대 간의 불균형이 심각한 수준에 이르렀다. 이러한 인구 고령화 현상은 노인 문제를 사회문제의 하나로 대두되게 하는 주요 요인으로, 앞으로 노인 문제해결을 위한 사회적 노력이 요구된다(오정숙, 2019).

현재 우리나라는 고령화 사회를 지나서 고령사회에 진입하였고, 이제 초고령사회를 눈앞에 두고 있다(통계청, 2020). 우리나라는 1960년 65세 이상 노인 인구가 726,450명으로 전체 인구의 2.9%였는데, 2000년에 3,394,896명으로 7.2%를 넘어서면서 고령화 사회로 진입하였다. 2018년에 7,372,160명으로 전체 인구의 14.3%가 넘어 고령사회가 되었고, 2025년에 가서는 노인 인구가 1천만 명이 넘어 전체 인구의 20.3%의 초고령사회로 진입할 것으로 전망하고 있다(통계청, 2020).

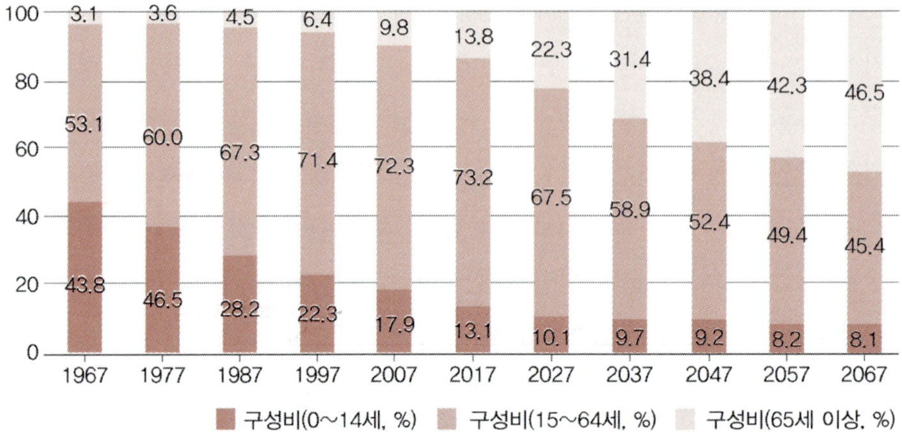

그림 2-2 연령계층별 인구구성비

출처: 통계청. 장래인구추계.

주요 국가별 인구 고령화 진전현황 비교를 보면, 우리나라의 고령화는 다른 선진국인 미국, 프랑스보다 훨씬 빠른 속도로 진행되고 있음을 보여주고 있다. 초고령사회에 가장 먼저 진입한 일본과 이탈리아와 비교해 봐도 우리나라의 고령화 속도는 매우 빠르다고 할 수 있다.

표 2-1 주요 국가별 인구 고령화 진전현황 비교

국가	도달 년수			증가 소요 년수	
	고령화(7%)	고령(14%)	초고령(20%)	7%→14%	14%→20%
한국	2000	2018	2025	18	7
스웨덴	1887	1972	2014	85	42
이탈리아	1927	1988	2006	61	18
미국	1942	2015	2036	73	21
프랑스	1864	1979	2018	115	39
일본	1970	1994	2006	24	12

출처: OECD data.

02 한국의 고령화 원인

의료기술의 발전, 과학기술의 발전, 대중교육의 확대, 도시화 등 현대사회를 특징하는 다양한 요인들로 인하여 우리나라는 고령사회로 접어들었으며, 그 속도도 세계 선진국들과 비교해 매우 빠른 양상을 보이고 있다. 그렇다면 어떠한 요인이 고령 인구를 증가하게 하는지 고령화의 원인을 살펴보면 우선 저출산 및 평균 수명 연장을 들 수 있다.

통계청 자료에 의하면 합계출산율, 즉 여성 1명이 평생 낳을 것으로 예상되는 평균출생아수가 1970년대 4.53명, 1980년 2.83명, 1993년 1.67명, 2003년에 1.19명, 2004년에 1.15명, 2005년에 1.08명, 2006년에 1.12명, 2007년에 1.25명이며, 2008년도에는 1.19명으로 나타났다. 그리고 2015년 1.24명, 2016년 1.17명으로 낮아졌으며, 2018년에는 0.98명으로 1명 이하로 감소하였으며, 2019년에는 0.92명으로 더욱 낮아지는 현상을 보이고 있다.

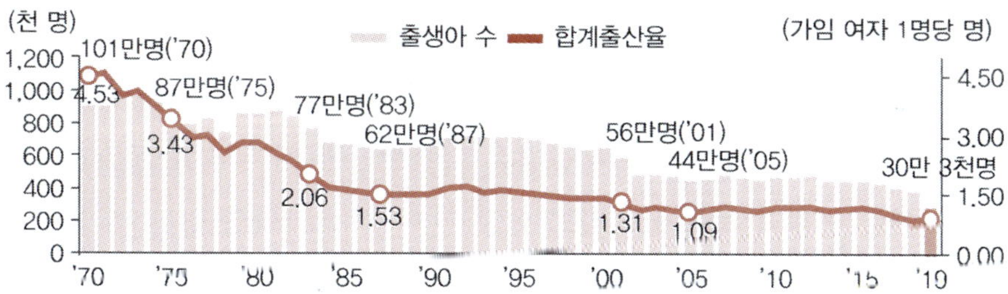

그림 2-3 합계출산율 추이

출처: 통계청(2020). 2019년 출산 통계.

특히 우리나라 합계출산율은 OECD 회원국 중 가장 낮은 수준을 보여주고 있다. 그림 2-4는 OECD에 속하는 국가들과 한국의 합계출산율을 나타낸 그래프이다. 그래프에서 2018년 우리나라 합계출산율은 0.98명으로

OECD 평균의 1.63명에 비해 상당히 낮은 수준이며, 세계 선진국인 미국의 1.73명, 일본의 1.42명에 비해서도 낮은 수준을 보이고 있다.

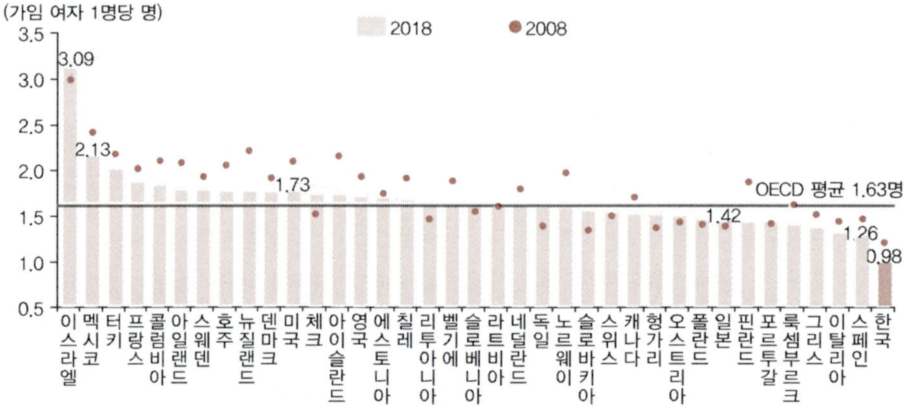

그림 2-4 OECD 회원국의 합계출산율 비교

출처: 통계청(2020). 2019년 출산 통계.

우리나라의 합계출산율이 낮은 이유는 첫째, 1960년대 초부터 정부 주도로 시행된 산아제한 정책이다. 둘째, 급격한 경제성장으로 인한 여성들의 활발한 경제활동과 이에 반해 양육과 경제활동을 병행하는 제도가 불충분하다. 셋째, 여성의 경제활동이 활발해짐으로써 여성 측에서 만혼과 독신이 증가했으며 혼인비용의 증가, 자유로운 생활에 대한 선호 등으로 인해 결혼 연령이 점점 늦어지고 있고 이로 인해 첫 출산의 연령이 증가하고 있다. 늦은 출산으로 인해 둘째 아이의 출산 시기가 30대 중반이 되면서 출산을 꺼려하는 경향을 갖는다. 넷째, 피임 기술의 발달이다. 다섯째, 과거보다 자녀 양육에 훨씬 많은 비용이 들기 때문에 경제적으로도 아이를 많이 낳기 어렵다(박종한, 2008).

한 세기 전만 해도 우리나라 국민의 평균 수명이 35세에 불과했는데, 그때에는 100세를 넘어 산다는 것은 상상할 수도 없는 일이었으며, 당연히 노후에 대한 걱정이나 대비가 크게 필요 없었다(조성남, 2009). 그러나 요즘은 평균 한 세기 전보다 수명이 배가 훨씬 넘었고, 고령화 사회 또는 장수 사회라는 용어가 낯설지 않게 되었을 뿐만 아니라 도리어 커다란 사회적인 문제로 대두되기에 이르렀다. 위생 및 영양상태가 좋아지고, 다양한 질병으로부터의 예방 및 치료에 관한 의학이 발전하면서 사람들이 과거에 비해 더 오래 살 수 있게 되어 평균 수명은 빠르게 증가하고 있다. 출생한 아이가 생존할 것으로 기대되는 평균 생존연수를 나타내는 기대수명은 1970년대 이후로 아주 빠른 속도로 증가하고 있다. 1977년에 남자 60.9세, 여자 69.1세였던 평균 수명이 2019년에는 남자 80세, 여자 85.9세로 20년 정도 연장되었고, 2067년에는 남자 88.5세, 여자 91.7세까지 연장될 것으로 예측된다.

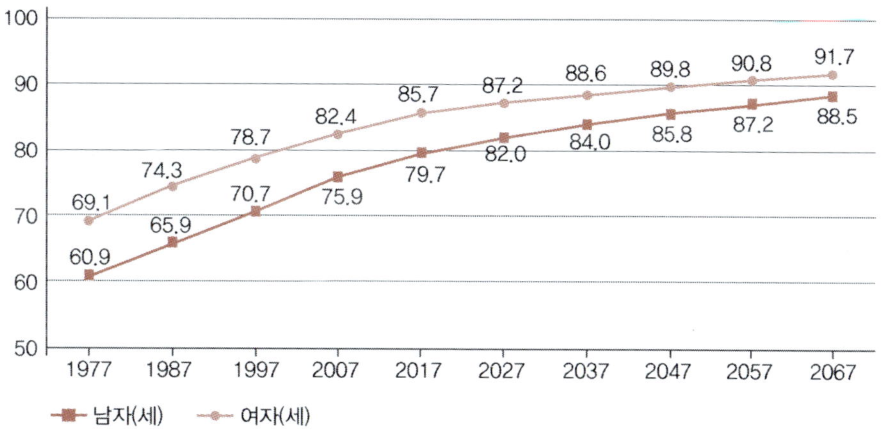

그림 2-5 평균 기대수명

출처: 통계청, 장래인구추계.

인구의 고령화를 가속하는 다른 요인은 베이비붐 세대의 고령 인구 진입이다. 우리나라의 베이비부머 세대는 한국전쟁 후 출산 붐을 타고 1955~1963년도에 태어난 사람들의 집단으로 우리나라의 경우 다른 선진국들보다 약 10년 정도 늦게 베이비부머 세대가 고령층으로 진입하면서 급격한 출산율의 저하와 맞물려 고령화의 진전을 더욱 가속하고 있다. 이들은 2018년 약 762만 5,000명으로 총인구의 약 14%를 차지하는 거대한 인구 집단이며, 2020년부터 점차 고령연령에 진입하면서 인구의 무게중심을 고령층으로 이동시키고 있다. 이들이 태어나던 시기에는 출산율은 높고 의료기술의 발달로 영유아 사망률이 낮아지면서 대부분 출생아들이 살아남았고 이전세대와 비교하여 긴 수명을 영위하였다. 그러므로 이들은 다른 세대에 비하여 큰 인구 규모를 가지고 있는 집단이기 때문에 이들 세대의 성장 단계마다 우리나라의 인구구조는 큰 변화를 겪었으며 이는 경제, 사회적으로도 큰 영향을 준다.

마지막으로 국가 정책에 있어서 인구 조절 정책의 미흡으로 볼 수 있다. 1960년대 우리나라는 한국전쟁이 끝나면서 일어난 베이비부머 세대와 의학기술의 보급으로 인한 사망률 감소로 인구가 급격히 증가하였다. 한강의 기적을 꿈꾸던 우리나라는 1962년 시작된 경제개발정책에 발맞추어 경제성장을 가로막는 인구성장을 제어하기 위해 1965년부터 본격적으로 출산억제정책을 시작하여 1980년대까지도 지속되었다. 출산억제정책의 결과 1960년대 가구당 6명이던 출산율이 1970년대에는 4명으로 감소하였다. 가구당 출산율이 2명대로 접어든 1980년대에 들어서도 출산억제정책은 계속되었다. 그러나 우리나라 1970~80년대는 산업화로 인구가 도시로 집중되면서 여성의 경제활동 참여가 증가함에 따라 자녀 양육의 어려움이 커져 출산율은 자연스럽게 낮아지기 시작하였으며, 최근에는 사교육비 문제, 자녀에 대한 가치관의 변화 등으로 더욱 우리나라 출산율은 낮아지게 되어 고령화 현상은 더욱 두드러지게 나타나게 된 것이다.

03 한국의 고령화 문제

인구 고령화의 현상은 앞으로 갈수록 더욱 심각해질 것으로 전망하고 있다. 특히 우리나라의 경우는 세계 다른 나라보다 고령화로 진입하는 속도가 매우 빠르게 나타나고 있다. 고령화의 급속한 진행은 다양한 사회·경제적 문제의 원인으로 작용할 가능성이 크다. 특히 고령화 문제는 특정 개인이 해결할 수 있는 문제가 아니라 국가적 차원과 사회적 차원, 그리고 개인적 차원에서 해결해야 하기 때문에 고령화 문제로부터 자유로울 사람은 단 한 사람도 없을 것이다. 이 절에서는 고령화의 문제를 사회·경제적 측면에서 살펴보기로 한다.

1) 조세 부담의 증가

조세란 국가 또는 지방 공공 단체가 필요한 경비로 사용하기 위하여 국민이나 주민으로부터 강제로 징수하는 금전을 의미한다. 이는 국가 재정을 확보하기 위함이다. 만약 조세의 수입이 충분하지 못하게 되면 국가의 재정 부족분에 대해서는 국공채나 혹은 세외 수입에 의존하게 된다. 이러한 수입 조달은 정치적 저항을 받기 쉬우며 나아가 재정 불균형을 초래할 가능성을 가지고 있다. 그러므로 세외 수입의 국고적 목적 달성에는 한계가 있으므로 조세 수입의 역할이 그만큼 중요하다는 것이다(김동진·원윤희, 2012). 고령화 사회에서는 조세를 부담해야 하는 경제활동 인구가 감소하기 때문에 경제활동을 하는 인구에게는 그만큼 조세 부담이 증가하게 된다.

2) 경제적 부담

우리나라의 경우 고령화로 인해서 인구가 감소하거나, 노인 인구의 증가 추세가 매우 빠르게 진행되고 있다. 그러므로 이러한 상황에서 정책적 대응이 매우 시급한 상황이다. 특히 경제적 변화와 관련하여 사회적 대응이 마련되어야 하는데, 이는 고령화가 연금, 경제활동 참가율, 실업문제 등의 경제 문제와 직결되어 있기 때문이다. 고령화로 인해서 발생하는 문제들은 서로 연결이 되어 있어 매우 복잡한 양상을 보인다.

급속한 고령화는 사회복지에 대한 재정적인 부담을 높이고 그로 인한 재정적인 위기는 다시 세금 인상과 보험료 인상으로 이어지게 되어 결국 경제적인 부담이 커지게 된다. 이는 결국 기업의 노동 임금 비용 증가를 가져오게 되고, 가계에 있어서 소비는 더욱 위축하게 되는 악순환으로 연결되며, 이는 다시 기업의 수익성과 경쟁력을 약화시켜 경제성장 저조와 구조적 실업 문제를 초래하게 하는 것이다. 이러한 문제들은 다시 보험료 수입을 위축시켜 재정위기의 악순환으로 이어져 사회보장제도 및 복지국가의 정당성 위기로까지 확장시킬 수 있다(조성남, 2004).

고령화로 인한 경제적 부담의 문제는 국가 기반을 흔드는 충격과 통제 불능의 심각성까지 불러올 수 있다. 이런 현실은 도시 고령층도 예외는 아니지만, 낙후된 농촌 지역에서 고령화는 더 빨리 전개되기 때문에 대체인력이 시급하게 개발되지 않으면 지역 정체가 지속하게 되므로 본연의 기능마저 마비 상태에 이르게 된다. 경제적인 부담은 생산단가의 증가로 인해 실질적인 본인의 노동의 대가는 찾을 수 없게 되어 개인 및 농촌 지역 가정의 생계까지 위협을 받을 수 있다(조성남, 2004). 최재헌과 윤현위(2012)는 인구가 적은 농어촌지역에서 고령화가 빠르게 증가하고 있어 농어촌지역의 공동화와 과소화 문제를 더욱 심화시킬 우려가 있으며, 지역쇠퇴의 결과이기도 하지만 지역쇠퇴의 원인으로 작용할 가능성이 크므로 이에 대한 방안 마련이 시급하다고 하였다.

3) 노인부양 및 가족의 부담

고령화 사회에서 가족들은 노인과 관련하여 부양이나 보호에 관한 문제는 여전히 존재하고 있다. 무엇보다 고령 가족들이 겪고 있는 가장 큰 어려움은 경제적 어려움이다. 노인들은 경제적인 어려움에 대해서 33% 정도로 가장 크다고 말한다. 그리고 다음은 건강문제로 29% 정도이며, 소외감과 외로움에 대한 것은 11%이며, 일거리가 없음에 대해서는 10% 정도이고, 특히 직업이 없음은 5% 정도로 조사되었다(조성남, 2004).

국가는 노인복지를 위해서 다양한 정책을 보여주고 있지만, 실제로 노인이 생활하는 가정과 자녀는 노인에 대한 부양 부담을 여전히 가지고 있다. 국가가 노인복지에 투자해야 하지만 이러한 투자는 결국 생산인구의 부담으로 돌아오게 될 것이다(엄현목, 2019). 폴 월리스(Paul Wallice)는 그의 저서 <증가하는 고령 인구, 다시 그리는 경제지도>에서 베이비부머 세대가 퇴직하게 되는 2020년 정도에 서방 경제가 근본부터 흔들릴 것인데, 그 강도를 리히터 지진계로 측정한다면 진도 9에 이를 것으로 예측했다. 세계 경제와 서방 경제에 가해진 충격이 최악의 상황에 이를 것이고, 이는 아시아와 한국경제에 엄청난 충격으로 다가오리라는 것이다. 이러한 충격적인 경제 상황은 앞으로 더욱 극복하기 힘든 상황에 빠져들 것으로 전망하게 된다.

고령화 시대에 노인을 부양할 경제활동 인구의 역할이 확대되는데, 우리나라는 노인부양을 부담하는 생산 가능한 인구 추이를 살펴보면 더욱 문제의 심가성을 인식할 수 있다. 노년부양비는 생산가능인구 100명이 부양할 노인 인구수로 우리나라의 노년부양비는 올해 19.6명에서 2030년에는 38.2명, 2040년에는 58.2명, 2067년에는 102.4명으로 급격하게 증가할 것으로 예상된다. 현재 65세 이상 노인 1명을 생산가능 인구 5.1명이 부양했다면 2067년에는 1.2명이 부양해야 한다는 의미로 생산가능 인구의 부담이 커진다는 것이다. 또한, 노인부양에 있어서 사회적인 부담과 함께 가정과 자녀들의 부담이 그만큼 가중된다는 것이다. 그러므로 국가나 사회적인 차원에서 부양문제를 해결할 수 있도록 모색하는 것이 시급하다.

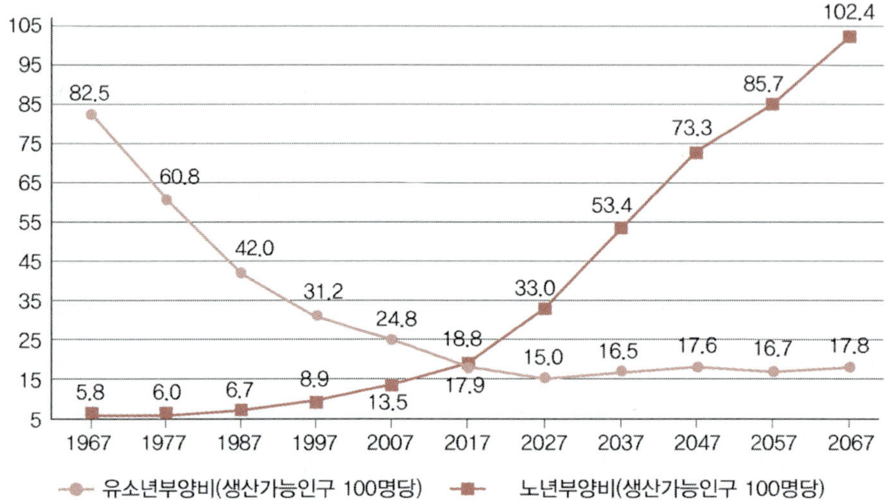

그림 2-6 유소년과 노년부양비 추이

출처: 통계청, 장래추계인구.

4) 의료비와 연금 부담

대개 노인들은 발병률이 높고, 질병 상태에 있어 만성적인 모습을 보이기 때문에 관리와 치료에 있어서 복잡하다. 또한, 많은 비용과 오랜 시간을 필요로 하기 때문에 노인들에 대한 의료비 부담은 점점 더 가중될 수밖에 없다. 노인 의료비가 인구 규모에 비해서 상대적으로 많은 것은 노인의 진료비와 수진율이 다른 연령집단에 비해 상대적으로 높기 때문인데 이러한 현상은 고령화 사회일수록 더욱 심화된다.

65세 이상 노인 인구가 사용한 의료비 지출은 2009년 기준 전체 진료비의 3분의 1이고, 2016년에는 그 비중이 40%에 이른다. 2016년 기준 1인당 진료비 역시 전체 인구는 127만 원인데 반해, 노인 인구는 381만 원으로 3배 이상 높다. 국민건강보험공단에 따르면, 노인 의료비는 2030년 91조 원으로 2015년 22조 원보다 4배 이상 증가하며, 1인당 노인 의료비도 2015년 357만 원에서 2030년 760만 원으로 2배 가까이 증가할 것으로 전망된다(국민건강보험공단, 2017). 65세 이상 노인 인구의 의료비 지출이 증가하는 이유는 급성기 질환보다는 만성질환 유병률이 높기 때문이다. 2016년 65세 이상 노인의 외래 및 입원의 다빈도 상병을 살펴보면 대부분이 만성질환에 속한다. 예를 들면, 외래의 경우 고혈압, 당뇨병, 관절염, 입원의 경우 치매, 뇌혈관질환, 심장질환 등이 만성질환에 해당한다(이은경, 2018). 따라서 노인 의료비 급증을 막기 위해서는 만성질환의 예방 및 관리 정책이 강화되어야 할 것이다.

현재 우리나라의 만성질환 예방 성책으로 보건복지부의 국가건강검진 사업, 국가예방접종 사업 등이 있지만 한국의 보건의료체계는 여전히 예방보다는 치료 중심으로 운영되고 있다. 그러나 만성질환 예방을 위해서는 건강한 생활습관(금연, 금주, 운동) 형성, 건강관리 프로그램 참여 등 일상의 노력부터 동네 의원을 통한 단골 주치의 제도 등과 같은 정부 차원의 노력에 이르기까지 광범위한 관심과 투자가 필요하다(이은경, 2018).

고령화 사회가 지속할수록 연금 가입자는 줄어드는 반면, 연금 수혜자는 더욱 늘어만 갈 것이다. 결국, 다음 세대에 국가적인 부채를 남겨주게 될 것이며, 국민과 국가에는 더욱 부담이 가중될 것이다. 국민연금은 심각한 수급 불균형이 멀지 않을 것이고, 앞으로 2020년에는 재정이 적자로 돌아설 것으로 예상한다. 연금보험료의 경우, 보험료를 내는 사람보다 연금을 타는 사람들이 많아지기 때문이다. 앞으로 50년 후에는 가입자가 17%로 줄어들 것이고, 연금의 수혜자는 8배 이상으로 증가할 것으로 예상한다(이현승 · 김현진, 2003).

고령화로 인한 부담은 가족부양의 부담과 조세 부담, 경제활동 부담이 될 것이다. 노인의 일자리 감소와 생산의 감소는 결국 경제 성장률 둔화로 이어지게 되며, 그로 인해 노인들은 명퇴 혹은 조기 은퇴하는 자들이 늘어나게 될 것이다. 노인들은 사회에서 발생하는 위기 속에서 정확하게 혹은 신속하게 대처하기 어려울 것이다. 위기대처능력이 현저히 저하되기 때문에 사회적으로도 국가적으로도 부담으로 다가오게 된다. 결국, 이러한 패턴이 국가발전에 도움이 되기보다는 어려움을 겪게 만들 것이며, 사회는 더욱 고령화가 되어 갈 것이다. 고령화 문제는 이미 우리나라에 시작되었고, 현실로 다가왔다. 가정과 사회에서는 이러한 상황을 기억하고 새로운 대안을 모색하며 지혜롭게 대처해 나가야 한다.

04 한국의 고령화가 미치는 영향

고령화 시대에 노인의 문제는 모든 사람이 몸으로 느끼고 경험해야 할 문제가 될 것이다. 이러한 문제들은 고령층에게 더욱 절실하게 다가오는가 하면, 젊은 세대는 머지않아 고령층의 문제를 심각하게 바라보게 될 것이다. 이를 위해 고령화 시대가 사회와 경제에 어떠한 변화와 영향이 있는지, 그리고 고령화가 어떠한 문화적인 변화를 가져올지에 대하여 살펴보고자 한다.

1) 고령화의 사회 · 경제적인 변화

현대사회는 사회 제도와 함께 가치관의 변화 속에 변화를 가져왔다. 더욱이 현대사회는 경제적, 문화적, 교육관의 변화를 거치며 노인 인구의 증가와 발을 맞추고 있다. 우선 생산성을 중시하는 추세에 따라 과거 중화학, 건설, 설비산업에서 교육, 의료, 복지산업으로 산업이 추가 이행하고 있으며, 금전 소비에서 시간 소비로 소비의 형태가 변화하고 있음을 보게 된다

(최성훈, 2017). 고령화는 산업에 있어서 사회적인 변화뿐만 아니라 소비형태에서도 다양한 사회적 변화를 가져오고 있다는 것이다.

고령화는 구조 조정과 조기 퇴직의 사회적인 변화도 가져왔다. 인간들은 직업에 의해 사회적 존재로 역할을 하였고, 그 지위를 통해서 자아를 실현하거나 존재의 의미를 찾기도 하였다. 이러한 의미를 주는 현대사회의 직업은 산업화와 함께 직업구조의 변동이라는 원인에 의해 여러 가지 다양한 모습의 형태로 직업을 발생시켰으며, 그에 따른 사회적 이동을 증가시켰던 것이다(임희섭, 2003).

인간은 일정한 직업을 가지고 있고, 그에 따른 일을 수행하면서 삶을 살아간다. 일은 인간에게 있어서 삶에 중심적인 역할을 하며, 자긍심과 만족감을 느끼게 하는 중요한 요인이 된다. 이처럼 직업은 자아실현과 함께 삶의 의미를 주는 것으로 점점 변화되었다. 산업사회에서의 인간은 일을 통해서 성취감과 만족감을 찾으며, 사회적인 지위와 자리를 갖게 되며, 개인의 정체감 또한 갖게 된다(노용구, 1995). 현대사회의 직업은 사회적인 관계를 확대시켰으며, 개인과 가족구성원들에게 생계유지라는 중요한 수단이 되어 왔으며, 사회적 지위를 결정하는 중요한 지표가 되었다. 그러므로 직업은 경제적인 의미를 넘어 자아실현이라는 가치 있는 일임을 인식하게 된 것이다(Dowd, 1975). 고령화 시대에 퇴직의 문제는 재정적인 문제와 자아 정체감의 상실, 가족관계 속에서 불화와 갈등의 모습으로 나타나게 되며, 사회적인 관계뿐 아니라 심리적인 변화까지도 초래하여 노인 문제를 첨예화시킨다(Kohn & Blumenthal, 2014).

현대사회는 가족 규모가 대규모에서 소규모로, 대가족에서 핵가족으로 그 형태를 변화시켰다. 가족의 규모가 축소되면서 급속한 사회분화가 진행되었고, 그로 인하여 노인들의 위치는 고립된 모습으로 변화되어 가고 있다. 산업화와 도시화는 핵가족화를 더욱 촉진하여 가족구조와 가치관의 변화를 가져왔다. 이는 가족 기능의 약화와 가족 규모의 단순화, 가족의 가치관 변화, 그리고 노인의 지위와 역할상실 등의 문제를 유발하였다. 도시화와 산업화로 인해서 핵가족화가 나타나게 되었고, 노령화 사회구조에서 노인의 지위와 역할에 엄청난 변화를 초래하였다(현외성 외, 2001).

많은 사람은 노인을 현대사회 속에서 쓸모없는 존재로, 무능력한 존재와 역할일 없는 존재로 평가하고 생각해 왔다. 모든 연령으로부터 노인들은 평가 절하되는 대상이 되었다. 현대사회에서의 연령은 중요한 사회적 척도가 되고 있으며, 연령의 기준에 따른 노인의 편견과 차별은 사회 구조적인 문제를 가져오게 되었다. 단순히 연령이 많다는 이유로 노인을 배제하고, 소외시킴으로써 연령편견의 극단적인 모습을 보여준 것이다(Morgan, 1988).

고령화로 인해서 사회적으로 노인들은 대중매체와 의사소통의 문제도 가져왔다. 젊은이들과 비교하면 노인들은 대중매체와 접하는 것 자체가 어려우며, 때로는 변화의 속도를 따라가기가 어려운 지경이며, 의사소통에서도 문제가 나타나게 되었다. 소위 신세대라고 말하는 젊은이들과 노인들은 공감대를 형성하기가 어렵다. 특별히 젊은이들이 사용하는 언어, 말의 줄임말, 비속어 등은 노인과의 소통을 더욱 어렵게 하여 소통의 부재가 생겨났다. 소통의 부재와 문제는 결국 사회적인 변화로 나타나고 있다.

2) 고령화의 문화 · 예술적인 변화

고령화 시대에 노인의 문제는 사회・경제적인 변화뿐 아니라 문화・예술의 분야에서도 다양한 변화로 나타나게 된다. 문화예술이란 문학, 응용미술을 포함한 미술, 음악과 무용, 연극과 영화, 연예, 국악, 사진, 건축, 출판 및 만화를 말한다.[3] 예술을 통해서 창조적 커뮤니티를 형성하며, 문화예술을 통해서 그동안 관객 입장에서 청중이었던 자들이 본인 스스로가 주인공이 될 기회를 얻게 되었다. 사람들은 자신을 드러내 놓고 좋게 보이고

3) 「문화예술진흥법」 2016년 제2조 제1항 제1호.

싶은 욕망을 가지고 있다. 이러한 모습으로 문화예술의 영역에서 다양한 인간관계의 모습 속 인간의 정서적 문제를 음악치료, 연극치료, 미술치료 등을 통해서 치유하고 새롭게 회복하기를 노력하고 있다.

고령화 시대에 노인들의 문화예술 분야에서 다양한 변화는 노인들의 여가활동의 모습으로 나타난다. 하비거스트(Havighurst)는 여가활동의 개념은 창조적인 여가의 내용을 포함하고 있다. 그는 노년기의 여가는 일이나 직장에서의 긴장된 상태에서 벗어나 자기 생활의 균형을 회복하는 의미로서의 문화성과 창조성을 발휘할 수 있는 여가활동에 참여함으로써 젊었을 때 시도하지 못한 새로운 경험을 시도하는 것을 여가의 개념이라고 강조하였다(최순남, 2005). 그는 여가의 내용을 다음과 같이 9가지의 내용으로 열거하고 있는데 직업활동과 일의 보충적 활동을 제외한 모든 활동을 노인의 여가활동 영역으로 간주하였다. 이러한 여가활동은 노동과 대립되는 개념으로 강제성과 의무성에서 벗어나 자유시간을 의미한다는 점과 그러한 여가에서는 창조적인 여가와 오락적인 여가의 의미가 내포되어 있다(최순남, 2005).

- **직업활동**: 노동조합활동
- **일의 보충적 활동**: 직무승진의 준비로서의 학습
- **가정유지 활동**: 세대유지, 분위기 있는 가정형성
- **가사활동**: 육아, 친지 방문, 친지 초청, 가족인과의 통신
- **교회 활동**: 예배출석(기도, 성경 읽기, 찬양), 교회를 위한 봉사활동
- **시민 정치 활동**: 정당 활동, 자선사업, 사회봉사활동, 지역봉사활동
- **사회클럽활동**: 사회봉사활동
- **친구 관계**: 친구와의 우정, 이웃과의 교세 등
- **취미 · 오락**: 독서, 음악감상, TV 시청, 원예 및 정원 가꾸기, 우표 및 화폐 등의 수집, 애완동물 기르기, 낚시, 바둑, 스포츠 등의 취미 생활 등

고령화 시대 노인의 다양한 문화예술은 여가활동의 모습으로 나타났으며 예전에 살펴볼 수 없을 정도로 다양한 모습으로 발전하고 있다. 특히 100세 시대를 맞아 노인문화예술 분야를 더욱 활성화하고, 노인들의 문화복지 향상과 여가문화 개선과 노인의 문화 향유 욕구충족을 위해서 다양한 지원이 필요하다. 또한, 노인들의 문화 활동이 지역에서 자발적인 모습 속에서 자리 잡을 수 있도록 해야 하며, 현재 운영되는 노인들의 소규모 문화 동아리도 활성화하며, 사회참여를 유도하기 위해 활동비도 지원하는 모습이 필요할 것이다.

CHAPTER 03 노인 문제

01 노인 빈곤

고령화 시대 노인들이 직면한 가장 어려운 문제는 경제적인 문제와 신체적인 문제이다. 노인들은 자신이 가진 능력이 상실되므로 사회로부터 고립 상태에 빠지기도 하며, 소외당하기도 한다. 또한, 소득이 줄거나 없는 경우에 가족과 주변 사람들로부터 따가운 시선을 받기도 하고, 필요 없는 사람으로 취급을 당하기도 한다.

노인 가구에 있어서 개인 소득과 가구 소득의 원천 대부분 사적이전소득이 주류를 이루고 있으며, 최근에는 국민연금과 기초보장, 기초노령연금 등 공적인 연금 비중이 증가하는 추세이다. 공적연금의 경우 1994년에 2.9%였었는데 2004년에는 14.1%로 늘어났고, 최근 2014년에는 31.9%로 가파르게 늘어났음을 볼 수 있다(한국보건사회연구원, 2015). 노인들은 평균 1억 2천만 원의 재산을 가지고 있으며, 금융사산의 경우 74.8%를 소유하고 있는 것으로 나타났다. 본인 소유 부동산은 59.1%로 나타났다. 노인 본인 명의 부채는 19.9%를 부남하고 있는 것으로 나타났다. 노인 가구에 있어서 소비 지출은 월평균 143만 원이었으며, 주로 남성의 경우 도시에 거주하는 노인들의 지출이 높았다. 지출항목은 주거 관련하여 많은 비용이

지출되고 있으며, 기타 식비, 경조사비, 보건 의료비 등의 지출이 있음이 나타났다. 특히 월평균 의료비는 7만1천 원, 경조사비는 3만2천 원, 문화여가비는 4만4천 원이었다(한국보건사회연구원, 2015).

노인의 39.9%가 스스로 생활비조차도 많은 부담이 된다고 응답하고 있는데, 이는 노인의 경제적인 상태가 전반적으로 열악하다는 사실을 보여주고 있다. 노인들의 경제적인 문제는 이렇게 다양한 모습, 다양한 형태로 나타나고 있다(한국보건사회연구원, 2015). 눈에 보이는 곳에 노인들의 경제 문제가 나타나면 어느 정도 도움을 줄 수 있지만, 오히려 노인들의 경제 문제가 보이지 않는 사각지대에 있다면 도움을 주기는 어렵다. 이러한 사각지대에 놓인 노인들은 많은 어려움 속에서 극단적인 선택을 한다는 것이 오늘날의 현실이다.

고령화 사회 속에서 노인은 경제적인 어려움을 겪게 되는데 가장 문제는 빈곤이라 할 수 있다. 경제적인 빈곤의 가장 큰 이유로 급속한 산업화 과정에서 나타나는 산업구조의 변화와 함께 과학 생산기술의 발달로 인한 조기 퇴직 때문이다.

우리나라의 노인빈곤율은 OECD 국가 중에서 가장 높은 수준을 유지하고 있으며, 기초연금 확대 등 정부의 정책에도 불구하고 수준이 줄어들고 있지 않은 상황이다(이주미 · 김태완, 2020). 통계청 소득분배 지표를 기준으로 중위소득 50% 이하의 65세 이상 노인빈곤율이 시장소득 기준으로 2011년 56.9%에서 2018년 58.5%로 1.6%P가 늘었으며, 가처분소득 기준으로는 2011년 46.5%에서 2018년 42.0%로 4.5%P가 줄어들었다(통계청, 2020). 시장에서의 여건은 개선되고 있지 못하지만 공적이전소득, 특히 기초연금이 늘어나면서 가처분소득의 빈곤율은 감소한 것으로 보인다. 하지만 42.0%의 노인빈곤율은 다른 국가들에 비해서는 여전히 높은 수준이다. 노인빈곤율이 높은 원인에 대하여 여유진(2019)은 국민연금의 적립방식 도입, 연금 사각지대 존재, 노동시장 이중구조, 여성 노인의 높은 빈곤율, 소득대체율 하락 및 사적 부양의 약화를 들고 있다. 이는 현세대 노인들을 위한 빈곤정책의 한계를 보여주고 있다고 할 수 있다. 최근 강성호와 이태열(2020)은 노인빈곤율이 높은 이유로 가구 분화를 지적하였다. 노인가구가 2세대 이상에서 1세대로 분화되고 황혼이혼 등이 늘어나고, 70대 이후에는 자녀와의 분화가 노인 빈곤을 악화시키고 있다고 하였다. 김태완과 이주미(2020)는 소득분배 악화의 원인으로 1인 가구의 증가, 실업 및 비경제활동 인구의 증가를 지적하였다.

빈곤과 관련하여 노인의 중요한 경제적 문제로 소득 감소 및 단절을 들 수 있다. 노인은 퇴직으로 인해 정기적 수입이 단절되고 연금, 퇴직금, 저축, 재산 수입 등에 의존하게 되어 과거보다 소득이 월등히 부족한 상태이다. 우리나라에 있어서 58.6%의 노인들은 생계비로 인한 고통을 받고 있으며, 수입이 전혀 없는 노인도 60.8%나 되었다. 또한, 용돈이 부족한 노인도 45.0%가 되었다. 이는 노인들에게 있어서 경제적인 불안정은 큰 걱정거리임을 보여준다(엄현목, 2019). 우리나라 노인이 특히 빈곤한 원인은 조기 은퇴, 연금 및 사회보장제도의 미흡, 자녀 양육으로 인한 과다지출이 67.1%로써 노후준비를 하지 못하는 원인이 되고 있다. 갤럽연구소의 조사에 따르면, 우리나라에서 60세 이상의 노인 중에 78.2%가 자녀에게 의존하고 있는 것으로 나타났다. 이는 일본의 29.8%, 미국의 2.4%에 비하면 상당히 높은 수치이다(박재간, 1995).

02 노인 질병

연령이 높을수록 질병과 육체적인 손상을 당하는 빈도가 증가한다. 우리나라는 인구 전체 발병률이 40.4%이다. 그런데 60세 이상 노인에게 있어서 발병률은 67.6%이며, 65세 이상은 69.3%로 높게 나타나고 있다. 특히 만성질환은 전체가 1/3 수준이라면 60세 혹은 65세 이상의 경우는 2/3나 차지하고 있다.

우리나라 노인의 만성질환 실태를 보면, 전체 노인의 89.5%가 한 가지 이상의 만성질환을 앓고 있으며, 두 가지 이상도 73.0%나 되는 것으로 나타나고 있다. 유병률이 높은 질병은 고혈압, 관절염, 고지혈증, 요통·좌골신경통, 당뇨병, 골다공증, 위·십이지장궤양, 전립선비대증, 백내장, 뇌졸중, 협심증·심근경색증 등의 순서로 나타났다(정경희 외, 2017). 이처럼 대부분 노인이 만성질환에 시달리고 있는 것으로 나타나고 있다. 따라서 노인은 빈번한 의료서비스가 필요하며, 더욱 많은 의료비용을 부담하게 된다. 특히 고령화에 따라 치매 노인의 수도 많이 증가하는 추세이다. 실제로 최근 국내에서 발표된 자료를 보면 2020년에는 치매 노인이 61만 9천 명에 이를 것이라는 연구도 있다(엄현목, 2019). 급속한 고령화 현상으로 인하여 국내에는 치매 인구가 증가하고 있다. 이제는 치매 문제에 대한 사회적 공감대가 형성되고 있음을 보게 된다. 대부분 노인이 만성질환으로 건강상태가 좋지 못하기 때문에 건강 보호에 대한 어려움을 호소하고 있으며, 가족이나 보호사들로부터 자신들이 보호받기를 원하고 있다. 하지만 사회적 정비와 서비스 차원에서의 노인보호가 제대로 이루어지지 않고 있으며, 노인 가족을 둔 구성원들은 다양한 어려움으로 인해서 더욱 노인보호에 신경을 쓰지 못하고 있다.

대부분 노인이 만성질환에 시달리고 있는 가장 큰 원인은 신체적·생리적 변화 내지는 쇠퇴에 있다. 엄현목(2019)은 노인의 신체적·생리적 변화 내지는 쇠퇴를 다음과 같이 설명하고 있다.

첫째, 피부의 변화이다. 노인이 되면 피부 탄력이 없어지고, 손이나 발톱이 두꺼워지며, 피부층이 얇아진다. 이러한 변화로 피부에 주름이 생기고, 거칠어지며 심지어 피부 착색이 나타나기도 한다.

둘째, 감각기관의 퇴화이다. 감각의 주된 변화는 시각과 청각에서 일어나게 된다. 시각 자극을 처리하는 속도가 느려져 시각 자극의 상이 남아 있는 잔상 효과가 증가한다. 또한, 청각 기능의 저하를 원인으로 소리의 고저와 강도에 대한 감지능력이 현저하게 약화된다. 그로 인해 난청이 생기고, 소리에 대한 예민성이 둔화한다.

셋째, 호흡 및 순환 기능의 변화이다. 성인의 경우 정상적으로 호흡하는 경우는 1분에 15회에서 18회 정도이다. 하지만 노인은 이러한 횟수가 많이 감소하게 된다. 특히 70세 이상의 노인들의 경우 폐활량은 50세인 사람에 비해 50%도 되지 않는다. 그러므로 노인들은 호흡기 질환이나 호흡 기능의 저하로 나타나는 질병에 자주 걸리게 된다. 그리고 순환 기능도 저하되어 노년기에는 심장 박동의 리듬이 느려지고 불규칙해진다. 그에 따라 동맥경화 혹은 뇌출혈 같은 위험이 뒤따르게 된다.

넷째, 소화 기관의 변화이다. 노인들은 소화 불량, 가스 등으로 어려움을 호소한다. 노인들의 소화기 변화는 영양의 흡수나 장운동에서의 기능 감소 또는 소화액의 분비가 감소하는 것으로 나타난다. 노인들의 소화 기능 저하로 위에 염증이 나타나기도 하며, 다양한 소화 기관에 변화를 겪게 된다.

다섯째, 골격의 변화이다. 노인이 되면 자세가 나빠지고, 키가 줄어든다. 새우등이 되어 몸이 구부정해진다. 골다공증이 오게 되어 뼈가 얇아지고 구멍이 많아진다. 따라서 골절이 되기 쉬우며 관절염이 생기기 쉽다.

여섯째, 내장기관의 변화이다. 노인의 경우 간은 그 크기가 20%나 축소되기도 하며 이로 인해 간의 기능이 약화되어 분해 능력이 저하된다. 신장의 구조나 기능에도 역시 변화가 나타나게 된다. 노화로 인해 방광의 용적이 축소되어 배뇨빈도도 증가하기도 하며, 특별히 남성의 경우 신장 여과 기능이 50% 이상 감퇴하기도 한다.

일곱째, 미각의 변화이다. 노인들은 연령이 증가하면서 미각에도 다양한 변화가 나타난다. 맛을 감지하는 혀의 기능이 떨어지고, 입술의 탄력이 줄어들며, 타액분비가 감소한다. 노인이 되면 입에 있는 점막이 탄력을 잃어 쉽게 상처를 입는다. 혀의 미각 기관의 수가 줄어들어 단맛과 신맛, 쓴맛의 구별 능력이 저하된다.

여덟째, 대사 기능의 변화이다. 노인들은 세포 대사 기능의 변화가 일어나면서 세포수가 줄어든다. 따라서 50대 이후가 되면 근육량과 골격량이 감소하여 10~15% 정도 기초대사율이 감소한다. 또한, 연령이 높아지면 체내 대사도 변화한다.

아홉째, 생식기관의 변화이다. 노인들은 생식기관에 있어서 다양한 변화를 경험하는데, 여성의 경우 생리 중단, 생식력 감소, 여성 호르몬의 감소가 그의 예이다. 이로 인해서 얼굴이 화끈거리고 붉어지며 갑자기 더워지고 가슴이 두근거리며 식은땀을 흘리고, 눈의 피로감이 심해진다. 심혈관계 질환과 골다공증, 우울증이 수반되기도 한다.

열째, 만성질환의 유병률이 증가하게 된다. 동맥경화와 고혈압, 심장병, 당뇨병, 신장병 등의 만성질환이 나타나게 된다. 노인의 생리적 기능 노화와 만성질환은 상당히 밀접한 관련이 있다. 또한, 신경계에 대한 자극이 감퇴하여 반응이 늦어져 외상이나 스트레스를 받기 쉬워지게 된다.

열한째, 빈뇨나 요실금이 나타난다. 노년기에는 방광의 괄약근이 약화되어 발생한다. 대개 노인들은 다양한 신체적인 변화로 인해서 환경에 적응하기 어려워하고, 모든 면에서 기능이 감퇴하기 때문에 각종 질병을 초래하게 된다.

03 고독감과 우울

현대 과학 기술시대에서 노인들은 정말로 많은 어려움을 당하는 계층이다. 끊임없는 변화 속에서 많은 긴장감을 가지게 되며, 가정과 사회로부터 다가오는 변화로 인해서 불안감을 가지기도 하며, 심지어 노인들은 고독과 소외를 경험하기도 한다. 노인의 한국노인문제연구소가 우리나라 노인 584명을 대상으로 노인들이 나이가 들어서 할 일이 없는 상황 속에서 오랫동안 살아가게 된다면 어떠한 처지가 되는 것이 좋을 것인가 하는 질문에 50.9%의 노인은 늙으면 죽어야 한다는 대답을 하였다. 이는 노인들에게 있어 역할상실은 그들의 심리적인 상태에 지대한 영향을 끼치고 있음을 보여주고 있다.

1) 고독과 소외감

노인들은 경제적인 문제로 인해 빈곤을 느끼고, 질병으로 인해서 거동이 불편하며, 퇴직으로 인해서 사회적으로 역할을 상실하게 된다. 그로 인해서 가족과의 관계와 대인관계에 어려움을 겪으면서 상당한 심리적인 고통을 호소하게 된다. 산업화・도시화 및 가족 유형의 변화로 인하여 가정에서 노인들의 역할이 점점 감소되고, 신체적・정신적・기술적 기능의 약화로 산업현장에서 물러나게 되면서부터 직업적 역할은 물론 생계유지자의 역할과 가계를 이끌어 가는 가장의 역할까지도 상실하는 결과를 초래하고 있다.

노인의 지위와 역할이 약화하거나 상실되는 주요 원인은 개인의 부 또는 경제적 힘의 약화일 것이다. 농경사회에서는 토지가 가장 큰 재산이었고 소유권은 일반적으로 노인에게 있었으므로 노인이 재산권을 가지고 자녀들을 통제하는 영향력을 발휘할 수 있었다. 그러나 산업사회가 진전됨에 따라 노동에 의한 임금 수입이 주요한 부의 원천이 되면서 노화로 인하여 노동현장에서 물러남에 따라 경제적 자원의 결핍으로 노인의 지위와 역할이 약화되고 상실되는 결과를 초래하고 있다. 직업적 역할의 경우를 보면, 수입이 되는 일에 종사하고 있는 노인은 전체의 30.9%, 종사하지 않는 노인이 69.1%로서 많은 노인들이 노동현장에 참여하지 못하고 있다. 또한, 과거 농경사회에서는 노인들이 재산권을 가지고 가장으로서 자녀들을 통제하는 영향력을 발휘한 반면, 현재에는 가정에서 주로 손자녀 돌보기, 가사일 보조, 주택단장・수리, 공공기관 출입, 친척의 경조사 참가 등의 역할을 수행하는 것으로 나타나고 있다. 이러한 직업적·가정적 지위와 역할의 상실은 노인들로 하여금 무력감, 고독, 부정적인 자아상 등의 원인이 될 수 있어서 심각한 노인 문제가 아닐 수 없다.

노년기에 접어들면서 다가오는 고독과 소외감은 자신감을 잃어버리게 하고 심지어 심한 좌절감을 느끼게 하여 우울증과 자살까지 이르게 한다. 우리나라의 노인가구는 1998년 41.7%이었던 것이 2017년에 71.0%로 증가하였으며, 자녀동거 가구는 1998년 53.2%이었던 것이 2017년에 23.7%로 감소하였다. 이처럼 자녀와 동거하는 노인의 감소로 사회적으로 소외되고 고독하게 살아가는 노인이 점차 증가하고 있다. 고독과 소외의 문제는 현대사회의 특징으로 많은 사람들이 경험하는 일이기는 하지만, 많은 것을 상실한 노인들에게는 더욱 심각한 문제가 아닐 수 없다. 특히 가족, 이웃, 친구, 직장동료 등과 거의 교류를 하지 않고 단절되어 살아가는 노인에게 고독과 소외는 더욱 심각한 문제이다.

2) 우울

노년기에는 신체적·정신적 기능이 저하되고, 배우자 상실이나 은퇴 등을 경험하기 때문에 우울을 경험하기 쉬우며, 이를 극복하는 것도 어려운 일이다(김동배·손의성, 2005). 또한, 노인 우울은 사회경제적·의학적으로도 중요한 문제이기 때문에 환자에게 고통뿐만 아니라 삶의 질에도 영향을 미치며(안지숙, 2018), 적절한 치료가 시행되지 못할 경우 신체 질환의 발생을 증가시켜 사망률을 높이고 자살 위험성도 높이는 것으로 알려져 있다(박은지, 2018).

우울은 단기적 슬픔 또는 우울감과 같은 심리적 상태에서 강한 무력감과 상실감이 지속되는 정신질환의 상태까지를 포함한다(김미령 외, 2013). 우울은 슬픈 감정이 매우 심하고 일상생활에 대한 흥미와 관심이 없으며 활동

수준이 떨어지고 비관적이고 자기 비판적인 사고가 팽배하여 자신이 처한 현재와 미래의 상황을 어둡게 보고 사소한 일에도 의사결정을 잘못하여 고립된 생활을 하는 것을 말한다(Pfeiffer, 2005). DSM-IV(Diagnostic and Statistical Manual of Mental Disorders 4th Edition, 정신장애의 진단 및 통계편람)에 따르면 우울은 우울한 정서 상태뿐 아니라 복합적인 정신적·신체적 증상들인 의욕상실, 주의집중력 감퇴, 식욕의 변화, 체중의 변화, 불면증, 자살충동 및 자살시도를 수반하며, 이들 증상 중 5가지 이상이 2주 동안 나타나는 것으로 정의된다(WHO, 2015).

노인 우울은 다른 연령대와는 다른 특징을 보이는데, 에너지의 감소, 수면 장애, 식욕 및 체중감소와 신체적 증상의 호소, 인지기능의 감퇴 및 불인, 초조가 그 특싱이다(오병훈, 2006). 배재남(2002)은 노년기 우울증 환자는 다른 연령의 우울증 환자보다 멜랑콜리성 우울증[4]이 흔한데, 건강염려증적 호소와 새벽에 일찍 깨어 다시 잠들기 어려워하는 증상, 초조 등의 증상과 정신증적 양상을 보이며, 인지기능 장애가 흔하게 나타나는 특징을 가지고 있다고 설명한다. 또한, 노인 우울의 특징적인 증상으로는 무기력감과 절망감인데, 무기력은 개인들이 중요한 생활 사건들을 통제할 수 없다는 느낌으로 노인들은 다른 연령층보다 무기력을 받기 쉽다고 하였다(김형수, 2000). 그리고 절망감을 미래에 대한 부정적인 생각으로 노인은 자신이나 어느 누구도 불행이나 고통을 변화시키기 위하여 아무것도 하지 못할 것이라고 믿는다는 것이 노인 우울이라 하였다(김형수, 2000).

우울은 노화로 인해 유발되는 질병은 아니지만, 노년기에 보편적으로 경험할 수 있는 정신건강 문제이다(Zastrow et al., 2004). 노인들은 노화에 따라 신체적 기능이 약화되고, 사회경제적 활동에서의 은퇴 등과 맞물려 사회적 관계는 더욱 좁아지며, 가까운 사람들이 죽음을 겪는 등 상실을 지속

4) 멜랑콜리성 우울증은 정신의학 진단기준에 나와 있는 우울증의 한 종류로 일반적으로 보다 심한 형태의 우울증으로, 스트레스나 고통을 경험한 후에 발생하기보다는 생물학적인 원인이 더 큰 것으로 알려져 있다.

적으로 경험하며(김동배·손의성, 2005), 경제적 압박, 신체적 능력의 쇠퇴, 질병 이환율의 증가 등으로 인해 흔히 우울을 경험하게 된다(서홍란 외, 2013). 또한, 배우자와의 사별을 경험하고, 자녀들과의 관계가 멀어지는 시기이며, 소외감, 고독감, 자아존중감 저하 등 각종 신체적·심리적·사회적 상실 등을 경험하며, 이로 인해 심리적 위축을 초래하고 생활만족도가 저하되어 우울을 경험할 가능성이 높다(Baltes & Mayer, 1999).

노인 우울은 일상생활과 삶의 질에 부정적인 영향을 미치며, 조기에 우울증을 발견하지 못하거나, 적절한 치료를 받지 않을 경우에 질병의 악화가 나타나며, 더 나아가 자살의 증가로 이어지기도 하기 때문에 매우 심각한 사회문제라고 할 수 있다(강현욱·박경민, 2012).

2014년 노인실태조사에서 우울증 유병률은 2.8%였으며, 남성이 1.4%, 여성이 3.8%로 조사되었다. 2017년 노인실태조사에서는 우울증 유병률이 3.0%로 남성이 1.9%, 여성이 3.8%로 조사되어 2014년에 비해 2017년에 의사에게 우을증이라 진단받은 노인의 비율이 0.2% 증가한 것을 알 수 있다. 2017년 노인실태조사에서 우울증상을 단축형 노인우울척도로 조사한 결과 전체 노인의 21.1%가 우울증상이 있는 것으로 나타났다.

노인 우울장애의 치료방법으로는 약물치료나 전기충격요법의 생물학적 치료와 심리적 치료, 가족치료 등이 있다. 항우울제인 삼환제, 모노아민 산화효소 억제제, 세로토닌 증진제 등을 처방하는데, 임상연구 결과를 보면 효과와 함께 인지장애와 같은 부작용이 나타나는 경우가 있다고 보도되고 있다. 심리치료는 인지행동적 치료, 대인관계 치료, 정신역동적 치료, 회고적 심리치료 등이 활용하고 있다(Hersen et al., 2013). 가족치료는 노인 한 사람만을 대상으로 하기보다는 가족과 함께 협력하여 우울증에 개입하는 방식이다(Blazer, 2007).

04 노인주거

주거는 먹고 자는 것과 같은 생명유지에 필요한 기본 활동과 심리적 재충전을 위한 휴식이 이루어지는 공간이다. 개인적인 생활이 보호되는 사적인 공간이며, 가족 간의 교류가 이루어지는 사회적 공간이기도 하다. 안전하고 안락한 주거는 인간다운 삶을 영위하는 데 필요한 조건이다.

주거는 모든 인간의 삶에서 매우 중요하지만, 특히 노인에게 주거는 신체적 · 심리적 · 사회적 측면에 의미가 크다. 노인은 학교나 직장과 같이 규칙적인 외부 활동이 상대적으로 줄어들고 신체적 · 정신적 기능이 약화되어 이동이 제한되므로 집에 머무르는 시간이 길어진다. 집을 기반으로 근린생활권에서 친구와 이웃, 친인척 등과 다양한 정서적 · 사회적 활동이 이루어지므로 주거는 노후생활의 중요한 기반이 된다(박순미 외, 2017). 특히 상당수 노인이 시설이나 병원에 입소하지 않고 최대한 자신이 사는 집과 지역사회에서 노후를 보내기 희망한다. 이를 실현하기 위해 선진국에서 정책적으로 에이징 인 플레이스(aging in place)와 커뮤니티 케어(community care)를 적극적으로 지향하고 있다. 이러한 측면에서 주거의 중요성은 매우 크다.

주거환경이 노인에게 적합하게 조성되면 노인의 신체적 건강이나 기능의 약화를 예방하고, 정서적인 안녕과 사람들과의 사회적 관계를 유지할 수 있는 공간으로 역할을 하게 된다. 따라서 주거는 단순한 물리적 공간을 넘어 집과 지역사회에서 건강한 생활을 영위하고 외로움을 느끼거나 고립되지 않고 살아가는 데 중요한 기반이자 보호체계가 되어야 한다(박순미 외, 2017).

주거복지는 주거를 인간 삶의 기본적인 필수조건으로 보고, 인간답게 살 수 있고 사회적 관계가 잘 이루어지는 환경을 조성하는 것으로 정의할 수 있다. 그러나 우리나라 주거복지는 매우 취약한 실정이다. 국토교통부를 중심으로 공공임대주택을 공급하기 위한 정책을 추진하고 있지만, 노인을 위한 주거복지는 소홀하게 다루어 노인의 실제 주거환경은 대단히 열악하다는 평가를 받고 있다(박순미 외, 2017).

2017년 노인실태조사 결과를 보면, 노인들이 거주하는 주택은 약 절반인 48.8%가 단독주택이고, 아파트 35.1%, 연립 다세대주택 14.6%의 순으로 나타났다(정경희 외, 2017). 노인들이 단독주택에 거주하는 비율이 갈수록 줄어들고 있지만, 도시의 경우 단독주택과 아파트 비율이 39.2%와 41.0%로 비슷하고, 농촌은 노인의 69.8%가 단독주택에 거주하고 있어 단독주택 비율이 높은 편이다.

국토교통부(2018) 발표에 따르면, 노인가구의 75.3%는 자가 소유였으며, 30년 이상된 노후주택에 거주하는 노인가구 비율이 36.6%, 일반 가구의 18.4%에 비해 월등히 높았다. 이러한 상황 때문에 노인가구의 26.4%가 가장 필요한 정책지원으로 주택 개량·개보수 관련 현물 및 자금 대출 지원을 꼽았다. 가장 필요한 주택개조 부분은 미끄럼 방지 등을 위한 안전한 바닥재 37.6%, 주택 내 응급 비상벨 31.1%, 욕실 안전 손잡이 29.3% 순으로 응답하였다. 응답자의 33.5%는 주택개조가 필요하지만 경제적 부담으로 주택개조를 하지 않았다고 하였다.

주거의 편리성 측면에서 93.9%의 노인이 현 주거형태가 노인 친화적 설비를 갖추지 못했다고 응답하였고, 노인의 84.0%는 주거가 생활하기에 불편하지는 않지만 노인을 배려하는 시설이 없다고 응답하였으며, 9.9%는 생활하기 불편한 구조라고 하였다(정경희 외, 2017). 연령대가 높아질수록 생활하기 불편한 구조라고 응답한 비율이 높았는데, 65~69세가 7.5%인데 85세 이상은 15.5%로 두 배나 높았다. 따라서 고령일수록 일상생활 수행능력의 어려움이 높아지면서 친고령화적인 주거설비가 더욱 필요하다고 생각하고 있었다. 또한, 가구소득이 낮을수록 주거설비가 더 불편하다는 노인의 비율이 높았다(정경희 외, 2017). 전체 오분위 분배율 중에서 가장 소득이 낮은 1분위 노인의 18.0%가 생활하기 불편한 주거구조라 응답한 반면에 가장 높은 소득의 5분위 노인은 5.8%만 불편하다고 응답하여 주거 편리성에서도 소득에 따른 불평등이 존재하는 것으로 나타났다.

05 노인 자살

1) 노인 자살의 개념

자살에 대한 개념 정의는 학자마다 다양하나, 일반적으로 자살은 자발적으로 그리고 의도적으로 자신의 생명을 끊는 행위라는 의미에서 자발성과 의도성을 내포한 자기 파괴적인 행위라고 볼 수 있다(박희숙 외, 2016). 뒤르켐(Durkheim, 1951)은 자살을 희생자 자신이 일어나게 될 결과를 알고 행하는 적극적 혹은 소극적 행위에서 비롯되는 직접적 혹은 간접적 결과로 발생하는 모든 죽음으로 스스로의 혐오감으로부터 도피하기 위한 동기로 규정하였다(Durkheim, 1987). 이러한 자기 혐오감은 스스로에 대한 기대나 기준에 심각하게 도달하지 못할 때 발생하며 결국에는 자살이라는 죽음으로 도피한다는 것이다. 세계보건기구(WHO, 2018)에서는 자살에 대해 죽음이라는 결과를 초래하는 자해행위로 규정하였고, 미국 질병통제 및 예방센터(Center for Disease Control, CDC)에서는 자살을 자기 자신을 해치고자 하는 의지를 보여주는 손상 및 중독이나 질식에 따른 죽음이라고 정의하였다(WHO, 2018).

이러한 자살에 대한 다양한 개념에 대한 정의에 공통점이 존재한다. 즉, 자살은 스스로 자신에게 초래한 행위라는 것이며, 죽으려는 의도가 있고, 행동의 결과 죽음을 유발했다는 것이다(유영지, 2014). 이러한 자살의 개념을 통해 노인 자살은 65세 이상의 노인이 자의로 자신의 목숨을 끊는 행위로 정의된다. 자살행위(suicidal behavior)에는 자살 생각(suicidal ideation), 자살시도(suicidal attempt), 그리고 자살 실행(completed suicide)에 이르는 포괄적이고 영속적인 개념으로 정의되는데(Harwood, Hawton, Hope & Jacoby, 2006), 이러한 자살행위에 대한 표집에는 한계가 있으므로 대부분의 연구는 자살 사고에 중심을 두고 이루어진다(박봉길・송인석, 2014).

자살 생각은 자살하기 위한 상상 또는 계획으로 실제 자살시도에 앞서는 과정이므로 자살시도의 중요한 예측지표로 볼 수 있으며(Kumar & Steer, 1995), 논리적으로나 경험적으로 자살시도나 자살행위에 앞서므로 자살 생각의 결정요인을 이해한다는 것은 자살행위의 위험을 이해하거나 예방하는 중요한 선행 작업으로 볼 수 있다(양옥경・주소희, 2011). 자살 생각 경험은 자살 위험군의 대표적인 특징이며 실제로 자살의 위기 및 자살률과도 높은 상관관계를 가진다. 자살 생각은 살아가면서 어느 순간 자살에 대해 심각하게 고려해 본 것을 의미하며, 자살계획은 실제 자살시도에 앞서는 과정이라 할 수 있다(오인근, 2008). 자살 생각은 자살시도의 중요한 예언지표로, 자살시도는 자신을 파괴하고자 하는 의도를 갖고 고의로 자신에게 상처를 입히는 행동이며 실제로 죽음이 발생하지 않은 경우를 의미한다(오인근, 2008). 아울러 자살 행동은 자살을 실제 행동으로 옮겨 스스로 만든 죽음을 의미한다.

노인 자살은 자살 생각, 자살시도, 자살 실행 등의 연속적인 개념 안에서 폭넓게 설명될 수 있다(오인근, 2008). 버크, 도드와 헨리(Berk, Dodd, & Henry, 2006)는 자살에 이르는 과정모델을 다음과 같이 자살 생각, 자살계획, 자살시도를 통해 자살에 이르게 하는 연속적인 과정이라고 제시하였다(Beck, Kovacs, & Weissman, 1979; Brown & Vinokur, 2003). 경험적 연구에 의해서도 하나의 과정임이 증명되었는데, 자살 생각은 생각만으로 그치는 것이 아니라 실제 자살시도나 자살행위로 이어진다고 주장되고 있다(Ashmore, 2006). 러드(Rudd, 1990)는 대학생 737명을 대상으로 조사한 결과 43%가 지난해에 자살 생각을 가졌으며, 그중 15%가 자살 기도를 계획하였고, 6%가 실제로 자살을 시도했다고 밝혔다. 페이켈(Paykel et al., 1974)은 일반인을 대상으로 자살에 대한 가능성을 ① 자살에 대한 생각만 지닌 차원과 ② 자살위협 차원, ③ 경미한 정도의 자살시도 차원, 그리고 ④ 심각한 정도의 자살시도 차원의 4가지 차원으로 구분하여, 자살 생각이 자살 행동으로 연결되는 하나의 지속선상에 있음을 증명하였다(박재산 외, 2009). 자살 생각이 반드시 자살시도로 이어지고, 또 자살로 귀결되는 것은 아니지만 그 가능성은 높은 편이라고 할 수 있다는 것이다(Kumar & Steer, 1995). 따라서 자살에 대한 관심은 자살 이전단계인 자살시도나 자살 생각에 중점을 두고 다양한 연구들이 진행되고 있다(Dai et al., 2011). 아주 경미한 수준의 자살에 대한 생각이라도 이후 심각한 수준으로 발전되거나 자살시도로 직접 연결될 수 있어 자살에 대한 생각 그 자체만으로도 자살을 측정하는 예언지표가 될 수 있다는 것이다(Simons & Murphy, 1985).

2) 노인 자살의 특성

노인 자살은 청소년이나 일반 성인의 다른 연령대에서의 자살과 차이를 보이는 몇 가지 특징이 있다.

첫째, 노인의 경우 급성적 자살(목매달기, 고의적인 교통사고, 다량의 약물 복용, 추락 등)보다 유사 자살을 선택하는 경향이 많다(임병우 외, 2015). 죽을 의도를 가지고 스스로 저지르는 행동에 의해 서서히 죽음에 이르는 것을 유사 자살이라고 지칭하고, 생명을 지속시키는 약물 투여를 거부하거나 자기 방임, 아사 지경에 이를 때까지 먹지 않는 등의 방법을 선택하여 자살을 시도하는 경우가 많다.

둘째, 노년층의 자살은 젊은 성인에 비해 자살 실행률이 3~5배 정도 높다는 것이다. 청소년의 경우 자살 생각을 한 적 있는 경우가 12.1%, 자살을 시도까지 한 경우가 2.6%인데 비해 노인은 6.1%가 자살을 생각한 적 있고 실제로 13.2%가 자살을 시도했다(정경희 외, 2017).

셋째, 노인의 자살은 청소년과 성인 자살에 비해 자살 성공률이 높다(박희숙 외, 2016). 보건복지부(2016)에 의하면, 자살 성공률은 연령이 증가할수록 높아지는 것으로 나타났는데, 60대 이상의 경우 18.4%로 그 외 연령층의 5.4%보다 약 3배 이상 높은 것으로 보고되었다. 극단적인 방법을 시도하지는 않지만, 다른 연령층보다 치명적인 자해방법과 자살행위를 시도하며, 아울러 자살 생각과 계획을 다른 사람에게 알리지 않고 치밀하게 계획하는 경향이 있기 때문으로 추정하고 있다(황정우 외, 2017). 아울러 노인 자살은 신체적 특성상 노령으로 인해 자살계획을 행동으로 옮길 시 회복할 능력이 떨어지고, 죽고자 하는 강한 욕구로 행해지므로 자살 생각과 계획을 타인에게 쉽게 알리지 않고 치밀하게 계획하는 경향이 있어 높은 자살 성공률을 지닌다. 더구나 독거노인의 경우는 자살행위 후 조기발견이 어려워 자살 성공률이 한층 더 높다(서인균 · 이연실, 2016).

넷째, 노인의 자살은 주변에 도움을 요청하거나 알리는 경우가 드물기 때문에 예측하기 어렵다(배진희 · 엄기욱, 2009). 노인은 자살 예방과 관련된 정보가 부족하여 각종 정신건강 서비스를 받으러 가지 않기도 하고, 자살 의도와 관련하여 다른 사람들과 이야기하는 것을 꺼리기 때문에 그들에게 도움을 줄 수 있는 개입을 진행하기 어렵다(임병우 외, 2015).

마지막으로 성별의 비교에 있어서 전체적으로 남성의 자살률이 여성의 자살률보다 높게 나타나는 것이 일반적이지만, 특히 노인의 경우 그 차이가 더욱 크게 나타난다. 2017년 기준 남성 전체 자살률은 34.9명, 여성 전체 자살률은 13.8명으로 여성에 비해 남성이 약 20명 정도 더 많은 것으로 나타났다(보건복지부, 2019). 노인자살률의 경우 70대 남성 노인의 자살률은 81.7명, 80대 남성 노인의 자살률은 무려 138.4명에 달했다. 여성 노인의 경우 70대가 23.4명, 80대 여성 노인의 자살률은 38.6명으로 집계되어 후기 노인으로 고령화될수록 자살률이 높아지는 것을 알 수 있었고, 특히 후기 남성 노인의 자살이 매우 심각한 수준으로 나타났다.

3) 노인 자살의 현황과 원인

국가인권위원회에서 지난 2018년 노인의 날을 맞이하여 발표한 노인인권 실태조사 결과에 따르면, 노인 4명 중 1명이 죽고 싶다는 생각을 해 본 적이 있고, 심지어 고독사를 염려하고 있다고 응답했다(국가인권위원회, 2019). 그림 3-1에 나타난 바와 같이 WHO에서 제공하는 2018 Mortality data base를 활용하여 산출한 OECD 주요 가입 국가의 노인자살률에서 한국이 가장 높은 것으로 나타났다(WHO, 2019). 우리나라는 65세 이상의 노년층을 대상으로 산출한 자살률에서 34개 회원국 평균치의 3~4배에 달하는 수치를 나타냈으며, 2011년부터 최근 년도까지 가장 높은 노인자살률을 기록하고 있다. 자세히 살펴보면, 한국의 노인자살률은 2011년(79.7명) 이후 지속적으로 감소하는 추세를 보이고 있으나, 2015년은 58.6명으로 전년보다 소폭(3.1명) 증가한 상태이며, 최근 자료를 기준으로 노인자살률 2위를 차지한 슬로베니아의 1.5배, 34개 회원국 평균치의 3.1배에 이르는 수준이다.

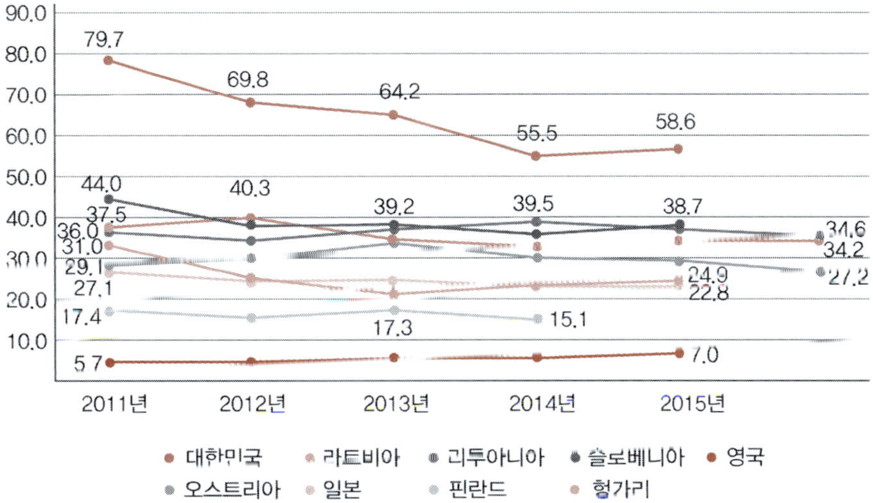

그림 3-1 OECD 주요 가입국가의 노인자살률 비교

출처: 중앙자살예방센터(2019). 자살예방백서.

전체적인 연령 가운데 노인자살률이 유독 심각한 수준이다. 그림 3-2와 같이 2013년부터 2017년까지 전 연령의 자살률 추이를 살펴보면, 전반적으로 자살률은 감소하는 추세를 보이고 있으나, 65세 이상의 노년층 가운데 특히 70대와 80대의 노인자살률이 다른 연령층에 비해 상당히 높은 수치를 기록하고 있다.

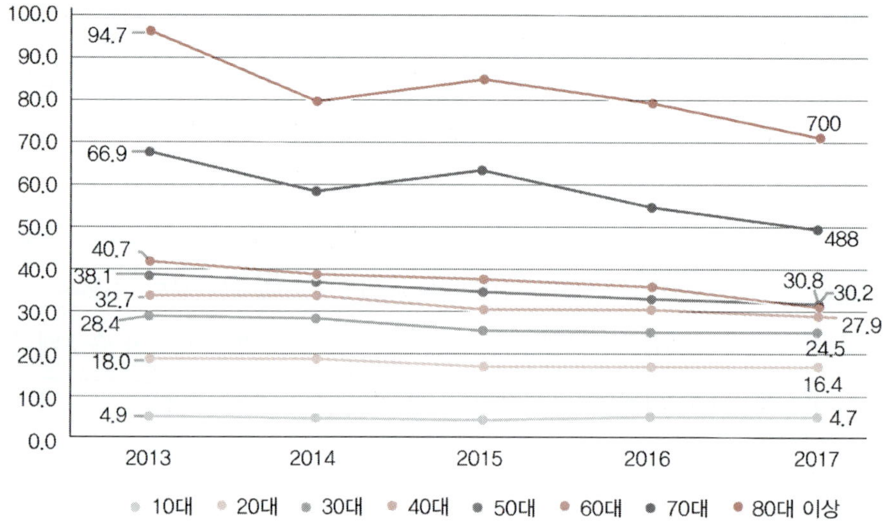

그림 3-2 2013~2017 연령별 자살률 추이

출처: 중앙자살예방센터(2019). 자살예방백서.

2019년 자살예방백서에서도 가장 최근 통계청에서 보고된 2017년 사망원인통계에서 자살 현황을 연령별로 살펴보면 그림 3-3과 같이 80대 이상 연령층이 70.0명으로 가장 높은 자살률을 보이고 있다(통계청, 2019). 연령별 자살률은 연령대가 올라갈수록 높아지는 양상을 보이는데, 10대의 자살률이 4.7명, 20대의 자살률은 16.4명, 30대와 40대의 자살률이 각각 24.5명, 27.9명, 그리고 50대와 60대는 각각 30.8명, 30.2명으로 보고되었다. 노인 인구 중에서도 고령화가 시작되는 70대부터 자살률이 급증하여 48.8명, 80대 이상에서는 70.0명으로 최고치를 기록하는 것을 알 수 있다.

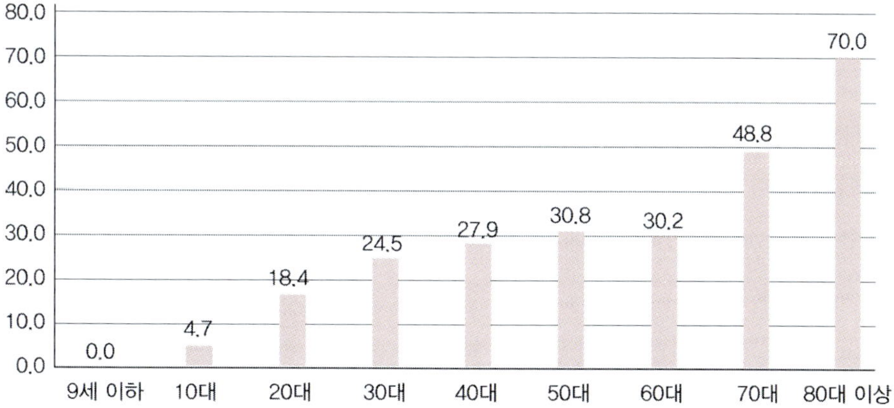

그림 3-3 2017년 연령별 자살률 현황 비교

출처: 중앙자살예방센터(2019). 자살예방백서.

노인이 자살하는 주요한 원인으로는 신체적 질병, 경제적 어려움, 외로움과 고독, 가정불화 등이 있으며(통계청, 2009), 그 외에도 우울증, 직업 역할의 상실, 신체적·정신적 장애, 사회관계 범위의 축소, 건강약화, 배우자의 상실 등 전반적인 노인 문제가 원인으로 지목되고 있다(안지혜 외, 2014).

06 노인학대

1) 노인학대의 개념

보건복지부 업무수행지침에 의하면 신체적 학대는 물리적인 힘을 가하거나 도구를 이용하여 노인 등에게 신체, 고통, 정신, 장애 등을 유발시키는 행위로 간주하고 강제로 가두거나 출입을 통제, 노인을 폭행하거나, 신체 억압과 생명, 저해 통제 능을 구체직인 학내행위 지표로 삼고 있다. 노인학대의 개념과 정의는 다양하게 혼용되어 사용하고 있으며, 연구주제에 따라 달리 정의하고 있다. 노인학대의 개념은 다차원성과 사회문화적, 국가 또는 학자에 따라 각기 다른 의견과 다양한 정의가 존재한다(유지웅, 2011). 개념과 유형은 국가나 사회, 그리고 문화적 배경에 따라 다르게 정의되고 있다. 그리고 누가 학대를 정의하는지에 따라 상이한 결과를 나타내고 있다. 따라서 노인학대는 시대적·사회적 분위기와 상황에 따라 달라질 수 있다.

노인학대의 개념을 광의적으로 보면 노인에게 가해지는 외형적 신체학대이며, 광의적으로 신체적 학대뿐만 아니라 심리적·언어적·정서적·의료적·성적 학대와 방임 행위를 포함하는 개념으로 정의하고 있으며 경우에 따라 방임 행위까지 광의의 학대로 포함할 수 있다(장규원 외, 2018). 세계 각국은 2000년대 후반에 들어 노인학대에 대한 합의가 이루어지고 정의가 이루어지기 시작했다. 세계보건기구(WHO) 토론토 노인학대선언문(Toronto Declaration on Elder Abuse) 정의에 의하면 노인학대(elder abuse)는 노인과 신뢰 관계에 있는 사람이 노인에게 위해(harm)나 스트레스를 발생시키는 일회성의 행위 또는 반복적인 행위, 적절한 행위의 결핍을 뜻한다(Lachs & Pillemer, 2004).

2) 노인학대의 유형과 현황

미국 노인학대센터(National Center on Elder Abuse, NCEA)와 법무부 통계에 따르면 미국에서 매년 발생하는 노인학대 사례의 약 16%가 경제적 학대로 나타난다(BITS, 2012). 또한, 미국과학학술원(the US National Academy of Sciences) 패널들의 노인학대에 대한 정의 역시 세계보건기구의 정의와 유사하다. 이들은 노인학대를 수발자 또는 노인과 신뢰관계에 있는 자가 취약한 노인에게 위해 또는 심각한 위해를 발생시킬 수 있는 의도적인 행위, 수발자가 노인의 기본적인 욕구를 충족시키지 못하거나 위해로부터 노인을 보호하지 못한 행위로 정의하고 있다(Lachs & Pillemer, 2004). 이는 우리나라의 노인학대에 대한 개념보다 광범위한 개념이다.

다음으로 노인학대의 개념을 보다 체계화하기 위해서는 어떠한 행위가 노인학대에 속하는지 학대의 유형을 분류하면 다음과 같다. 노인학대에 속하는 일반적인 유형으로는 신체적 학대, 심리적 학대, 성적 학대, 경제적 학대, 방임이 포함되는 것으로 나타나고 있으며(Lachs & Pillemer, 2004), 우리나라 「노인복지법」에서도 이와 유사하게 노인학대를 노인에 대하여 신체적·정신적·성적 폭력 및 경제적 착취 또는 가혹행위를 하거나 유기 또는 방임하는 것으로 정의하고 있다(「노인복지법」 제1조).

학대행위가 발생하는 장소와 내용에 따라 분류하면 가정 내 학대, 시설 내 학대, 자기방임의 세 가지로 분류하고 있다(Tatara, 1990). 학대행위에 따라서 국제적으로 논의되고 있는 것은 정서적·신체적·성적·경제적 학대, 방임의 5가지 유형으로 나누고 있다(Garre-Olmo et al., 2009).

전국 노인보호전문기관을 통하여 2018년 접수된 노인학대의 전체 신고건수는 15,482건이며, 그중에서 학대사례는 5,188건으로 나타났다(중앙노인보호전문기관, 2019). 연도별로 보면 지난 5년 동안 학대사례 건수가 증가하였지만, 노인학대의 특성상 노출되지 않는 숨겨진 부분을 감안하면 이보다 훨씬 많은 노인이 학대를 받고 있을 것으로 판단된다. 학대사례 중에서 여성 노인이 전체의 73.9%로서 남성 노인의 2.8배이며, 학대 가해자는 아들이 37.2%로 가장 많고, 다음으로 배우자가 27.5%이다. 학대유형 중에서는 정서적 학대가 전체의 42.9%를 차지하여 가장 많고, 다음으로 신체적 학대가 37.3%인 것으로 나타나고 있다.

1981년 「노인복지법」 제정 이후 2004년에 이르러서야 노인학대 관련 조항이 신설되었으며, 이후 「노인복지법」의 개정마다 노인학대와 관련된 사항들이 지속적으로 개정되고 있다(박수경, 2018). 2004년 국가와 지방자치단체가 노인학대의 예방, 발견, 보호를 위해 노인보호전문기관을 설치하도록 하고, 의료인을 포함한 5개 직군의 노인학대 신고의무자에 대한 신고의무 조항을 신설하였다. 2011년에는 노인학대 신고의무자의 신분보호를 강화하였으며, 다음 해에는 신고의무 위반 시의 처벌규정을 마련하고, 2017년 14개 직군으로 확대된 신고의무자에게 인권교육을 하도록 하였다. 2018년 3월에는 노인학대 신고의무자 교육이 추가 개정되어 노인학대 신고의무자가 소속된 기관의 장은 노인학대 신고의무자에게 노인학대 예방 및 신고의무에 관한 교육을 하고 그 결과를 보건복지부 장관에게 제출하여야 한다. 지난 2020년 4월에는 노인학대 신고 활성화 및 피해노인의 정보 유출 방지 등을 위하여 관련 처벌규정이 신설 및 강화된 바 있다(국가법령정보센터, 2020).

07 노인 치매

1) 치매의 개념과 증상

치매(dementia)는 퇴행성 뇌질환 또는 뇌혈관계 질환 등으로 인하여 기억력, 언어능력, 지남력, 판단력 및 수행능력 등의 기능(인지기능)이 저하됨으로써 일상생활에서 지장을 초래하는 후천적인 다발성 장애(치매관리법 제2조)로 70여 가지의 원인 질환들에 의해 유발되는 임상 증후군이라고 할 수 있다. 치매는 모든 노인이 걸리는 질병은 아니지만, 나이가 들수록 발병 확률이 높아지고, 발병하면 완치가 되지 않는 질환이다.

치매는 일상생활에 큰 무리 없이 정상이던 사람이 여러 질환으로 인하여 뇌에 자극을 주어 지적 능력을 상실하게 되는 경우를 말한다. 즉, 정상적으로 획득된 인지기능이 후천적으로 소실되어 일상생활이나 직업적 업무수행에 지장을 초래할 정도로 심하게 진행된 상태를 말한다(박경원, 2001). 정신장애 진단분류체계인 DSM-IV-TR(APA, 2000)에 따르면, 치매는 인지장애라는 기본 증상 외에도 일상생활하는 데 어려움이 있는 실인증, 실행증, 실어증, 수행기능의 장애가 최소한 한 가지 이상을 동반하며, 이로 인해 사회적·직업적 기능을 수행하는 데 있어 장애가 초래된다(권중돈, 2015).

치매의 원인은 연령, 성별, 교육 유무, 배우자의 유무, 우울증, 유전, 흡연, 두부외상 등이 있다. 일반적으로 60세부터 5년마다 치매 발생률이 약 2배씩 증가한다. 남성보다 여성이 치매의 위험이 1.3배 높게 노출되어 있다. 그리고 저학력자가 고학력보다 치매 위험이 크며, 중등학력 이상 교육을 받은 노인과 비교하였을 때, 초등 이하 교육을 받은 노인이 치매 위험이 1.6배, 무학 노인은 4.5배로 높다. 또한, 배우자와 거주하고 있는 노인보다 배우자와 거주하지 않는 노인의 치매 발생률이 2.4배 높으며, 비흡연 노인보다 흡연 노인의 치매 발생률이 1.5배 높다. 그리고 머리를 다친 적이 있는 노인은 치매 위험이 2배 정도 높으며, 우울증을 앓는 노인이 3배 정도 치매 위험이 높다(보건복지부, 2008).

치매의 증상은 원인 질환에 따라 다양한 형태로 나타나지만 가장 대표적인 증상은 단기·장기 기억장애, 계산능력 장애, 방향감각 장애, 막연한 사고능력 장애, 사람의 성격이 무너지며, 주된 증상으로는 흥분·공격적 행동, 망상, 환각, 사람을 잘 알아보지 못하는 등의 섭식장애, 불결 행동, 야간 불면, 이상행동 등이 있다. 일상생활에서 할 수 있는 능력, 행동의 증상과 인지 등이 나빠지는 현상은 서로 다르게 나타날 수 있다. 특히 알츠하이머형 치매의 경우는 점차적으로 진행이 나빠지는 반면, 혈관성 치매의 경우에는 단계적으로 진행이 나빠지는 특징이 있다.

간이 정신상태 검사(MMSE)를 통한 치매의 범위로는 최고점은 30점이며, 24점 이상은 정상, 점수가 낮을수록 인지기능이 낮은 것을 나타낸다. Zec(1996)의 연구를 기준하여 24점 이상은 정상으로 판단하며, 20~23점은 경도 치매, 10~19점은 중등도 치매, 9점 이하는 중도 치매로 구분할 수 있다.

표 3-1 간이 정신상태 검사(MMSE)의 일반적 치매기준

초기(경도, 20~23점)	중기(중등도, 10~19점)	말기(중도, 9점 이하)
• 정상인에게 보이는 것 이상의 건망증 • 단기기억손상, 특히 새로 배우는 것 • 숫자가 의미하는 것을 알아차리기 어려움 • 독창성과 흥미 상실 • 판단력 감퇴 • 지리적 지남력장애	• 가까운 가족이나 친구를 알아보는 능력 감소 • 초조, 혼란 • 배회, 길을 잃음 • 장기기억손상 • 이해력 장애 • 간단한 작업을 수행하는 방법을 잊음 • 운동신경 장애 • 수용성 실어증 • 표현성 실어증 • 불면증, 섬망 • 망상, 환각 • 행동 장애	• 단기 기억, 새로운 정보를 이해하지 못함 • 단어를 이해하지 못함 • 음식을 넣고 삼키지 못함 • 단어나 소리 반복 • 스스로 케어 못함 • 부동 • 대소변이 무의식중에 배출됨

일반적으로 치매 원인에 따라서 특징이나 치매 출현 증상이 다르게 나타날 수 있으나 치매의 진행단계는 초기(최경도, 경도), 중기(중증도), 말기(고도) 3가지로 구분해 볼 수 있다.

첫째, 치매의 초기 단계는 기억력 감퇴로 시작된다. 사회생활이나 일상생활능력에 약간의 문제가 생기더라도 어느 정도 개인의 독립적인 생활을 영위할 수 있으며, 비교적 사회적인 판단력은 통상적으로 유지된다.

둘째, 중기에서는 초기 단계에서 보였던 기억력 감퇴, 언어능력 등의 증상이 악화되며, 사회적 판단에도 어려움이 생긴다. 진행속도에 따라 일상생활에 필요한 동작에도 어려움을 보이며 주변 사람들의 도움이 필요하게 된다.

셋째, 말기단계는 모든 지적능력이 손상되고 일상생활의 능력이 심하게 감퇴되어 기본적인 생활유지가 어려우며 전적으로 주변의 도움이 필요하

게 된다(대한노인정신의학회, 2018).

치매등급판정 기준은 신체기능, 인지기능, 행동 변화, 간호 처치, 재활영역에 걸쳐 환자 심신 기능 상태조사 등 장기요양 인정점수 합계를 구한 뒤 1등급~5등급으로 환자를 분류한다. 치매 등급자들은 단기 보호, 방문간호 등 재가급여 서비스를 이용할 수 있다. 치매 등급 이용자들이 사용할 수 있는 서비스의 종류는 3, 4등급 이용자들이 이용할 수 있는 서비스 종류와 동일하나, 치매 등급 이용자들은 주·야간 보호 또는 방문 요양을 통하여 매주 3회 또는 월 12회 이상 인지활동형 프로그램에 의무적으로 참가해야 한다(이동규, 2017). 이처럼 치매는 점차 발생하여 일상생활과 지적 능력의 전반적인 문제가 생겨 사회적 불능 상태에 이르게 된다. 이것은 결코 노화의 정상적인 것으로 나타나는 것이 아니며, 뇌의 전체 영역에 해를 끼쳐 신경세포의 되돌릴 수 없는 상실의 결과를 초래한다.

2) 치매의 현황과 부양문제

1980년 3.8%에 머물러 있던 65세 이상 노인 인구의 비율은 2000년에 전체 인구의 7.2%에 도달하여 우리나라도 고령화 사회에 진입하였고, 그 후로도 전례가 없이 빠른 속도로 고령화가 진행되어 2018년에는 고령사회에, 2026년에는 초고령사회에 도달할 것으로 예측된다. 이와 함께 노인의 대표적 질환인 치매의 유병률 또한 가파르게 증가하고 있다. 여러 국내 역학조사에서 65세 이상 노인의 치매 유병률은 6.3~13%로 보고되었으며, 표 3-2와 같이 2008년 현재 우리나라의 치매 환자 수는 약 42만 명으로 추산되고 있는데, 이는 2012년에 50만 명을 넘어서고, 2030년에는 110만 명, 2050년에는 212만 명에 이를 것으로 예상된다.

표 3-2 우리나라 65세 이상 노인의 치매 유병률 및 치매 환자 수 추이

연도	2008년	2012년	2020년	2030년	2050년
치매 환자수(명)	421,387	521,516	749,719	1,135,441	2,127,491
치매 유병률(%)	8.40	9.08	9.74	9.61	13.17

치매 노인은 일반적으로 그들의 가족에 의해 보살핌을 받고 있다. 시설보호가 발달된 미국에서도 역시 대부분 치매 노인이 가족에 의해 정서적인 보호를 받고 있다. 치매 노인을 부양하는 책임은 가족 중 한 사람이 거의 맡게 되며, 이들을 주부양자(primary caregiver)라 한다. 부양 부담이란 가족이 치매 노인을 케어하면서 겪게 되는 신체적·심리적·정서적·사회적·경제적 문제를 의미하는 것으로 나타나는 것이 일반적이다.

치매 노인의 발생은 가족구조 및 역할의 변화를 가져오는 결과로 이에 가족들은 심경의 변화를 겪으며 혼란스러움과 동시에 전혀 다른 생활을 하게 된다. 가족들은 부모와 자식의 역할이 바뀐 체 치매 노인을 보살피게 되고, 치매 노인을 대하면서 슬픔과 치매를 받아들이지 못하며, 반면 죄책감과 불안 등 가족들은 혼란스러운 감정의 변화과정을 겪게 된다. 치매 노인 가족에게 나타나는 이러한 갈등과 고통, 불안은 치매 노인에 대한 질 높은 보호를 가능하지 못하게 한다. 따라서 치매 노인의 삶의 만족도는 더욱 떨어지게 되며, 더불어 치매 노인 가족의 삶에 불만족의 결과를 주게 된다. 이때의 생활 변화는 가족구성원 간의 관계에 부정적인 영향을 끼쳐 갈등을 유발시키며, 서로 지지하고 협조하는 경우보다는 서로를 비난, 원망하거나 서로에게 예민하게 반응하는 경우가 많다(김신미, 1993).

치매 노인 가족의 부양 부담은 사회활동의 제한 및 가족 간의 부정적 변화, 심리적 부담 및 경제적 부담, 건강의 악화 등이 있다.

첫째, 사회활동의 제한 및 가족 간의 부정적 변화로 치매 노인 가족은 치매 노인의 특성상 행동의 문제로 치매 노인에게 24시간 항상 신경을 써

야 하므로 개인적인 시간과 여유를 찾을 수 없으며, 친구를 만날 수 있는 시간도 없고 사회적 활동이 제한적이다. 치매 노인 가족의 사회활동 제한에는 개인 시간의 부족과 자유의 한정적인 부분이 있지만, 이러한 부분이 해소될지라도 치매 노인 부양에 대한 부담감으로 개인의사회 활동에 참여하지 못하는 경우가 있다.

둘째, 심리적 부담 및 경제적 부담으로 치매 노인 가족은 치매 노인을 부양한 이후로 자주 짜증을 내거나, 화를 내는 경우가 늘어날 수 있고, 타인에게 친절하지 못하고 비판을 하는 상황이 생기기도 한다. 그리고 본인이 아무리 애를 써도 완치가 되지 않는 치매 노인으로 인해 허무한 생각이 많이 들고, 올바른 방법으로 대처하지 못하게 되어 무력감을 가지게 된다. 치매 노인 가족은 치매 노인의 치료와 간호에 필요한 비용으로 인하여 경제적 부담을 가지게 되며, 경제활동에 지장을 받는 부분이 크다.

셋째, 건강의 악화로 치매 노인돌봄을 신체적 건강 또는 정신적 건강에 많은 영향을 미치는 것으로 알려져 있다. 치매 노인을 포함한 인지기능 장애가 있는 노인을 돌보는 가족의 경우 정상 노인이나 신체가 불편한 노인의 가족에 비해서 건강에 더 부정적인 영향을 받는 것으로 나타나고 있다. 한국의 치매 노인 가족의 경우 돌봄 이후로 심장질환, 고혈압, 관절염 등의 신체적 질환을 1가지 이상 가지고 있는 부양자가 절반 이상으로 나타나 신체적 건강상의 부담이 매우 높다.

PART 02

노인복지의 기초와 이론

CHAPTER 04 노인복지의 기초

01 노인복지의 필요성과 개념

1) 노인복지의 필요성

노인복지의 필요성이 인정된 것은 산업사회가 도래하고, 사회국가가 등장한 이후이다. 산업사회 이전에는 노인이 보호를 필요로 하는 약자가 아니었기 때문에 노인복지의 필요성이 인정되지 않았다(김정화, 2020). 노인은 산업사회가 도래하면서 보호를 해야 하는 사회적 약자의 지위에 놓이게 되었고, 사회국가가 되면서 사회적 약자에 대한 보호의 필요성이 대두되었다.

산업사회 이전은 인구의 대부분이 농업에 종사하는 농업사회였다. 농업사회의 마을공동체는 혼인 및 혈연관계에 기초하여 형성되었으며, 가족 형태는 직계나 방계의 친족으로 이루어진 대가족의 형태가 일반적이었다. 따라서 가족 수가 오늘날에 비해 많았고 남성 중심의 가부장적인 질서가 지배하고 있었기 때문에 여성은 남성(가장)의 의사에 따라야 했다. 가족구성원들 간에 역할이 나뉘어 있어서 여성은 주로 집안일 및 자녀양육을 담당하였고, 경제활동은 주로 남성들의 몫이었다. 그리고 가족 또는 마을공동체 구성원은 서로 협력하여 경제활동을 하였다(김정화, 2020). 농업사회에서 노인은 약자로 인식되지 않았는데, 농업사회의 중요한 생산요소인 토지를 일반적으로 가족구성원 중에 연장자인 남성이 소유하였기 때문이다. 또한, 농업사회에서 경제활동은 연령에 상관없이 건강이 유지되는 한 지속할 수 있었기 때문에 노인은 쇠약해지기 전까지 경제활동을 할 수 있었고, 오랜 경륜(經綸)의 소유자로서 젊은 세대에게 지식을 전수하는 등 공동체 내에 존경의 대상이었다(조성백・최민호, 1996).

그러나 산업화의 진전은 노인의 지위를 변화시켰다. 과학의 발전은 종교와 전통지식을 대체하였으며, 개인의 성취와 능률을 강조하는 사회 분위기가 형성되었다(김주현, 2009). 산업화로 인한 기계의 발전으로 생산구조가 변화하여 생산 활동에서 토지의 비중은 감소하였고, 노동력의 비중은 증가하였으며, 노인의 경험은 예전처럼 유용하지 않게 되었다. 그 결과 노동시장에서 청장년층의 수요는 크게 증가한 반면 노인은 점차 배제되어 사회적 약자로 인정되었다(이세주, 2019). 또한, 산업화가 진행되면서 가족과 이웃, 마을공동체 등으로 이루어진 전통적인 안전망은 점차 약화되었으며, 경제활동을 위해 농촌의 많은 인구가 도시로 이동함에 따라 마을공동체의 박애개념과 연대성이 약화되면서 전통적 안전망인 가족, 친구, 이웃으로는 충분한 보호를 담보할 수 없게 되었다(차진아, 2005). 이러한 시대적 변화는 기존의 전통적인 안전망을 보완하여 사회적 약자를 보호할 수 있는 사회적 안전망, 즉 사회보장의 필요성이 인정되었다(권중돈, 2010).

2) 노인복지의 개념

노인복지는 노인을 대상으로 하는 사회복지의 한 분야이며, 노인이 인간다운 삶을 영위할 수 있도록 필요한 서비스를 제공하는 모든 활동이라 할 수 있을 것이다. 따라서 노인복지의 개념을 정의하기에 앞서 사회복지의 개념을 파악하는 것이 필요하며, 노인이 인간다운 삶을 영위하는 데 필요한 서비스를 제공하는 활동이 무엇인가를 알아야 할 것이다. 사회복지가 다른 학문 분야와의 큰 차이점 중의 하나는 사회복지가 인간의 사회적 욕구에 초점을 둔다는 것이다. 이러한 점에서 사회복지는 인간의 사회적 욕구라는 사회현상을 이해하고 해결하기 위한 과학적 지식체계이며, 사회적 욕구를 충족시키지 못함에 따라 발생할 수 있는 이러한 측면에서 보면, 노인복지는 노인의 사회적 욕구인 소득, 건강(의료), 여가, 주거, 일자리, 신체적 수발 등을 충족시키기 위한 사회적 노력이며, 노인 문제인 빈곤, 질병, 고독, 소외, 역할상실, 치매, 학대, 자살 등을 예방하고 해결하기 위한 사회적 대책으로서, 노인이 인간다운 삶을 영위하는 데 필요한 서비스를 제공하는 정책적 활동과 실천적 활동을 포함하는 모든 활동이라 할 수 있을 것이다(이근홍, 2018).

노인복지에 관한 기존의 개념을 살펴보면 다음과 같다. 노인복지란 노인이 인간다운 생활을 영위하면서 자기가 속한 가족과 사회에 적응하고 통합될 수 있도록 필요한 자원과 서비스를 제공하는 데 관련된 공적·사적 차원에서의 계획과 서비스 제공 활동이다(최성재·장인협, 2011). 노인복지란 노인들이 인간다운 생활을 영위할 수 있도록 제반 사회복지서비스를 제공하고 실천하는 사회적 활동을 말하며, 노인에게 직면한 각종 욕구와 문제를 해결하고 예방하려는 사회적 노력의 총화인 것이다(현외성, 2007). 노인복지란 노인의 심신 건강유지와 생활안정을 위하여 필요한 노인 생활 전면 보장 및 복시서비스이다(양옥남 외, 2016), 이처럼 노인복지에 관한 개념은 학자에 따라 다양한 측면에서 정의될 수 있다.

따라서 노인복지란 노인의 사회적 욕구를 충족시키기 위한 사회적 노력이며, 노인 문제를 예방하고 해결하기 위한 대책으로서, 노인이 인간다운 삶을 영위할 수 있도록 필요한 서비스를 제공하는 정책적·실천적 모든 활동이다(이근홍, 2018).

02 노인복지의 원칙

노인복지를 적절히 실현하기 위해서는 노인복지가 지향하는 기본적인 이념을 이해하고, 이를 바탕으로 노인복지를 증진하기 위한 실행원칙에 따라 실천해야 할 것이다.

1) 노인복지의 기본이념

노인복지의 기본이념을 우리나라의 「노인복지법」에 나타난 내용을 중심으로 살펴보면 다음과 같다. 첫째, 노인은 후손의 양육과 국가 및 사회의 발전에 기여해 온 자로서 존경받으며 건전하고 안정된 생활을 보장받는다. 둘째, 노인은 그 능력에 따라 적당한 일에 종사하고 사회적 활동에 참여할 기회를 보장받는다. 셋째, 노인은 노령에 따르는 심신의 변화를 자각하여 항상 심신의 건강을 유지하고 그 지식과 경험을 활용하여 사회의 발전에 기여하도록 노력하여야 한다고 명시되어 있다.

노인복지는 노인이 신체적·심리적·사회적·문화적 측면에서 인간다운 삶을 영위할 수 있도록 다양한 서비스를 제공하여 심신의 건강을 유지하고 노후생활의 안정을 도모하는 것을 목적으로 하며, 이러한 목적은 기본이념에 근거하여 실현되어야 한다. 「노인복지법」에 명시된 내용을 바탕으로 노인복지의 기본이념을 살펴보면, 다른 세대로부터 존경받는 노인, 건전하고 안정된 노후생활의 유지, 적절한 소득이 보장되는 일자리의 보장, 다양한 사회참여 기회의 확대, 자신의 심신의 건강을 유지하기 위한 적극적인 노력, 그동안 쌓아온 지식과 경험을 바탕으로 사회 발전에 기여하기 위한 헌신 등의 6가지로 설명할 수 있다.

2) 노인복지의 실행원칙

노인복지를 증진하기 위한 실행원칙으로는 대표적으로 최성재와 장인협(2006)이 제시한 노인복지의 원칙과 1991년 유엔에서 발표한 노인을 위한 유엔 원칙, 2002년 마드리드 고령화 국제행동 계획을 들 수 있다.

(1) 노인복지의 원칙

비어스텍(Felix P. Biestek, 1957)이 그의 저서 <The Casework Relationship>에서 제시한 7대 관계원칙(Senven Principles of the Social Work Relationship)의 기본원칙을 바탕으로 최성재와 장인협(2006)은 사회복지의 노인복지사업의 목표를 달성하기 위해 준수해야 할 9가지 원칙을 다음과 같이 설명하였다.

① 존엄성 및 개성존중의 원칙

인간은 자신의 신분이나 직업, 연령, 신체적·정신적 건강, 경제적 지위 등에 의해 다른 사람들과도 어떠한 차별도 받지 않는 인간적인 권리로서 존엄성이 존중되어야 하며, 개인은 또한 다른 개인과 구별되는 특성과 욕구를 지닌 개성 있는 존재로서 인정되어야만 한다. 특히 노인의 경우에는 생산성의 저하로 그 존엄성이 무시되는 경우가 많은데, 어떠한 경우에서도 노인의 존엄성이 무시되어서는 안 된다.

② 개별화의 원칙

인간은 누구나 타인과 구별되는 고유한 특성을 가진 존재로서 그 어떤 사람이든 간에 자신이 가지고 있는 독특한 개성이 존중될 수 있도록 개별적으로 다루어져야 한다. 일반적으로 노인을 역(曆)연령에 따라 60세 또는 65세 이상으로서 동일한 한 집단으로 다루게 되는 경우가 많은데, 실질적으로는 노인의 연령을 60세에서 120세 이상까지 매우 폭넓게 이해해야 한다. 그러므로 60세 노인과 80세 노인 그리고 100세 노인의 욕구들이 다 같을 수는 없는 것이다. 따라서 노인들을 일반화시키거나 고정 관념적인 편견(stereotype)을 갖는 것은 노인복지에서는 가급적 피해야 한다.

③ 자기결정의 원칙

노인도 한 인간으로서 존엄성과 개성을 가진 존재이므로 노인 자신의 복리에 영향을 미치는 결정은 자신이 직접 선택할 수 있도록 하여야 한다.

④ 권리와 책임의 원칙

인간이면 누구나 자기에게 맞는 권리와 책임이 뒤따르기 마련이다. 이러한 권리와 의무가 노인이라고 해서 예외가 되는 것은 아니다. 현재 이러한 원칙들은 「노인복지법」 제2조에서도 다음과 같이 잘 명시되어 있다. 노인은 후손의 양육과 국가 및 사회의 발전에 기여하여 온 자로서 존경받으며, 건전하고 안정된 생활을 보장받으며, 노인은 능력에 따라 적당한 일에 종사하고 사회적인 활동에 참여할 기회를 보장받는다는 권리를 인정하고 있다. 한편으로 노인은 노령에 따르는 심신의 변화를 자각하여 항상 심신의 건강을 유지하고, 그 지식과 경험을 활용하여 사회의 발전에 기여하도록 노력하여야 한다는 의무와 책임의 이행을 권장하고 있다.

⑤ 보편성과 선별성의 원칙

국가나 지방자치단체 또는 각 기관에서 노인을 위한 프로그램을 계획할 때에는 그 대상을 어디에 두는가에 따라 보편적인 프로그램과 선별적인 프로그램으로 구분하게 된다. 선별적인 프로그램은 급여의 자격요건(eligibility)이 잠재적인 수혜자의 재정적인 상태를 평가하는 자산조사의 결과에 따라 결정되는 데 반하여, 보편적인 프로그램은 경제적인 상태와 관계없이 어떤 계층이나 범주(category)에 속하는 모든 사람에게 그 혜택이 주어지는 것이다. 그러므로 노인에게 있어서는 경제적인 상태와 관계없이 노인이면 누구나 가지게 되는 공통적인 욕구와 발달과업을 가지고 있다. 이러한 욕구나 과업의 해결을 위해서는 60~65세 이상의 전체 노인들에게 공통적으로 주어지는 서비스가 필요하다. 다른 한편으로는 개인의 경제적인 사정이 다르므로 경제적인 욕구의 정도에 따라 다르게 나타날 수도 있다. 이러한 경우 사회적인 입장에서 비용의 절감과 비용의 효과성을 위해 경제적인 소득이 일정 수준 이하인 노인에게만 한정하여 선별적으로 혜택을 줄 필요성이 있다. 따라서 노인복지서비스는 정부에서 주어진 재정적·사회적인 여건을 고려하여 노인의 욕구에 따라 선별적인 원칙과 보편적인 원칙들이 적절히 적용되어야 할 것이다.

⑥ 개발적인 기능의 원칙

개발적인 기능의 원칙은 노인의 잠재적인 능력을 도출해 내는 것을 원칙으로 하는 것으로서, 노인의 개발성이나 주체성을 인정하는 데에서 비롯되는 원칙이다. 문제를 가진 노인의 경우에는 노인 스스로가 자발적으로 문제를 해결하도록 도움을 주어야 하며, 가급적 노인을 대신해서 문제를 해결하려는 도움은 자제해야 한다. 따라서 노인복지서비스의 과제는 노인에게 내재되어 있는 능력을 도출해 내어 발전할 수 있도록 도와주는 것으로서, 노인 자신도 알지 못하는 잠재력을 개발해 내도록 하는 것이다. 이러한 원칙은 개인뿐만 아니라 소집단이나 지역사회를 대상으로도 실행될 수 있다.

⑦ 전체성의 원칙

노인복지서비스를 전개하면서 노인을 하나의 전체성을 띤 인간으로서 받아들여야 한다는 것이다. 노인은 신체적·정서적·지적·사회적·심리적·영적인 측면의 총체로서 인정해야지 어느 한 측면만을 강조하여 서비스를 제공하는 것은 바람직스럽지 못하다는 것이다. 노화는 신체적·심리적·사회적 측면에서 각각 다르게 나타나고 있으며, 이러한 측면들이 서로 상호 관련이 있으므로, 노인의 신체적 · 지적 · 정서적 · 사회적 · 심리적 · 영적인 모든 측면을 전체적으로 이해하고, 이를 기반으로 서비스가 실행되어야 한다는 원칙이다.

⑧ 전문성의 원칙

노인복지사업은 전문적인 지식과 기술을 기반으로 하여 시행되어야 한다. 흔히 노인복지를 자선이나 연민의 차원에서 자발적인 행동으로 간주하여 경로와 봉사의 마음만 있으면 누구라도 노인의 사회생활상에 대한 제반 문제를 해결할 수 있다는 생각을 하고 있는데, 이것은 아주 잘못된 생각이다. 노인복지사업이 그 목표를 달성하기 위해서는 전문적인 사회복지 조직이나 기구와 아울러 전문적인 훈련을 받은 인력을 활용해야만 한다. 사회복지의 발달사적 측면에서 자선적 · 상식적인 차원의 자원봉사자만으로는 인간의 생활상의 제반 문제들을 잘 해결할 수 없음이 밝혀져서 전문적인 교육을 받은 사회복지 전문가의 참여가 필요했다. 오늘날 노년학의 제반 응용 분야인 노년의학, 노인간호학, 노년사회복지학 등의 등장은 노인 문제를 전문적인 지식과 기술을 바탕으로 해결하려는 필요성의 반영으로 볼 수 있다.

⑨ 노인의 시대적인 욕구 반영의 원칙

인간이 연령과 관계없이 동질적인 사람이 아닌 것과 같이 노인이라 불리는 사람들도 시대에 따라 각기 다르게 이해해야 한다. 오늘의 노인과 내일의 노인은 같지 않다는 것이다. 노인을 동년배 집단별로 보면 이들은 각각 다른 사회적 · 역사적 경험을 하였으며, 다른 사회화 과정을 거치면서 노령기에 이르렀기에 그들의 욕구도 시대에 따라 달라질 수밖에 없다. 그러므로 노인복지사업은 노인들의 시대적인 욕구를 잘 파악하여 이를 적절히 반영해야 한다.

(2) 노인을 위한 유엔 원칙

노인을 위한 유엔 원칙(United Nations Principles for Older Persons)은 유엔이 노인 생활의 삶의 질을 향상시키기 위해 각 회원국에 권고한 원칙이다. 이것은 크게 독립의 원칙, 참여의 원칙, 보호의 원칙, 자아실현의 원칙, 존엄의 원칙 등 다섯 가지로 구분하고 총 18개 항의 원칙을 제시하고 있다(보건복지부, 2000).

① 독립의 원칙

노인을 위한 유엔의 원칙 중 독립의 원칙은 6개 항으로 구성되어 있다. 첫째, 노인은 소득, 가족과 지역사회의 지원 및 자조를 통하여 적절한 식량, 물, 주거, 의복 및 건강 보호에 접근할 수 있어야 한다. 둘째, 일할 기회를 제공받거나 다른 소득을 얻을 기회에 접근할 수 있어야 한다. 셋째, 직장에서 언제 어떻게 그만둘 것인지에 대한 결정에 참여할 수 있어야 한다. 넷째, 적절한 교육과 훈련 프로그램에 접근할 수 있어야 한다. 다섯째, 개인의 선호와 변화하는 능력에 맞추어 안전하고 적응할 수 있는 환경에서 살 수 있어야 한다. 여섯째, 가능한 한 오랫동안 가정에서 살 수 있어야 한다.

② 참여의 원칙

참여의 원칙은 3개 항으로 구성되어 있다. 첫째, 사회에 통합되어야 하며, 그들의 복지에 직접 영향을 미치는 정책의 형성과 이행에 적극적으로 참여하고, 그들의 지식과 기술을 젊은 세대와 함께 공유하여야 한다. 둘째, 지역사회 봉사를 위한 기회를 찾고 개발하여야 하며, 그들의 흥미와 능력에 알맞은 자원봉사자로서 봉사할 수 있어야 한다. 셋째, 노인들을 위한 사회운동과 단체를 형성할 수 있어야 한다.

③ 보호의 원칙

보호의 원칙은 5개 항으로 구성되어 있다. 첫째, 각 사회의 문화적 가치체계에 따라 가족과 지역사회의 보살핌과 보호를 받아야 한다. 둘째, 신체적 · 정신적 · 정서적 안녕의 최적 수준을 유지하거나 되찾도록 도와주고 질병을 예방하거나 그 시작을 지연시키는 건강 보호에 접근할 수 있어야 한다. 셋째, 그들의 자율과 보호를 위한 사회적 법률적인 서비스에 접근할 수 있어야 한다. 넷째, 인간적이고 안전한 환경에서 보호, 재활, 사회적 · 정신적 격려를 제공하는 적정수준의 시설보호를 이용할 수 있어야 한다. 다섯째, 그들이 보호시설이나 치료시설에서 거주할 때도 그들의 존엄, 신념, 욕구와 사생활을 존중받으며, 자신들의 건강 보호와 삶의 질을 결정하는 권리도 존중받는 것을 포함하는 인간의 권리와 기본적인 자유를 향유할 수 있어야 한다.

④ 자아실현의 원칙

자아실현의 원칙은 자신들의 잠재력을 완전히 발전시키기 위한 기회를 추구하여야 한다는 원칙과 사회의 교육적 · 문화적 · 정신적 그리고 여가에 관한 자원에 접근할 수 있어야 한다는 2개 항으로 구성되어 있다.

⑤ 존엄의 원칙

존엄의 원칙은 존엄과 안전 속에서 살 수 있어야 하며, 착취와 육체적 · 정신적 학대로부터 자유로워야 한다는 원칙과 나이, 성별, 인종이나 민족적인 배경, 장애나 여타 지위에 상관없이 공정하게 대우받아야 하며, 그들의 경제적 기여와 관계없이 평가되어야 한다는 2개 항으로 구성되어 있다.

(3) 마드리드 고령화 국제행동 계획

마드리드 고령화 국제행동 계획(Madrid International Plan of action on Aging)

에 담겨 있는 다양한 내용 중에서 노인복지의 원칙은 모두 11개로 구성되어 있다(보건복지부, 2002).

① 모든 사람의 인권과 모든 노인들의 기본적인 자유의 완전한 실현
② 노년기의 빈곤해소 및 노인을 위한 유엔원칙을 세우는 목표를 재확인하는 것을 포함하여 안전한 노후의 달성
③ 노인들의 소득활동과 봉사활동을 포함하여 사회의 경제적·정치적·사회적 활동에 완전하고 효과적으로 참여할 수 있는 능력의 부여
④ 노인들이 단일한 동질집단이 아니라는 것을 인식하면서, 노후에 지역사회에서의 평생교육과 참여와 같은 것은 물론 전 생애를 통한 개인개발, 자아실현 및 복지를 위한 기회의 제공
⑤ 개인의 경제적·사회적·문화적 권리 및 시민적·정치적 권리의 완전한 향유와 노인에 대한 모든 형태의 폭력과 차별의 철폐
⑥ 특히 성차별의 철폐를 통하여 노인의 성평등 달성
⑦ 사회개발을 위하여 가정, 세대 간 상호의존, 연대와 호혜주의의 중요성 인식
⑧ 예방적 보건의료와 재활 관련 보건의료를 포함한 노인을 위한 보건의료, 지원, 사회적 보호의 제공
⑨ 국제행동계획을 실제적인 행동으로 전환하면서 모든 수준의 정부, 시민사회, 민간분야 및 노인들 사이의 협력 관계 추진
⑩ 특히 개발도상국에서 과학적 연구와 전문적 지식을 강화하고, 기술의 가능성을 고령화가 개인, 사회, 건강 분야에 미치는 영향에 초점을 맞추도록 하는 것
⑪ 노화 과정에 있는 노인의 고유한 상황과 노인들의 특수한 환경에 대한 인식 및 노인들에게 직접 영향을 미치는 결정에 노인들이 자신들의 소리를 효과적으로 낼 방법을 찾을 필요성에 대한 인식

03 노인복지의 철학

노인복지의 근본적인 가치와 철학은 노인들이 인간으로의 존엄성을 지니고 정상적인 생활환경 속에서 사회구성원들과 효과적인 상호작용을 통하여 그들의 권리를 적절히 보장받으면서 인간다운 삶을 영위할 수 있도록 해야 한다는 것이다. 한편 노인복지 철학의 근간이 될 수 있는 사회복지의 철학을 보면, 대개 인간의 존엄성, 개인의 자율성, 사회적 평등성, 개인의 권리보장 등이라 할 수 있다(이근홍, 2018). 이러한 철학과 노인복지의 가치를 바탕으로 노인복지의 철학을 인권존중, 정상화, 통합화, 권리보장, 경로사상 등의 5가지로 제시할 수 있다.

1) 인권존중

노인복지에서 일관성 있게 수용되고 준수해야 할 가치와 원리 중의 하나는 사람은 누구나 태어나면서부터 인간의 존엄성과 권리를 지니고 있다는 것이다. 그러나 최근 사회적 기능상의 심각한 문제를 지니고 있는 노인은 가족과 지역사회로부터 소외되고 무시당하는 경향이 있으며, 여러 가지 기능상의 문제나 심신의 손상으로 인하여 정상적인 인간다운 삶을 영위하지 못하거나 일상생활에서 불이익을 당하는 경우가 많다. 특히 이들은 대부분 상대적으로 사회경제적 지위가 낮고 능력이 부족하기 때문에 인간으로서의 기본적인 권리가 무시되거나 사회적 약자로서 취급되기도 한다. 따라서 노인들이 인간의 존엄성과 권리를 가지고 사회의 구성원으로서 가족 및 지역사회와 밀접한 상호작용을 하면서 그들의 복합적인 욕구를 충족시키고 문제를 해결하면서 인간다운 삶을 영위할 수 있도록 해야 한다(이근홍, 2018).

2) 정상화

노인들로 하여금 그들의 다양한 욕구를 충족시키고 문제들을 해결하여 가족과 지역사회 내에서 인간다운 삶을 영위할 수 있도록 하기 위해서는 정상화(normalization)의 원리에 바탕을 두고 노인복지가 실천되어야 한다. 정상화란 무능력한 사람들이 인간으로서의 평등에 관한 신념을 바탕으로 가치 있는 일상적인 생활을 영위할 수 있는 권리를 갖는 원리이며(Ramon, 1991), 일상적인 생활의 유형과 조건을 사회 주류의 규범과 양식에 가능한 한 밀접하고 이용 가능하도록 정비하는 것이다. 여기에서 일상적인 생활이란 정상적인 생활의 리듬, 통상적인 규모의 생활단위, 적절한 사생활, 다른 사람과의 사회적・정서적・성적인 관계에 대한 정상적인 접근, 정상적인 성장 경험, 적절한 급여가 제공되는 일의 가능성, 개인의 미래에 영향을 미치는 결정에서의 선택과 참여 등을 포함하는 것이다(Nirje, 1969).

또한, 정상화란 사회적 역할의 안정화를 말하는 것으로 무능력한 사람들이 사회적으로 바람직한 역할을 수행하여 사회로부터 가치 있는 인간으로 취급되도록 하는 것이다(Wolfensberger, 1983). 이것은 한 사회 안의 모든 구성원들이 동등한 권리와 가치를 가지고 삶을 영위하도록 하는 윤리적인 원칙으로서, 무능력한 사람이 사회구성원의 한 사람으로서 역할을 수행하고 정상적인 생활을 누리도록 생활환경을 현실적으로 조성하는 것을 말한다(Wolfensbergert, 1972).

이러한 정상화는 노인복지의 방향이 시설복지에서 지역사회복지로 이행되는 대인 서비스에서의 탈시설화, 일상생활의 기회 제공, 사회적 역할의 안정화, 인간존중, 자기결정의 권리, 권한부여(empowerment) 등과 밀접한 관계를 가지고 있다.

따라서 노인복지에서는 정상화에 입각하여 사회적 기능상의 심각한 문제를 가진 노인들이 보통의 생활환경 속에서 정상적인 생활을 영위할 수 있도록 물리적・정신적・교육적・사회적・문화적 환경을 조성하고, 사회의 구성원으로서의 그들의 권리와 가치가 존중되도록 해야 한다(이근홍, 2018).

3) 통합화

노인복지는 노인의 복합적인 욕구를 충족시키며 노인 문제를 해결하기 위해서 노인과 다양한 서비스를 연결하고 이러한 서비스들을 통합하며, 지역사회 구성원들과 밀접한 관계를 가지고 상호작용을 하도록 하는 통합화(integration)의 원리와 밀접하게 관련되어 있다. 통합화는 기본적으로 사회적 무능력자들을 보통사람들과 분리시키거나 그들을 집단화시키지 않고 사회 전체의 주류에 최대한 합류시키는 것을 말한다(Brandon, 1991). 이것은 노인복지와 관련하여 두 가지의 차원으로 분류할 수 있다.

첫째는 사회적 통합으로서 사회적 기능상의 심각한 문제를 가진 노인들이 가족과 지역사회의 다양한 사람들과 접촉하고 상호작용을 하는 것이다. 즉, 다양한 사회집단들이 모여 조화로운 관계를 형성하는 과정으로써 노인이 가족, 집단, 조직 및 지역사회와 밀접한 관계를 맺고 효과적인 연결을 촉진시키는 것을 말한다(이근홍, 2018).

둘째는 서비스의 통합으로서 노인의 다양하고 복합적인 욕구를 충족시키고 문제를 해결하기 위해 지역사회의 공식적 지원체계와 비공식적 지원체계의 서비스를 동원하여 통합하는 것이다. 즉, 이것은 노인의 복합적인 욕구를 충족시키고 다양한 문제를 해결하기 위해서 노인에게 적절한 서비스를 선택하여 연결시키고 조정하는 것을 말한다.

따라서 노인복지에서는 통합화에 입각하여 노인을 사회의 구성원들과 통합하여 효과적인 상호작용을 촉진하고, 지역사회 자원과의 연결과 서비스의 통합을 통하여 노인의 욕구를 충족시키고 문제를 해결하여 인간다운 삶을 영위할 수 있도록 해야 한다(이근홍, 2018).

4) 권리보장

노인은 다른 사회구성원들에 비해 사회적 기능상의 심각한 문제로 인하여 정상적인 인간다운 삶을 영위하지 못하는 경우가 많다. 즉, 신체적 기능이 저하되고 심리적으로 위축되며 사회적 역할이 상실되어 인간다운 삶을 영위하지 못하고 사회적 소외자로 살아가는 경우가 많다. 따라서 노인들의 인권이 보장되고 그들이 필요로 하는 서비스에 접근하며, 사회참여를 촉진하고 잠재 능력을 발휘할 기회를 증진하기 위해서는 그들의 권리가 최대한 보장되어야 한다(이근홍, 2018).

노인은 사회구성원으로서 최소한의 문화적인 생활을 영위할 수 있는 권리가 보장되어야 한다. 노인은 그동안 국가와 지역사회 발전에 기여한 공헌자로서 마땅히 존경받아야 하며, 소득, 건강, 여가, 주거, 신체적 수발, 교육, 교통 등을 포함한 다양한 욕구를 충족하면서 안정적인 생활을 유지하고 사회의 발전에 기여할 수 있도록 다양한 권리가 보장되어야 한다.

5) 경로사상

경로사상은 노인을 공경하는 사회구성원들의 생각이라 할 수 있다. 노인이 되면 가족, 지역사회 및 국가의 도움이 없이는 안락한 생활을 할 수 없는 사회적 약자일 수 있으므로 노인들이 심신의 인정과 선상을 유지하고 안락하고 편안한 생활을 영위할 수 있도록 하기 위해서는 노인을 공경하고 보살피는 노력이 필요하다(이근홍, 2018).

한편 노인이 공경의 대상이 되고 가족이나 지역사회에서 존경받기 위해서는 우리 사회에서 경로사상을 더욱 확산하고 고취시켜야 하며, 노인들이 자신의 건강을 지키고 능력에 따라 사회에 적극적으로 참여하며 독립적인 생활을 영위하기 위한 자발적인 노력이 필요할 것이다. 그와 더불어 노인에 대한 이해, 3세대 프로그램, 세대 간의 갈등해소, 전통적 가족제도 등이 촉진되어야 할 것이다(이근홍, 2018).

04 노인복지의 분야

노인복지는 사회복지의 한 분야이므로 사회복지학의 연구에서 분류하는 분야를 중심으로 노인복지의 분야를 분류할 수 있다. 사회복지학은 사회복지정책과 사회복지실천의 두 가지 분야로 구성된 개념이다. 즉, 법과 제도를 통하여 사회복지를 실천하는 분야는 사회복지정책이며, 대인관계(인간관계)를 통하여 사회복지를 실천하는 분야는 사회복지실천이다.

노인복지에서도 대개 노인복지정책과 노인복지실천으로 구분하여 개념을 구성하고 있다(이근홍, 2018). 노인복지정책은 소득보장정책, 건강(의료)보장정책, 여가보장정책, 주거보장정책, 장기요양보장정책, 노인복지서비스 등이라 할 수 있다. 노인복지실천은 노인사례관리, 지역사회보호, 노인상담, 노인자원봉사, 노인학대예방, 노인자살예방 등이라 할 수 있다. 그러나 시설서비스, 재가노인복지서비스, 고령친화산업 등과 같이 노인복지정책과 노인복지실천이 동시에 포함된 분야도 있어 두 가지 분야로 명확하게 규정하여 분류하기 어려운 경우도 있다.

CHAPTER 05 노인복지 패러다임과 노년학 이론

01 노인복지의 패러다임

1) 패러다임 변화 이론

패러다임은 미국의 토머스 쿤(Thoms Kuhn)이 1962년 그의 저서 <과학혁명의 구조(The Structure of Scientific Revolutions)>'에서 주장한 개념이다. 쿤은 과학적 탐구를 공동체적 활동으로 파악하고 정상과학과 과학혁명의 두 가지 이질적인 활동으로 구분했다.

정상과학이란 하나 또는 그 이상의 과학적 성취에 확고한 기반을 둔 연구를 의미한다(조형, 1980). 정상과학은 과거의 과학자 집단이 오랫동안 연구하며 얻은 업적이며, 앞으로의 연구 기초로 되는 것으로 이 업적들을 패러다임이라고 부른다. 그런 의미에서 패러다임이라는 정상과학은 중요한 핵심개념이 된다. 이 패러다임은 학계에서 인정받은 실제 과학연구의 법칙 이론, 적용, 도구화 등을 제공함으로써 과학연구의 일관성을 유지하게 된다(조형, 1980).

정상과학을 통해 일정한 성과가 누적되면 기존의 패러다임에서 다양한 문제를 발견하게 되며, 이로 인해 기존의 패러다임은 점차 부정되고 경쟁적인 새로운 패러다임이 등장하게 되는데, 이를 과학혁명이라 한다. 과학혁명은 새로운 패러다임으로의 전환을 의미한다. 기존 패러다임의 변칙성 또는 위기에 직면한 과학자들은 기존의 패러다임에 관하여 다른 태도를 갖게 된다. 경쟁적인 주장이 난입하고 새로운 시도를 할 수 있는 준비를 하고 불만을 표현하고 철학에 호소하고 근본적인 문제에 대해 논쟁을 하는 등의 패러다임 전환의 징조들이 나타나게 된다. 쿤은 과학적 혁명을 정치적 혁명과 유사하게 바라보고 있다(조형, 1980). 정치적 혁명이나 과학적 혁명 모두 기존의 패러다임으로 조성된 환경이 문제시되고 위기감이 고조됨으로써 시작한다. 그리고 정치적 혁명은 정치적 제도를 변화시키는 데 목적이 있고 혁명은 반드시 제도의 변화를 수반한다. 다시 말하면 위기는 패러다임의 규칙을 완화시키는 것과 같이 정치적 제도의 역할을 약화시키고 그로 인해 제도적 틀 안에서 사회를 재건하려는 구체적 제안들을 발생케 하는 것이다. 그 사회 한편에서는 구제도를 방어하고 다른 한편에서는 무엇인가 새로운 것을 구성하려 한다. 이렇듯 양극화되면 타협이란 있을 수 없다. 혁명이 이루어지면 구제도가 금지하는 방법으로 제도를 변화시키게 된다. 이와 마찬가지로 패러다임의 전화에 있어서 새로운 패러다임은 기존의 패러다임과 전혀 다르며 그것과 비교될 수 없다.

이처럼 쿤은 기존의 정치제도가 거기서 파생하는 문제들을 해결할 수 없게 될 때 혁명이 일어나듯 자연과학에서도 혁명은 일어나며, 이는 패러다임의 변화로 설명된다고 하였다. 따라서 패러다임이란 어떤 한 시대 사람들의 견해나 사고를 근본적으로 규정하고 있는 테두리로서의 인식의 체계 또는 사물에 대한 이론적인 틀이나 체계로 정의할 수 있으며, 패러다임 이론은 과학 분야뿐만 아니라 사회과학, 정치학, 교육학, 사회복지학 등 다양한 학문 분야에서도 적용되어 내·환경의 급속한 변화로 파생된 새로운 개념, 가치, 이해 및 실천 등을 설명하는 이론적 기반으로 활용될 수 있다.

2) 노인복지의 패러다임

노인이 정책대상자로 명확히 규정되기 시작한 것은 1981년의 「노인복지법」 제정으로 볼 수 있다. 즉, 노인복지제도는 1981년부터 법적 기반을 갖고 시행되기 시작한 것으로 2017년은 한국에서 제도로서의 노인복지가 시작된 지 36년이 되는 해이다. 2017년은 노인 인구가 처음으로 700만 명을 넘어선 해로, 2018년에는 노인 인구가 전체 인구의 14.3%에 달하게 되고, 2025년에는 한국인 5명 중 1명이 65세 이상이 될 것으로 전망되고 있다. 또한, 노인의 특성 및 노인이 생활하는 사회적 특성 또한 급격하게 변화해 왔다(정경희, 2017).

노인복지정책이라는 관점에서 볼 때 노인의 특성변화 중 가장 주목해야 할 것은 다음과 같은 세 가지 점이다(정경희, 2017).

첫째, 평균 수명의 증대로 인한 노년기의 확대되어 개인당 평균적으로 20년 이상의 노년기가 예상되기 때문에 개인적인 차원에서 좀 더 철저한 노년기 준비가 요구된다. 이러한 노년기는 체계적인 준비 없이는 노년기의 4가지 고통인 빈곤, 질병, 무위, 고독을 더욱 심각하게 경험할 수 있다. 또한, 길어진 노년기는 크게 기능적으로 독립적인 시기와 더불어 수명의 증대를 따라가지 못하는 건강수명과의 격차 등으로 인하여 발생하는 의존적인 노년기로 나누어 볼 수 있다. 각 시기별 비중이 개인별로 상이할 수 있으며, 노년기에 진입하였다고 하여 노년기에 대한 준비가 끝난 것이 아니라는 점을 염두에 둘 필요가 있다. 이러한 평균 수명 증대는 노인복지정책에 있어 갖는 함의 또한 크다. 무엇보다 먼저 노인복지정책대상자의 적용기간이 길어질 가능성이 크다. 한번 공적인 노인복지정책의 대상이 되면 이전보다 대상자인 기간이 길어진다는 것이다. 이는 재정에 미치는 파급효과가 크다는 측면과 더불어 공적 서비스와 비공식서비스, 또는 국가와 시민사회, 가족, 개인 등이 어떻게 역할을 분담하고 조율해야 노인의 삶의 질과 동시에 사회적 지속가능성을 담보할 수 있을 것인가에 대한 고민이 필요하다.

둘째, 가구 형태의 급격한 변화로 인하여 노인단독가구가 급격하게 증가할 것으로 예상된다. 1994년에는 약 절반의 노인이 자녀와 동거하고 있었지만, 2014년에는 약 4분의 1만이 자녀와 동거하고 있고, 약 3분의 2가 노인단독가구이다. 노인 독거 비중은 23.0%인데, 이 비율은 통계청의 가구추계에 의하면 2035년도에는 38.0%에 달할 것으로 전망된다. 따라서 자녀 동거를 기본으로 설정한 과거 노인복지정책은 향후 노년기의 긴 빈 둥우리 단계를 보낸 후 혼자 생활하다가 사망에 이르는 과정을 기본으로 설정하는 변화를 추진해야 할 것이다(정경희, 2017).

셋째, 노인의 교육수준 향상이 이루어지고 있고 향후도 지속될 것이다. 20년 전만 해도 노인의 약 3분의 2가 공식적인 교육을 받은 경험이 없었던 것에 비하여, 2014년 현재는 노인의 약 3분의 1이 중·고등학교 이상의 학력을 갖고 있으며, 2025년에는 약 절반의 노인이 고등학교 이상의 학력을 소지하고 있을 것으로 전망된다. 2035년에는 30.3%가 대학교 이상의 학력자로, 지난 20년간의 변화에 맞먹는 변화를 예상할 수 있다. 이렇게 높아지는 교육수준과 다양화로 인하여 미래의 노인은 다양한 서비스와 재화를 요구할 것이며, 무엇이 적절한 서비스 수준인가에 대한 생각 또한 변화할 것이다.

이상과 같은 노인 인주의 증가와 특성변화는 사회문제로서의 노인 문제 해결을 위해 노인복지 패러다임은 신보수주의적 패러다임으로 변화할 것으로 예측한다. 노인 인구의 증가와 학력 수준의 향상 등은 노인의 정치적 영향력을 강화시켜 정치권에서는 노인복지증진과 권익 보호를 위한 다양한 복지대책을 제시할 것이며, 노인복지에 대한 욕구의 증가와 다원화는 복지서비스의 민영화로 전환을 통하여 해결할 것으로 예측된다.

이러한 변화는 정부의 노인복지정책 기조의 변화에서도 찾아볼 수 있다. 최근 정부의 노인복지에 대한 정책적 기조는 생산적 복지에서 참여복지 그리고 능동적 복지의 개념을 강조하고 있다. 생산적 복지는 노인들로부터 구체적인 사회적 기여를 강조하는 실용주의적 사상(Kaye et al., 2003)과 노인 스스로 긍정적 삶의 철학으로 삶의 질 향상을 위해 능동적으로 활동할 기회를 확대하고 것이다. 참여복지는 생산적 복지에 대한 연장선상의 개념으로 복지수요자의 직접적 참여를 유도하는 보편주의 복지와 집단주의 사상을 포함한다.

02 노년학 이론의 중요성과 분류

1) 노년학의 개념

노년학이란 노화(aging)의 메커니즘 및 과정을 포함하여 노인에 관한 다영한 현상과 문제를 연구대상으로 하는 새로운 학제 분야로 사회학, 심리학, 교육학, 복지학, 인류학, 경제학, 정책과학 등의 사회과학에서의 접근이 주류를 이루지만, 생화학, 생물학 등의 자연과학적 접근도 이루어지고 있다. 노년학의 사회과학적 접근을 사회노년학이라 한다. 자연과학적 접구에 의한 연구는 최근의 많이 진행되고 있으며, 의료분야에서는 임상에 기초한 노년의학(geriatrics)이 성립되어 있다.

노년학은 과거 수명학, 가령학, 노인학 등으로도 불렸지만 최근에는 노년학이라는 이름으로 정착되고 있다. 노년학 연구가 가장 발전된 곳은 미국인데 노화(aging)라는 용어를 많이 사용하고 있다. 이것은 인간발달(human development)에 관한 연구가 노화의 기본 개념으로 하면서 인생 후기까지 확대되어온 결과이다.

노년학은 역사가 짧아서 아직 독립적인 연구 분야로서는 확립되지 못한 실정이다. 노년학이 하나의 학문분야로 확립되기 위해서는 연구대상의 확정, 이론의 구축과 방법론의 개발, 학회의 조직화와 활동, 연구기관의 확립, 전문연구자의 존재, 차세대 연구자의 양성을 위한 교육체제의 확충, 연구성과의 집약체인 교과서 저술과 그것을 보완하는 체계적인 사전의 편찬 등의 조건이 다른 기존 연구 분야와는 다른 형태로 충족되어야 한다. 그러나 현재 노년학의 경우 시작단계에 있으나 고령화 사회에 대한 사회적 관심의 높아짐에 따라 노년학에 대한 기대와 관심이 확대되고 있는 현실을 생각한다면, 향후 노년학이 사회적 관심에 어떻게 부응하느냐가 미래의 노년학을 좌우할 것이다.

2) 이론의 중요성

일반적으로 이론이란 사물의 이치나 지식 등을 설명하거나 해명하기 위해 논리적으로 정연하게 일반화한 명제의 체계를 말한다. 이론은 이해와 설명 그리고 주어진 문제에 대한 견해를 만드는 분석 도구이다. 그러므로 이론은 어떠한 현상이나 양상에 대한 확립된 설명으로 사실과 법칙, 추론 그리고 검증된 가설이 포함될 수 있다. 이론은 존재한다고 가정하는 실재와 그 실재 간의 관계를 구성요소로 한다.

따라서 이론이란 아이디어, 이해력에 대한 틀, 견해(공리), 가치, 설명 등으로 정의되며, 우리 자신뿐만 아니라 우리를 둘러싼 환경을 이해하는 데 중요한 틀을 제공한다. 이론적 개념들은 상호 간의 이해와 정체성에 있어서 중요한 축으로 사회복지실천에서 사회적으로 공유된 구성요소를 이룬다. 호위(Howe, 1987)는 사회과학에서 모든 수준의 이론들은 명료함을 가지는 기본적인 가정 혹은 가치에 근거를 두고 있다고 하였으며, 페인(Payne, 2005)은 이론은 사회복지사가 해야 하는 일과 그 당위성에 관한 지침을 제공한다고 하였다.

사회복지에서 이론은 사회복지종사자들과 정책입안자들에 중요한 의미를 제공한다. 노인을 보호하는 전문적 직업 종사자들이 클라이언트의 사례를 사정하거나 결정하는데 이론은 전문적 판단의 기준으로 작용하여 그들이 명확한 기준 없이 주관적으로 판단하여 복지서비스를 전달하는 실무에 임함으로써 클라이언트를 혼동과 위험에 빠지는 것을 방지하는 역할을 한다. 또한, 정책입안자들에게 이론은 노인복지정책의 기본적 가정과 가치를 설정하고 제도화하는 데 기본적인 틀을 제공한다.

3) 노년학 이론의 분류

노년학 분야는 1945년에 시작된 이래 생물학과 보건의료, 행동과학과 사회과학을 포함하는 다학제적 학문으로 발전해 왔다. 그러나 사회노년학의 발전과정에서 내부에서는 노인 문제와 노령화를 어떻게 볼 것인가와 관련하여 여러 가지 불일치가 항상 존재하였다. 이러한 차이는 광범위하면서도 분절된 노년학 이론에 반영되어 분야들을 하나로 묶어줄 공통의 끈, 즉, 핵심적인 공통지식의 부재로 나타나기도 하였다(Estes et al., 2001). 이러한 불일치에도 불구하고 노년학 이론의 차원과 유형은 몇 가지 분석 틀에 의해 체계적 분류가 시도되었다.

벵스톤 등(Bengtson et al., 1997)은 노년학의 다양한 이론들을 분류하면서 횡적 차원과 종적 차원을 동시에 고려하였다. 횡적 차원에서는 사회적 분석의 초점이 개별적 주체에 있는가, 사회구조에 있는가, 혹은 미시와 거시의 연결인가에 따라 미시(micro), 미시－거시(micro-macro), 거시(macro)의 세 차원으로 분류하였다. 미시적 노년학 이론에는 우리나라에 많이 소개된 활동이론(Activity Theory)과 지속이론(Continuity Theory), 사회적 와해・유능 이론(Social Breakdown Competence Theory), 교환이론(Exchange Theory) 등이 속한다. 미시-거시 차원의 이론에는 이탈이론(Disengagement Theory), 근대화이론(Modernization. Theory), 하위문화이론(Subculture Theory), 연령계층이론(Age Stratification Theory)과 생애과정이론(Life Course Theory) 및 연령통합이론(Age Integration Theory), 페미니스트 노년학 이론(Feminist Theories of Aging) 등이 속한다. 거시적 수준의 이론에는 정치경제학 이론(Political-Economy Theory)과 비판적 노년학(Critical Gerontology) 등이 속한다.

종적 차원에서는 노년학의 역사적 발전과정에 따라 1세대 이론(1949~1969년), 2세대 이론(1970~1985년), 3세대 이론(1986년 이후)으로 분류하였다. 1세대 이론에는 활동이론, 이탈이론, 근대화이론, 그리고 하위문화이론 등이 속하는데, 1세대 이론에서는 노화에 따른 사회적 요구와 기대를 강조하고 노인의 개별적 특성(건강, 성격, 욕구)에 초점을 맞추는 경향이 있었다(최희경, 2006). 특히 1961년에 등장한 이탈이론은 개별적 노화 과정이 사회구조로부터 분리되어 이해될 수 없다는 점을 강조한 최초의 포괄적이고 명확한 사회노년학 이론의 출발점으로 평가받는다(Achenbaum & Bengtson, 1994). 2세대 이론으로는 지속이론, 사회적 와해·유능이론, 교환이론, 연령계층이론, 정치경제학 이론 등이 있는데, 이 시기에는 1세대 이론이 사회노년학의 주류를 형성한 가운데 주류 이론을 비판하는 대안적 시각이 등장하였다. 이 중에서 연령계층이론은 노년학의 관심을 개인의 적응으로부터 사회적 연령 구조로 확대함으로써 연령을 사회 구조적 차원에서 파악하는 기반을 제공하였으며, 교환이론은 사회적 비용이라는 관점에서 세대 관계를 파악할 수 있는 기반을 제공하였다(최희경, 2006). 1980년대 초반의 노년학 이론은 질적 도약을 이룩하게 되는데, 이것은 생물학적 범주로 당연시되던 노년과 노인이라는 범주가 사회적으로 구성된다는 사실이 경험적 연구를 통해 새롭게 알려졌기 때문이다(Kohii et al., 1991), 정치경제학적 노년학 이론과 현상학적 노년학 이론은 이전의 기능주의적·실증주의적 노년학 이론이 간과하였던, 또 다른 실재를 보여주는 데 기여하였다(최희경, 2006). 3세대 이론에는 2세대 이론의 성과를 확장시키거나 반박하는 생애과정이론과 연령통합이론, 심리학, 경제학, 정치학, 페미니즘 등의 영향을 받은 다양한 이론들이 포함된다. 1980년대 후반 이후 지금까지는 미시와 거시의 다양한 수준에서 성, 계급, 인종, 교육, 심리적·신체적 기능상태 등을 고려하는 관점의 중요성이 강조되고 있다(Hooyman & Kiyak, 2005).

표 5-1 Bengtson 등(1997)의 노년학 이론의 유형별 분류

구분	1세대	2세대	3세대
미시	활동이론	사회적 와해·유능 이론 교환이론 지속이론	
미시-거시	이탈이론 근대화이론 하위문화이론	연령계층이론	생애과정이론 연령통합이론 페미니스트 노년학
거시		정치경제학 이론	비판적 노년학

마샬(Marshall, 1996)은 노년학 이론을 분석수준에 따라 거시, 연결(Linking), 미시의 3차원으로 분류하였다. 마샬의 연결이론은 벵스톤 등의 분류에서 거시-미시 이론에 해당하는 것으로, 거시적 분석과 미시적 분석을 연결시키는 이론들이다(최희경, 2006). 마샬은 이론들의 인식론적 차이에 따라 규범적(normative) 이론과 해석적(interpretive) 이론으로 재분류하고, 이들 두 상반되는 인식론을 연결하는 교량적(bridging) 이론 범주를 추가하였다(최희경, 2006). 벵스톤 등은 사회과학에 있어 두 상반되는 접근방식을 전통적인 실증주의 인식론과 해석적 인식론으로 대비하고 있는데, 이는 마샬이 규범적 이론과 해석적 이론이라는 범주와 기본적으로 동일한 것으로 보인다. 규범적 관점은 사회적 규범이 인간의 행위를 결정한다는 것으로, 자연현상과 마찬가지로 사회현상에도 규칙이 실재하고 과학적 방법을 통해 이를 발견, 증명할 수 있다는 관점이다. 그러나 해석적 관점에서는 사회과학의 지식이

란 단 하나의 객관적 실재가 관찰을 통해 발견되는 것이 아니라 관찰자에 의해 구성되고 이해되는 것으로 본다. 이러한 사회과학의 기본적인 두 관점은 노년학 이론들의 역사적 뿌리가 되는 이론들로부터 내재된 것이라고 할 수 있다.

표 5-2 Marshall(1996)의 노년학 이론의 유형별 분류

구분	규범적(실증적)	교량적	해석적
거시적	구조주의 근대화이론	이익집단이론 제도화이론	정치경제학
연결	활동이론 이탈이론 연령계층이론 성공적 노화	생애과정이론 페니미즘이론	비판이론 상징적 상호작용론 해석학 문화인류학
미시적	역할이론 발달이론 전통적 경제적 이론 합리적 선택이론	교환이론	자아 이론 (지속이론, 직접/지위 변화)

03 노년학의 주요이론

1) 활동이론

활동이론에서, 노화는 역할들의 대체 과정이다. 노인은 노화에 동반된 은퇴나 배우자 상실 등으로 역할들의 상실을 겪게 된다. 하지만 인간의 자아개념은 자신이 담당하고 있는 사회적 역할들의 수행과 직접적으로 관련되어 있다. 따라서 노인이 적극적인 자아개념과 삶의 의욕을 유지하기 위해서는 그와 같이 상실된 역할들을 새로운 역할들로 대체해야만 한다. 즉, 노년의 행복은 새로이 획득한 역할들에서의 증대된 활동으로부터 나온다

(Cavan et al., 1962).

이 이론의 핵심은 활동과 생활만족도 간에 정적 관계를 가정하는 데 있다. 사람들이 보다 능동적일수록 생활만족도는 보다 커지고, 모든 노인은 높은 정도의 사회활동을 요구하고 소망한다. 하지만 이러한 선험적 가정은 후속연구들에서 거의 입증될 수 없는 것이었다(Adams, 1971). 다시 말해, 노인들의 참여에 대한 필요와 만족도는 그들이 처해 있는 상황과 활동의 종류에 따라 달라진다. 가령, 한 조사에서는 노인들이 공식적 활동(자원적 조직에의 참여)이나 고립된 활동(여가, 가사 유지)이 아닌 비공식적 활동(친구, 친척, 이웃)에만 만족하는 것으로 나타났는데, 이는 노인들이 자신들의 역할 정체성을 확인할 수 있는 비공식적 우정과 결부된 활동들에만 의미를 부여한다는 사실을 보여준다(Lemon et al., 1972). 따라서 이 이론은 정연하게 검증 가능한 명제들을 제시할 수 없다는 한계를 극복하기보다는, 오히려 조사연구를 통해 노년기의 적절한 행동에 대한 이데올로기를 지속적으로 생산・재생산하는 경향을 보여왔다. 라이넛 등(Lynott et al., 1996)은 활동이론을 근면한 노동을 통한 자기실현이라는 도덕적 의무를 채택하고 사회질서 내의 구성원으로서 자격을 다루었던 연구자들의 암묵적인 지향은 데이터와 그것의 거울 이미지에서 드러나고 있다. 이러한 연구자들이 노화의 본질로 발견하고자 한 것(재적응에서의 개인과 삶의 만족)은 노화의 본질에 대한 암묵적인 '이론'에 그 원천을 갖고 있어 이들의 연구와 데이터는 그러한 선입견을 재생산했다는 평가를 하였다.

2) 이탈이론

이탈이론에 따르면, 노화는 개인이 나이가 듦에 따라 그가 속해 있는 사회체계 내의 타인들과의 상호작용이 감소하는 불가피한 상호 철회이다(Cumming et al., 1961). 노령기에 이른 개인은 사회적 상호작용의 수와 빈도가 감소하고 정서적 관여의 정도가 저하된다. 이러한 이탈은 개인의 능력이 시간이 지남에 따라 퇴화하는 데에서 비롯된다. 산업사회에서의 성공은 개인의 능력, 즉 특정 지식과 기술을 요구한다. 이러한 요구를 충족시키기 위해 청년은 충분한 지식과 기술을 가져야 하고 노인은 그것들을 잃어버리기 전에 은퇴해야 한다. 요컨대, 노화란 노인이 성년을 특징짓는 역할들의 배열로부터 물러나는 것을 뜻한다.

이 이론은, 활동이론과는 달리, 이탈이 자연스럽고 바람직한 것으로 모든 문화에서 발견되는 보편적이고 정상적인 현상으로 간주한다. 왜냐하면, 노인의 이탈은 개인과 사회 모두에게 기능적인 것이기 때문이다. 가령, 은퇴나 노동인구로부터의 이탈은 노인이 궁극적으로 사회생활로부터의 총체적인 이탈인 죽음을 대비할 시간을 갖도록 해 주는 것과 동시에 사회가 보다 효율적인 젊은이들을 위한 여지를 제공할 수 있도록 해 준다(Cumming et al., 1961). 따라서 개인과 사회는 불가피하고 상호 만족스러운 사회로부터의 이탈과정을 통해 치유 불가능한 능력의 상실인 질병과 죽음이라는 궁극적인 이탈에 미리 대비할 필요가 있다(Phillipson et al., 2007).

3) 연령계층이론

연령계층이론에서 노화는 연령을 바탕으로 작동하는 사회분화(differentiation)의 결과이다. 노인은 어린이나 성인이 그러하듯이 연령이나 생활단계에서 유사한 사람들로 형성되어 있다. 이러한 연령 구조는 사회적 과정의 필수불가결한 일부이고, 노인은 여타 연령계층들과 상호의존된 사회적 총체 내의 한 요소이다. 연령계층은 연령과 관련된 일련의 역할들은 물론 사회의 권력과 보상에 대한 기회들을 공유하고 있고, 집단적 가치와 충성심 나아가 불평등과 갈등의 원천이 될 수도 있다. 요컨대, 연령 구조는 사회계층과 마찬가지로 사회 내의 개인들이나 집단들의 지위를 위계적으로 구조화한다(Foner, 1974: 187).

연령계층이론은 하위문화론이 미시적인 상호작용의 과정을 주목했다면, 사회 구조적인 분화의 측면을 주목하고 있다. 또한, 하위문화론이 집단정체성을 가진 노인집단을 상정하고 있는 것과는 달리 노인이 단일하게 고정된 실체가 아니라는 점도 부분적으로 파악하고 있다. 왜냐하면, 노화는 사회변화를 반영하면서 역사적으로 진행되는 것이기 때문이다. 특정 시점의 출생 코호트(birth cohort)는 다른 시점의 그것과 상이한 노화를 겪는다. 가령, 공황기에 성장한 출생 코호트는 당대의 경제적 상실이나 사회적 젠더체계를 경험하는 까닭에 다른 시기의 출생 코호트들과는 상이한 자원, 태도, 가치, 행동양식을 보여준다(Elder, 1974).

이러한 연령계층이론은 사회노년학에서 중요한 이론적 진전을 가져왔다. 그것은 계층이나 코호트와 같은 사회학과 인구학의 개념적 도구들을 도입함으로써 노화 연구에서 구조적·역사적 요인들을 다루고 있다. 연령계층과 사회계층의 유비는 노화를 발달론적 연령변화를 넘어 사회구조의 맥락에서 파악하는 것을 가능하게 했고, 출생 코호트의 개념은 노인 내부에서 코호트 간의 유의미한 편차들을 파악할 수 있는 유용한 분석적 틀을 제공했다(Passuth et al., 1996).

4) 교환이론

교환이론에서 노화는 여타 연령계층들과의 교환관계에서 벗어나는 과정이다. 연령의 증가는 점유하는 권력 자원의 감소를 초래하는데, 이는 여타 집단들과의 균형 잡힌 교환관계를 유지할 수 없게 한다. 이러한 불균형은 노인들이 생계의 지속을 위해 순응하거나 교환관계로부터 이탈하도록 강요받게 됨을 뜻한다. 요컨대, 노화로 인한 상호작용의 감소는 여타 연령집단에 대한 노인의 상대적인 권력 자원이 점증적으로 저하되는 일련의 교환관계의 결과이다(Dowd, 1975).

이러한 교환이론은 두 가지 가정들에 기반하고 있다. 하나는 여타 연령 계층들에 대한 노인의 상대적인 권력 자원의 양이 근대화의 정도와 부적 관계를 갖는다는 것이다(Cowgill et al., 1972). 전통사회에서는 노인들이 희소한 자원에 대한 통제력과 전통에 대한 지식을 보유했지만, 산업사회에서는 교육과 노동력을 보유하고 있지 못하다. 결과적으로 산업사회에서 노인들은 전통사회보다 적은 권력 자원을 갖고 있다. 다른 하나는 생애과정에서 역연령과 권력 자원의 정도 간에 ∩형의 관계가 존재한다는 것이다(Dowd, 1975). 권력 자원의 점유는 청년기에 제한되어 있다가 성년기를 통해 증가하고 노년기에 급격하게 감소한다. 은퇴와 같은 사회정책은 이상의 두 가지 가정들이 결합된 권력 자원의 가파른 하락을 입증하는 전형적인 사례이다.

교환이론은 노인의 자발적 선택을 가정하는 이탈이론과 노령보다는 연령 그 자체에 초점을 두고 있는 연령계층이론을 비판하고, 연령계층 간의 보상과 비용에 따른 교환관계로부터의 이탈의 동학을 제시함으로써 노화 연구에 새로운 차원을 추가했다.

5) 정치경제학 이론

정치경제학 이론에서 노화는 생산의 사회적 조직화에 의해 규정된다. 노화나 노인은 역연령이 아니라 계급특수적인 배제, 구조화된 의존(structured dependency)의 창출, 자본주의 경제의 일환으로서의 사회정책 등에 의해 구성된다. 또한, 이러한 과정은 일생에 걸쳐 불균등하게 진행됨으로써 노인 내부의 불평등과 빈곤을 야기한다. 이러한 생산의 사회적 조직화에 따른 노화의 규정과 노인의 형성은 다음 세 가지 측면에서 조망될 수 있다(박선권, 2012).

첫째, 연령의 사회적 구성에 따른 배제이다. 자본주의 사회들은 누가 언제까지 고용되어 일할 수 있는지에 대한 경계를 정의해왔다. 연령은 그 경계를 수치화한 기준에 불과한 것이지만, 노령은 강제퇴직(compulsory retirement) 혹은 취업 연령장벽(age-barrier)을 의미하는 법정 은퇴 연령(statutory retirement age)으로 사회적으로 정의된다. 이 과정에서 노인은 숙련, 능력, 지식, 성과에서 낡고 비효율적이어서 비생산적이라는 일반적인 평가절하를 받게 된다. 이에 따라 노인은 노동의 영역에서는 젊은이들에게 양보하거나 저임금을 감내해야 하고 비노동의 영역에서는 건강을 염려하거나 여가를 즐겨야 한다는 논리에 순응해야 한다. 요컨대, 노인은 자본주의 사회의 노동 조직화에 의해 연령을 기준으로 체계적으로 배제됨으로써 창조된다(Walker, 1980).

둘째, 노인의 사회적 지위는 세 단계의 삶의 과정을 통해 불균등하게 진행된 결과이다. 우선 출생시의 계급이다. 이러한 생득적 지위는 계급의 세대 간 연속성에 따라 대물림되고, 이후의 교육과 노동을 비롯한 삶의 기회들을 결정한다. 다음으로 성년기의 고용이다. 노동시장에서의 직업적 지위는 임금, 저축, 자산, 질병, 실업에 영향을 줌으로써 은퇴 이전의 자원분배를 결정한다. 끝으로 노년기에 부여받는 의존적 지위이다. 성장기의 교육과 성년기의 고용 및 임금에서의 차별은 수급자격 부여 시 은퇴 이전의 임금과 연계된 연금에 대한 차별적 접근으로 이어진다. 이렇게 형성된 빈곤노인들은 연령 분리주의적 노동시장에서 저임노동에 간헐적으로 종사하거나 사회정책의 대상으로서 국가로부터 의존적 지위를 부여받는다. 이러한 생애 전체에 길친 차별의 결과로 노인들 내부에는 구조화된 의존 상태에 놓인 집단과 그렇지 않은 집단 간의 '두 개의 나라'가 형성된다(Townsend, 1981).

셋째, 사회정책은 이상의 과정에서 산출된 노인의 불평등과 빈곤을 근본적으로 개선하기보다는 노인의 의존적 지위를 강화하고 고착시킨다. 노인복지는 자본주의 경제에 자원을 공급하는 다수의 서비스 지향의 직업들을 증가시키고, 공공 및 민간 부문들에서 방만한 고비용의 관리자, 입안자, 연구자, 실무자 등의 전문가 집단과 중앙 및 지방의 국가기구 확대를 초래하고, 복지전달과 같은 주요영역에서 노인을 주변화하는 동시에 공공지출 삭감이나 사적 보장에 대한 담론을 유포함으로써 사회의 '부담' 인구라는 고정관념을 정당화한다. 요컨대, 사회정책은 궁핍한 노인들의 생활 수준을 개선하기보다는 경제적 조직적 이데올로기적 이해가 관철되는 메커니즘일 뿐이다(Guillemard, 1983).

이러한 접근은 이전의 이론들이 간과했거나 지엽적으로만 다루어온 노화와 사회구조의 관계를 시장, 계급, 국가에 의한 '노령의 위기 구성과 관리(crisis construction and crisis management of old age)'의 동학이라는 견지에서 체계적으로 규명하고 있다는 점에서 이론적 진전을 보여주고 있다(Estes, 2001). 또한, 노인 내부 불평등의 형성과정을 밝혀냄으로써 노인을 하나의 단일한 집단으로 간주해온 이전의 관점들과도 대비된다. 나아가 이러한 불평등을 젠더나 인종과 같은 이질성의 측면에서 정교화시켜 나아갔던 소수자집단 연구들의 발전에도 기여했다(Estes et al., 1984).

CHAPTER 06 노인복지의 변천과 노인복지 관련 법

01 노인복지의 변천

우리나라의 노인복지정책은 인구구조 변화와 사회, 정치, 경제, 문화적 요인에 영향을 받아 형성되고 변화됐다. 우리나라 노인복지는 잔여적 노인보호체계에서 보편적 노인보호체계로 노인복지제도가 발전하고 있다. 특히, 인구 고령화와 산업화로 인한 가족구조 변화(노인에 대한 가족 부양체계 붕괴)로 노인부양, 노인돌봄, 고독사와 같은 다양한 노인 관련 문제가 정책 이슈로 등장하면서, 노인복지의 대상과 범위가 확대되어 왔다. 노인복지의 변천 과정을 살펴보면 다음과 같다.

1) 1960~1970년대: 잔여적 노인보호사업

해방 이후 1960년대까지 우리나라는 심각한 경제적 어려움과 정치적, 사회적으로 혼란한 시기로 노인복지 관련 활동은 요보호노인에 대한 최소한의 보호 사업이 전부였다. 그러나 1960년대 제3공화국 「헌법」에 '모든 국민의 인간다운 생활을 할 권리'가 명시됨으로써 1961년 「생활보호법」, 1963년 「산업재해보상보험법」, 「의료보험법」 등 사회보장제도가 정비되기 시작하였다. 반면 노인은 여전히 가족에 의해 부양되어야 하는 존재로, 노인보호에 대한 국가적 책임의식이 부족했던 시기였다. 이 시기의 노인복지는 생활보호법에 근거한 무의탁 노인 구빈사업이 중심을 이루었다. 즉, 65세 이상의 생활능력이 없는 저소득 노인의 생계보호사업에 한정해서 급여가 제공되었으므로 노인보호의 수준 역시 매우 낮았다고 할 수 있다. 1968년에는 사회보장심의위원회가 사회개발 기본구상에서 인구 고령화에 따른 노인 문제 증가에 대응하기 위해 「노인복지법」 제정, 연금제도 마련, 진료시설 확충, 노인복지센터 건립, 노인 취업기회 제공, 퇴직연한 연장, 경로일 제정 등을 제언하였다(보건복지부, 2015). 하지만 경제성장 위주의 경제개발정책이 사회의 주류를 형성하고 있던 시기였기 때문에 노인복지에 대한 투자는 소비적 투자로 간주당해 외면당하였다(권중돈, 2010).

2) 1980년대: 노인보호사업에서 노인복지사업으로 전환

제5공화국은 군사정권으로 정권 출범의 정당성을 확보하기 위해 복지사회 건설을 국정지표에 포함시켰고 노인부양에 대한 사회적 책임을 강조하기 시작하였다. 그 일환으로 1981년 「노인복지법」을 제정하였고, 이로써 노인복지제도의 근간이 성립되었다고 볼 수 있다. 「노인복지법」의 제정은 첫째, 노인보호에 대한 국가적 책임의 공식화, 둘째, 잔여적 노인보호체계에서 보편적 노인보호체계로의 전환을 위한 법적 근거 마련이라는 점에서 의미가 있다.

1989년에는 「노인복지법」 2차 개정으로 재가노인을 위한 가정봉사원 파견사업 및 필요한 결연사업에 대한 실시 노력을 명시하였다. 또한, 65세 이상 노인에 대한 노령수당 지급의 근거 마련, 노인의 생업 지원을 위해 공공시설 내 매점시설 허가 및 전매품 판매인 지정 시 노인 우선 조항 마련, 노인복지시설 범위에 실비양로시설, 유료노인요양시설, 노인복지주택의 추가가 이루어졌다. 「노인복지법」 개정은 노인복지사업의 다양화는 물론 노인복지사업의 실행과 추진을 위한 근거를 명시하였다는 특징을 지니고, 이를 통해 요보호 노인을 중심으로 한 노인보호사업이 노인복지사업으로 전환되는 계기를 마련하였다고 평가된다. 하지만 이를 추진하기 위한 법적 근거의 대부분이 임의 조항으로 구성되어 있어 각 사업을 수행하기까지 많은 시간을 필요로 하였다(권중돈, 2010). 1981년 노인양로시설(노인복지수용시설)은 47개소였고, 1989년까지 87개소로 증가하였다(보건복지부, 2018). 1986년에는 노인공동 작업장이 설치되어 운영되기 시작하였다.

3) 1990년대: 노인복지사업의 확대

1993년 「노인복지법」 3차 개정이 이루어지면서 재가노인복지사업의 종류가 확대되었고 노인복지사업을 수행하는 공급 주체 역시 다양화되었다. 유료노인복지시설 설치 운영 등 유료노인복지사업 운영에 민간기업과 개인의 참여가 가능해진 것이다. 1994년에는 가정봉사원 파견사업, 주간보호사업, 단기보호사업의 재가복지사업이 실시되었고(이는 2008년 장기요양보험제도 실행과 함께 일부 기능이 재가노인시설로 재편됨), 1997년에는 소득보장이나 의료보장을 확대하기 위해 노인복지법 개정이 이루어졌다.

1990년대 대표적인 노인복지사업으로는 1990년 노인승차권제도, 1991년 노령수당지급, 1991년 경로식당 설치 및 운영, 1991년 주간보호 및 단기보호사업 실시, 1995년 치매전문요양시설 설치・운영, 1996년 가정봉사원 양성사업 실시, 1998년 치매상담신고센터, 1999년 경로당 활성화 사업 등을 들 수 있다(권중돈, 2010). 이 시기에는 요보호 노인, 무의탁 노인 등을 보호하는 노인생활시설도 증가하였는데, 1994년에는 총 141개였다가 1999년에는 229개 시설로 늘어났다(보건복지부, 2018).

이 시기는 노인복지 영역의 각 사업이 양적으로 확대되고, 그중에서도 가정봉사원 파견사업, 주간보호 및 단기보호사업 실시 등과 같은 재가복지 서비스 영역이 확대된 시기라 할 수 있다.

4) 2000년대: 노인복지의 발전 및 돌봄의 사회화 과정

2000년대에 들어와 65세 이상 노인 인구가 전체 인구의 7.2%에 도달하면서 노인복지의 중요성이 급부상함에 따라 노인복지의 대상 및 범위가 확대되고 관련 사업들도 증가하였다. 2000년에는 거동불편 저소득 재가노인 식사배달사업이 실시되었고, 2001년부터 시범사업으로 시니어클럽이 운영되기 시작하였다. 2004년 「노인복지법」 10차 개정으로 「노인복지법」 내 노인학대 관련 조항이 신설되고, 노인보호전문기관을 설치·운영하는 법적 근거를 마련하였다. 2004년에는 노인일자리 사업이 시작되면서 노인복지 예산이 급격히 증가하였다. 2005년에는 13개 노인복지사업이 지방으로 이양되어 분권교부세로 지원되었기 때문에 노인복지 예산이 일부 감소하였지만, 장기요양보험제도 실시를 대비하여 2006년에는 노인그룹홈(노인요양공동생활가정) 및 소규모 요양시설 설립 등 노인요양시설 인프라 확충에 많은 예산이 투입되었다. 2007년에는 노인돌보미 바우처 사업 및 독거노인 생활관리사 파견사업(2009년 노인돌봄서비스로 통합)을 실시하였으며, 2008년에는 기초노령연금제도와 노인장기요양보험제도가 실시되면서 노인복지 예산이 큰 폭으로 증가하였다.

그중에서도 조세 기반의 노인돌봄종합(기본)서비스와 함께 우리나라 노인돌봄 정책의 주축을 이루고 있는 「노인장기요양보험법」은 정책 대상과 범위가 일부 저소득층 노인에게서 65세 이상 전체 노인으로 확대되었다는 특징을 지닌다. 노인돌봄에 대한 책임을 가족에서 국가로 확장하고, 보험재정에 기반하여 시설돌봄과 재가돌봄을 추진하는 시스템이 확립되었다고 볼 수 있다. 특히 돌봄서비스 제공자로 민간기관(영리법인, 개인 등)의 참여가 확대되면서 기존의 사회복지법인(비영리법인) 중심의 서비스 공급 시장에 민간기관이 참가하는 등의 큰 변화가 초래되었다.

02 노인복지 관련 법의 체계

「노인복지법」이란 노인의 사회적·경제적·문화적·정치적 생활과 관련한 일체의 법 제도라 할 수 있다(변재관 외, 2002). 현재 노인의 보건복지를 위하여 노인을 대상으로 제정된 법으로는 「노인복지법」, 「기초노령연금법」, 「노인장기요양보험법」, 「치매관리법」, 「저출산·고령사회 기본법」, 「고령사회 친화 산업진흥법」, 「고용상 연령차별 금지 및 고령자 고용촉진에 관한 법률」이 있다. 「기초노령연금법」은 노인이 후손의 양육과 국가 및 사회발전에 이바지하여 온 점을 고려하여 생활이 어려운 노인에게 기초노령연금을 지급함으로써 노인의 생활안정을 지원하는 소득보장에 관한 법이다.

「노인복지법」은 노인의 질환을 사전예방 또는 조기발견하고 질환상태에 따른 적절한 치료·요양으로 심신의 건강을 유지하고, 노후의 생활안정을 위하여 필요한 조치를 강구함으로써 노인의 보건복지증진에 관한 법이다(동법 제1조).

「노인장기요양보험법」은 고령이나 노인성 질병 등의 사유로 일상생활을 혼자서 수행하기 어려운 노인 등에게 제공하는 신체활동 또는 가사활동 지원 등의 장기요양급여에 관한 사항을 규정하여 노후의 건강증진 및 생활안정을 도모하고 그 가족의 부담을 덜어줌으로써 국민의 삶의 질을 향상하도록 함을 목적으로 하는 법이다(동법 제1조).

「치매관리법」은 치매의 예방, 치매환자의 진료·요양 및 치매퇴치를 위한 연구 등에 관한 정책을 종합적으로 수립·시행함으로써 치매로 인한 개인적 고통과 피해 및 사회적 부담을 줄이고 국민건강증진에 이바지함을 목적으로 하는 법이다(동법 제1조).

「저출산・고령사회 기본법」은 고령자를 보호하기 위한 개별 법률의 제정 근거로서의 기본법적 역할을 목적으로 하기보다는 고령사회를 야기하는 저출산에 대한 국가적 대책 및 저출산・고령사회저책의 수립과 추진체계를 장기적으로 계획하기 위한 종합적 목적을 달성하기 위하여 제정되었다. 동법에서 규정하는 내용 중 일부 고령자 보호를 위한 시책의 마련에 있어서 기본이 되는 법적근거를 포함하고 있지만, 이러한 내용을 포함하고 있다고 하여 고령자 보호를 위한 사회보장에 있어서 기본법이라 할 수는 없다(손미정, 2007). 「고령친화산업진흥법」은 고령친화 산업의 육성과 지원에 관한 법률이고, 「고용상 연령차별금지 및 고령자 고용촉진에 관한 법률」은 연령에 따른 고용차별금지 및 55세 이상 고령자의 취업촉진을 위한 법이다.

기타 일반 국민을 대상으로 하거나 직・간접적으로 노인복지 수요에 대응하는 법으로는 「국민기초생활보장법」, 「국민연금법」, 「장애인・노인・임산부 등의 편의 증진보장에 관한 법률」, 「교통약자의 이동 편의 증진법」 등이 있다. 이러한 법들은 복지 수요의 유형에 따라 개별적이고 단편적으로 규율하고 있으며 다양해지고 있다(조욱환, 2014).

표 6-1 노인복지 관련 법 체계

분야	관련례	대상
사회보험법	「건강보험법」, 「국민연금법」, 「노인장기요양보험법」	모든 국민을 대상으로 하는 보편적 사회보장 영역
공공부조법	「국민기초생활보장법」, 「의료급여법」, 「기초노령연금법	
사회복지 서비스법	「노인복지법」, 「장애인・노인・임산부 등의 편의증진 보장에 관한 법률」, 「사회복지사업법」, 「장애인복지법」, 「치매관리법」, 「교통약자의 이동편의 증진법」	노인의 특수지위를 대상으로 하는 사회보장영역
관련 복지법	「고용상 연령차별 금지 및 고령자 고용촉진에 관한 법률」, 「장애인고용촉진 및 업재활법」, 「고령친화산업진흥법」, 「저출산・고령사회기본법」	

출처: 김태한・고준기(2013). 고령화에 따른 노인복지 관련 법의 문제점 및 향후 개선과제, 인하대 법학연구, p.174.

노인은 「헌법」과 「사회보장기본법」에 의하여 사회보장수급권의 주체적 지위를 향유하며 현행 법제에서 노령을 사회보장급여의 직접적 수급대상으로 특별히 파악하여 이를 구체적으로 보장한 것으로는 「국민연금법」상의 노령연금, 「기초노령연금법」상의 경로연금 기타 사회복지서비스 급여(건강진단, 시설입소, 취업지원, 시설 및 정보 접근권 등)가 있다. 물론 저소득 노인에게는 일반인에게 적용되는 공공부조적 급여(국민 기초생활급여, 의료급여 등)의 수혜자가 된다.

03 노인복지 관련 법

1) 노인복지법

「노인복지법」은 노인복지 관련 법의 대표적인 법이다. 「노인복지법」은 1970년대부터 심화된 사회경제적 변화로 인하여 사회문제화된 노인 문제를 국가 차원에서 해결하기 위한 근거를 마련하고자 1981년 제정되었다. 「노인복지법」은 노인의 질환을 사전예방 또는 조기발견하고 질환 상태에 따른 적절한 치료와 요양으로 심신의 건강을 유지하고, 노후의 생활안정을 위하여 필요한 조치를 생각함으로써 노인의 보건복지증진에 기여함을 목적으로 한다(「노인복지법」 제1조). 「노인복지법」은 첫째, 노인은 후손의 양육과 국가 및 사회의 발전에 기여하여 온 자로서 존경받으며, 건전하고 안정된 생활을 보장받으며, 둘째, 노인은 그 능력에 따라 적당한 일에 종사하고 사회적 활동에 참여할 기회를 보장받고, 셋째, 노인은 노령에 따르는 심신의 변화를 자각하여 항상 심신의 건강을 유지하고 그 지식과 경험을 활용하여 사회의 발전에 기여하도록 노력하여야 한다는 노인의 권리와 책임을 명확히 하고 있다(「노인복지법」 제2조).

구체적으로 「노인복지법」은 총칙을 비롯하여 보건복지 조치, 노인복지시설의 설치・운영, 노인복지 비용, 보칙, 벌칙 등으로 구분하여 노인복지 관련 전반적인 규정을 만련하고 있다. 총칙에서는 「노인복지법」의 목적과 기본이념, 보건복지증진의 책임, 안전사고 예방, 노인실태조사, 노인의 날 지정 등에 관한 내용으로 되어 있다. 특히 보건복지증진의 책임을 국가와 지방자치단체에 있다고 규정하면서 정책의 시행에 있어 기본이념이 구현되도록 노력하여야 한다고 명시하고 있다. 보건복지 조치에서는 노인의 사회적 참여 지원에 관한 내용과 노인일자리전담기관의 설치・운영 등을 명시하고 있어 노인에게 사회참여 기회를 제공하게 되어 있다. 특히 「노인복지법」 제23조에서는 국가 또는 지방자치단체는 노인의 사회참여 확대를 위하여 노인의 지역봉사활동기회를 넓히고, 노인에게 적합한 직종의 개발과 그 보급을 위한 시책을 강구하며, 근로 능력이 있는 노인에게 일할 기회를 우선적으로 제공하도록 노력하여야 한다고 명시하고 있다. 그 밖에 건강진단과 의료지원, 독거노인에 대한 지원 등에 관한 규정이 있다. 노인복지시설의 설치・운영에서는 노인복지시설을 노인주거복지시설, 노인의료복지시설, 노인여가복지시설, 재가노인복지시설, 노인보호전문기관, 노인일자리지원기관, 학대피해노인 전용쉼터로 규정하고 있으며, 이러한 시설의 설치기준과 입소자격, 시설 종사자의 자격, 운영에 관한 규정을 제시하고 있다.

「노인복지법」은 노인 인구의 점진적인 증가와 핵가족화에 따른 부양의식 약화, 노인 빈곤 문제, 노인의 지위 하락과 역할상실, 노인복지서비스의 확충 필요성 등에 따른 노인 문제를 제도적으로 해결하기 위한 법적 근거로서 의의가 있다.

2) 기초연금법

갈수록 심각해지고 있는 노인의 빈곤 문제 대응에 있어 기존의 기초노령연금제도로는 일정한 한계가 있다는 문제 인식에 기반하여, 정부는 2014년 6월까지는 기존대로 기초노령연금을 지급하고, 2014년 7월부터 기초연금을 지급하기 위한 목적으로 2013년 9월 25일 기초연금 도입 계획을 발표하고 2013년 11월 25일 기초연금법안을 국회에 제출하였다. 이러한 기초연금법안에서 정부는 소득하위 70% 노인을 대상으로 10~20만 원의 범위에서 국민연금과 연계하여 연금액을 지급하고, 소요재원은 국민연금기금이 아니라 조세를 통해 국가와 지방자치단체가 분담하여 충당하는 것으로 기초연금 제도의 기본구조를 구성하였다. 이러한 정부제출 법안에 대하여 저소득 장기 국민연금가입자가 기초연금 수급에 있어서 불이익을 받는 것을 사전에 예방하기 위하여 국민연금 급여액이 기준연금액의 100분의 150 이하인 사람에 대하여는 기준연금액을 기초연금으로 지급하도록 특례를 도입하고(동법 제6조), 기초연금과 국민연금의 장기적 제도 발전 논의를 위한 국회 내 제도개선위원회 설치의 근거(부칙 제6조) 등이 추가된 수정안으로 「기초연금법」이 제정되었다. 현행 「기초연금법」은 총칙, 기초연금액의 산정, 기초연금의 신청 및 지급 결정, 기초연금 수급자 사후관리, 기초연금 수급권자의 권리 보호, 보칙과 벌칙 등으로 편제되어 있다.

3) 노인장기요양보험법

고령화 사회에 진입한 우리나라는 요양보호를 필요로 하는 노인의 수가 급격하게 증가하여 저출산, 핵가족화 등과 맞물려 심각한 사회문제를 야기하고 있는 실정이다. 「노인장기요양보험법」은 이러한 문제 인식하에 요양보호를 필요로 하는 노인에게 적절한 수준의 보건·복지서비스를 보편적으로 제공하고, 장기요양에 따른 가족의 부양 부담을 경감하기 위한 목적으로 도입·추신되어 2007년부터 시행되고 있다. 특히 이 법은 노인의 간병·장기요양 문제를 사회적 연대원리에 따라 정부와 사회가 공동으로 해결하는 노인장기요양보험제도의 법적 근거로서 적용되고 있다. 「노인장기요양보험법」은 2007년 제정된 이후 4차례의 일부 개정을 거쳐 현행 법률에 이르고 있다.

1차 개정은 고용허가제로 입국한 외국인 근로자의 보험료 부담 완화를 위해 장기요양보험료만 내고 현실적으로 수급대상자가 되기 어려운 외국인 근로자가 제외신청을 할 경우 예외적으로 장기요양보험 가입자에서 제외할 수 있도록 2009년 3월에 개정하고 그해 9월부터 시행하였다. 2차 개정은 농어촌지역 거주 수급자의 경제적 부담 완화 목적으로 도서·벽지·농어촌 등 일정 지역에 거주하는 자에 대하여 장기요양급여 본인부담금의 100분의 50을 감경할 수 있도록 2009년 5월에 개정하여 시행하였다. 3차 개정은 2010년 3월에 개정하고 시행하였다. 주요 개정 내용으로는 첫째, 원활한 장기요양급여비용 심사를 위하여 장기요양기관의 장에게 장기요양급여 제공자료 기록·관리의무를 부여하고, 폐업 또는 휴업할 경우 장기요양급여 제공자료를 공단으로 이관하도록 하였다. 둘째, 장기요양보험의 관리운영 기관인 국민건강보험공단이 장기요양급여의 제공기준을 개발하고 장기요양급여비용의 적정성을 검토하도록 직접 장기요양기관을 설치·운영할 수 있는 근거 등을 마련하였다. 4차는 장기요양기관의 운영 질서를 확립하고 장기요양기관에 대한 관리를 강화하기 위하여 2013년 8월에 개정하여 2014년 2월부터 시행하였다. 주요 개정 내용으로는 첫째, 장기요양기관 등이 본인 일부 부담금을 면제·할인하는 행위 등을 금지하였다. 둘째, 장기요양기관이 거짓으로 급여비용을 청구한 경우에 위반 사실 등을 공표할 수 있도록 하였으며, 셋째, 행정제재처분의 효과가 양수인, 합병 후의 법인 또는 폐업 후 같은 장소에서 장기요양기관을 운영하는 직계혈족 등에게 승계되도록 하였다. 마지막으로 현행 제도 운영상 나타난 일부 미비점을 개선·보완하였다.

현행 「노인장기요양보험법」은 총칙, 장기요양보험, 장기요양인정, 장기요양급여의 종류, 장기요양급여의 제공, 장기요양기관, 재가 및 시설 급여 비용, 장기요양위원회, 관리운영기관, 이의신청 및 심사청구 등의 내용으로 편제되어 있다.

4) 저출산 · 고령사회 기본법

고령 인구비율의 증가와 출산율 저하에 따른 총인구 감소는 노동생산성 저하에 따른 경제성장 둔화, 노인부양에 따른 사회적 부담증가 등 부정적 결과를 초래할 것으로 예측되어 이에 정부에서는 출산율을 안정화하고 노인 인구에 대한 일자리 창출과 안정된 노후보장을 위해 필요한 조치를 강구하여 국민의 삶의 질을 향상하고 국가의 지속적인 발전에 이바지하고자 2005년 「저출산 · 고령사회 기본법」을 제정하게 되었다.

동법은 저출산 및 인구의 고령화에 따른 변화에 대응하는 저출산 · 고령사회 정책의 기본방향 수립 및 추진체계에 관한 사항을 규정하여 국가의 경쟁력을 높이고, 국민의 삶의 질 향상과 국가의 지속적인 발전에 이바지하는 것을 목적으로 하며, 국가의 지속적인 발전을 위한 인구 구성의 균형과 질적 향상을 실현하고 국민이 건강하고 안정된 노후생활을 할 수 있도록 하는 것을 기본이념으로 한다.

동법에서는 국가가 종합적인 저출산 · 고령 사회정책을 위한 기본계획안을 5년마다 수립하여 추진하고 지방자치단체는 이 계획안에 맞추어 저출산 · 고령 사회정책을 수립 및 시행하여야 한다는 규정을 두고 있으며, 저출산 · 고령 사회정책에 관한 중요사항을 심의하기 위하여 보건복지부 장관 소속하에 위원회를 둘 것을 명문화하고 있다. 또한, 국가 및 지방자치단체는 저출산 및 인구의 고령화에 따른 변화에 대응하는 데 필요한 전문인력을 양성해야 하며, 양성기관 지정과 필요한 지원을 할 수 있으며 필요에 따라 저출산 및 인구 고령화에 대한 조사 및 연구를 실시하여야 한다고 규정하고 있다.

5) 고용상 연령차별금지 및 고령자고용촉진법

「고용상 연령차별금지 및 고령자고용촉진법」은 합리적인 이유 없이 연령을 이유로 하는 고용차별을 금지하고 고령자가 그 능력에 맞는 직업을 가질 수 있도록 지원하고 촉진함으로써 고령자의 고용안정과 국민경제의 발전에 이바지하는 것을 목적으로 한다. 이 법에 따른 고령자는 55세 이상인 사람을 말하며, 준고령자는 50세 이상 55세 미만인 사람으로 규정하고 있다. 정부는 고용에서 연령을 이유로 차별하는 관행을 해소하기 위해 연령차별금지정책을 수립, 시행하며 사업주와 국민에 대한 이해를 높이고 직업안정을 도모하는 데 필요한 시책을 종합적이고 효과적으로 추진하여야 한다는 의무규정을 두고 있다. 동법에서 사업주는 연령을 이유로 하는 고용차별을 해소하고 고령자의 직업 능력 개발 및 향상과 작업시설, 업무 등의 개선을 통해 고용기회제공과 정년연장 등으로 고령자의 고용이 확대되도록 노력하여야 한다고 명시하고 있다. 또한, 고용노동부 장관은 관계 중앙기관의 장과 협의하여 고용촉진에 대한 기본계획을 5년마다 수립하여야 하며, 고령자의 현황과 전망, 직업능력 개발, 취업 알선, 재취업, 전직 지원 등 기타 주요 시책을 포함할 것을 규정하고 있다.

고용상의 연령차별금지를 위하여 사업주는 모집의 채용, 임금·임금 외의 금품 지급 및 복리후생, 교육·훈련, 배치·전보·승진, 퇴직·해고 등에서 합리적인 이유 없이 연령을 이유로 근로자 또는 근로자가 되려는 자를 차별하여서는 안 된다는 규정을 두고, 위반 시 처벌할 수 있는 규정을 포함하고 있다. 사업주의 위반으로 연령차별을 당한 자는 국가인권위원회에 그 내용을 진정할 수 있으며, 국가인권위원회는 진정을 조사한 결과 연령차별이 있다고 판단하여 구제조치 등 권고할 경우 고용노동부 장관에게 통보하여야 하며, 고용노동부 장관은 구제조치 등의 권고를 받은 사업주가 정당한 사유 없이 이행하지 않거나 그 피해의 정도가 심각하다고 인정되면

피해자의 신청이나 직권으로 시정명령을 할 수 있다.

고령자 취업 지원을 위해 고용노동부 장관, 특별시장, 광역시장, 도지사, 특별자치 도지사는 고령자의 고용을 촉진하기 위하여 구인, 구직 정보를 수집하고 구인, 구직 개척에 노력하여야 하며, 관련 정보를 관련 단체에 제공하여야 하며, 고령자의 고용을 촉진하고 직업 능력의 개발 및 향상을 위하여 고령자를 대상으로 직업능력 개발훈련을 시행하여야 한다. 고용노동부 장관은 사업주가 고용촉진을 위하여 필요한 교육이나 직업훈련 등을 실시하거나 취업에 적합하도록 시설을 개선할 경우 그 비용의 전부 또는 일부를 지원할 수 있다.

또한, 동법에서는 고령자 고용촉진 및 고용안정을 위해 상시 300인 이상 근로자를 사용하는 사업주는 기준 고용률 이상의 고령자를 고용하도록 노력하여야 하며, 그 기준은 제조업은 상시근로자 수의 2% 이상, 운수업 부동산 및 임대업은 상시근로자 수의 6% 이상, 그 외의 산업은 상시근로자 수의 3% 이상으로 정하고 있다. 동법에서는 고령자 고용촉진을 위한 지원을 명시하고 있다. 기준 고용률을 초과하여 고령자를 추가로 고용하는 경우 조세감면, 다수의 고령자를 고용하거나 임금피크제를 시행하는 경우 고용지원금을 지급할 수 있게 되어 있다. 고령자 고용촉진을 위해 우선 고용직종을 선정하고 있다. 우선 고용직종은 고용노동부 장관이 고용정책심의회를 거쳐 고령자와 준고령자를 고용하기 적합한 직종을 선정하고 선정된 우선 고용직종을 고시하여야 하며, 우선 고용직종에 관한 고용현황을 매년 1월 31일까지 고용노동부 장관에게 제출하게 되어 있다.

정년에 관하여 「고용상 연령차별금지 및 고령자고용촉진법」에서는 2017년부터 모든 사업장의 사업주는 근로자의 정년을 60세 이상으로 정해야 한다는 규정을 명시화하였다. 고용노동부 장관은 정년 60세 이상 조치를 한 사업주나 근로자에게 고용지원금, 임금체계 개편 등을 위한 컨설팅 등 필요한 지원을 할 수 있으며, 300인 이상의 근로자를 사용하는 사업주는 매년 정년제도의 운영 현황을 고용노동부 장관에게 제출하여야 한다. 또한, 사업주는 정년에 도달한 자가 그 사업장에 재취업을 희망한다면 그 직무수행 능력에 맞는 직종에 재고용하도록 노력하여야 하며, 고용노동부 장관은 정년퇴직자를 재고용하거나 고용안정 조치를 하는 사업주에게 장려금 지급 등 필요한 지원을 할 수 있다. 사업주는 정년퇴직 등의 사유로 이직예정인 고령자의 구직활동을 지원하도록 노력하여야 하며, 이러한 조치를 성실히 이행하는 사업주에게 고용노동부 장관은 인건비, 장려금 지급 등의 필요한 지원을 할 수 있게 되어 있다.

04 노인복지 관련 법의 개선방안

경제·사회적 변화와 고령 인구의 증가 및 인간다운 생활 수준의 향상은 법치주의 국가에서 권리주체로서의 노인을 중심으로 한 새로운 노인복지 관련 기본법을 제정하고, 이를 바탕으로 노인복지 관련 법 체계의 재구축이 필요하다.

일반적으로는 현행 노인복지 관련 법들이 복지 수요와 유형에 따라 개별적이고 단편적으로 규율하고 있어 체계적이고 유효한 노인복지서비스의 공급에 중대한 장애가 되고 있다. 노인보호 법익을 기반으로 하는 개별 법률의 제정은 그 법률의 기본목적 및 기본원리의 근거가 되는 기본법에 의거하여 이루어짐으로써 일정한 규범적 체계를 형성할 수 있다. 기본법이 없이 노인복지 관련 개별법이 난립할 경우 법률체계뿐만 아니라 개별법의 내용이 불충분성 문제를 갖게 된다. 법치국가에서 권리주체를 보호하기 위한 국가적 규범이 실효성을 발휘하기 위해서는 헌법상 권리의 내용이 개별법을 통하여 구체화되기 위한 법체계가 마련되어야 한다(Hughes & Gail, 1988). 노인복지 기본법이 있다면 구체적 법률이 없더라도 노인복지제도가 실시될 수 있을

뿐만 아니라 기본법규정을 통해 관련 법률 간의 충돌을 방지할 수도 있다. 그러나 현행 「노인복지법」이 모든 노인을 대상으로 하는 보편적인 노인복지의 기본법이 아닌 저소득층 노인의 보건과 복지를 위한 공공부조적 형태의 노인복지서비스를 중심으로 규율하고 있다. 그러므로 현행 노인복지 관련법 중에서 기본법이라고 할 수 있는 법률은 없고 현행 노인복지법도 시설복지에 중심을 둔 노인복지서비스법이라 할 수 있다(이호용, 2011). 또한, 「사회보장기본법」도 사회보장의 수급대상을 모든 국민으로 전제하고 있으므로 노인복지를 전문적으로 규율할 수 없으며, 저출산・고령사회 기본법 역시 고령화 사회로 국가의 책무와 정책 방향만을 제시해 놓은 정책법에 불과하여 노인복지 관련 법의 기본법으로 보기는 어렵다(이호용, 2011). 따라서 노인복지서비스에 관한 기본적인 내용을 규율하고 있는 「노인복지법」을 노인복지 기본법으로 제정 및 개정하고 노인의 보건과 복지의 전반에 연결 지을 수 있는 법체계로 규율되는 방식이 적당하다(조욱환, 2014).

노인의 법적 보호는 「헌법」상 권리성에 입각하여 개별 법률의 제정을 통하여 구체화할 수 있다. 「헌법」 제34조의 노인복지를 구체화하는 법체계의 설정 방법은 다양하다. 우선 「사회보장기본법」 상의 분류체계에 따라 사회보험, 공공부조, 사회복지서비스 및 관련 복지제도로 크게 나누고, 노인복지 기본법을 두어 노인의 보건과 복지의 전반에 연결 지을 수 있는 개별 법률들을 각기 분류하는 방법이 가장 일반적인 법체계가 될 것이다. 기존의 전통적인 사회보장제도 분류체계를 그대로 수용함으로써 사회보험, 공공부조 및 사회복지서비스 및 관련 복지제도의 골격을 그대로 유지하는 것은 법적 안정성을 도모할 수 있다는 장점이 있다. 그러나 노인복지제도는 보호해야 할 분야가 다양하고 복잡화되고 있어 기존의 전통적인 획일적인 법 분류체계로는 부합되지 않는 측면이 있다. 노인복지 분야는 고령하되면서 생활 무능력, 직업알선, 여가활용, 사회참여, 가정의 보호, 편의시설의 제공, 의료혜택의 부여, 고령사회 대책 수립, 장기요양 및 고령친화 사업 등 복잡하고 다양한 복지 수요가 확대해가고 있다. 노인복지 수요를 보다 체계적이고 미래지향적으로 검토·분석하여 노인복지 수요를 중심으로 하는 새로운 입법체계의 설립이 검토되어야 한다(이상윤, 2009). 노인복지 관련 법제의 개별 법률의 체계화를 하는 경우도 전 국민을 대상으로 하는 사회보험, 공공부조, 사회복지의 구분에 있어 명확성을 확보함과 동시에 노인복지 영역의 보호법익별 개별입법을 모색해야 할 것이다. 개별입법은 노인의 특수성 및 보호의 필요성에 의해 보편적이면서도 독자적인 규범 체계 내에서 이루어져야 한다. 노인의 특수성을 파악하고 이러한 규범적 체계를 토대로 소득보장, 의료보장, 근로보장, 사회복지보장 등의 노인복지 규범 체계를 재구축하고 노인의 특수성에 따른 전문적, 구체적 노인복지 수요를 충족시키는 개별 법률의 체계화가 필요하다(조욱환, 2014).

또한, 「노인복지법」이 규범적으로 타당한 수준을 갖춘다 해도 이를 시행하는 시행령이나 시행규칙이 부실하다면 실효성을 약화시킨다. 규범력과 실효성을 가지는 노인복지 관련 법체계를 확보하기 위해서는 현행법상 아직 시행령 혹은 시행규칙이 마련되어 있지 않음으로 하여 규범적 실효성을 약화시키지 않도록 해야 한다. 우리나라의 노인복지제도는 선진국에 비해 복지혜택의 수준도 낮고 그 대상도 한정되어 있다. 우리나라 노인복지는 다양한 측면에서 단계적으로 확대 시행되어야 한다. 즉, 노인의 주거복지, 노인을 위한 교육복지, 장례복지, 노인 생활환경 조성 등의 확대시행이 필요하다(조욱환, 2014).

PART 03

노인복지정책

CHAPTER 07

노년기 생활상과 노인복지

01 노년기 생활상의 개념과 영향요인

생활(生活)은 사람이 생명을 유지하고 살기 위해서 행하는 필수적인 활동이다. 생활은 일상생활과 같은 의식주 활동 외에도 일, 여가를 취하고 상호작용에 적극적인 의미를 발견하는 행위, 직업생활과 사적 생활, 사회생활 등의 모든 것을 말한다(위키백과, 2020). 생활상(生活相)은 생활해 나가는 모습으로 개인이 자신의 능력과 욕구, 필요에 의해 스스로 활동하는 삶의 영역이라 할 수 있다. 따라서 생활상은 개인의 능력, 욕구 그리고 경험과 행위를 역동적으로 결정하는 삶의 영역으로 소득수준, 주거의 질과 같은 경제적 및 물질적 요소뿐만 아니라 건강, 행복감 등과 같은 비물질적인 요소들을 포함하는 개념으로 사회적 실재를 이해하는 핵심적인 근거가 된다. 장원순(2004)은 생활상은 개인들의 반복적이고 관례화된 경험이며, 동시에 그 이면에는 시간과 공간이 상호작용하는 역동적인 특징을 가지고 있으며, 일상적 삶에는 사회제도, 문화규범, 환경이 밀접하게 관련되어 사회적 실제를 이해하는 핵심 근거가 도출된다고 하였다.

노년기의 생활상은 노인이 삶의 영역에서 생활해가는 모습으로 삶의 조건과 삶의 질에 사회적 불평등을 측정하는 척도가 된다. 노년기 생활상은 청·장년기에 저축한 재산의 크기와 노후준비와 사회보장제도의 수준에 의해서 결정되기 때문에 노년기 사회적 불평등이 확정되는 시기이다. 즉, 노년기의 생활상은 과거의 삶의 조건, 개인적인 경력 그리고 사회적 자원들의 상호작용한 결과로 영향을 받는 사회적 불평등을 이해하는 근거가 된다.

노년기 생활상을 결정하는 요인은 개인의 소득수준과 사회적 신분을 결정하는 개인적 요인과 사회구조적 요인으로 구분한다. 개인적 요인은 개인의 성별이나 성격 등의 개인적 특성과 소비형태, 가정환경, 주거환경 등의 1차적 요인과 교육수준, 직업유형, 직급, 건강상태 등의 2차적 요인으로 구분한다. 특히, 시장경제체제에서 개인의 직업적인 신분과 연결된 시장소득의 격차는 노년기의 생활상에서의 불평등을 결정하는 핵심적인 요인으로 인식하고 있다. 사회구조적 요인으로는 연령대별 임금구조, 고용상황, 경제순환에 따른 경기변동 등의 경제적 조건뿐만 아니라 가족구조의 변화, 출산율 및 사망률의 격차와 같은 인구사회학적 조건들을 포함하고 있다. 이러한 사회구조적 요인은 노인들의 생활상에 부정적인 영향을 미치고 있다. 현재의 노인들은 젊은 세대와 비교하여 저임금에서 짧은 경제활동 기간은 경제적 어려움의 주요 원인으로 작용하고 있으며, 노동시장에 참여가 제한되었던 여성 노인들 대부분이 노후소득보장제도의 사각지대에 놓여 있다. 또한, 인간수명의 연장의 다른 측면, 만성적 및 퇴행성 질병이 치료 및 간병을 위한 의료비 및 요양비 지출의 증가로 노년기 빈곤을 야기하는 중요한 원인으로 작용한다.

선진 복지국가에서는 사회구조적 요인을 야기하는 사회적 불평등을 해소하기 위한 다양한 연구가 진행되고 있다. 1980년대에는 개인의 경력에 영향을 주는 환경적 요인을 중심으로 사회적 불평등을 해소하기 위해 복지국가의 사회보장제도, 재화와 서비스에 대한 접근성, 여가시간의 활용 기회, 주거조건과 주거환경, 지역적 균형발전 등을 제시하였다. 그러나 1990

년대에는 사회적 신분에 따른 소득 격차나 불평등 문제보다 성별과 연령과 같은 개인적인 요인들의 영향력을 분석하는 방향으로 패러다임이 전환되었다. 물질적인 조건과 주관적인 인식 사이의 상호작용에 관한 문제를 다루기 위해 생활상에서의 연령대별 세대별 불평등, 생애주기 관점에서 불평등 문제를 재조명하여 역사적 요인들이 개인의 경력에 많은 영향을 미치며, 세대별 주관적 인식의 차이도 노년기의 생활상의 격차를 결정한다는 것을 보고하였다. 노년기의 빈곤은 개인의 성격적 결함이나 미래의 삶에 대비하지 않았기 때문이 아니라 사회적 구조적 요인과 사회복지정책의 오류에 의해서 사회적 불평등이 강화될 수 있음을 지적하였다.

우리나라 노인의 빈곤 문제의 심각한 수준은 책의 앞(p.49)에서도 설명한 바와 같이 노인 가구에 있어서 개인 소득과 가구 소득의 원천 대부분 사적 이전소득이 주류를 이루고 있다. 노인의 39.9%가 스스로 생활비조차도 많은 부담이 된다고 하였으며, 노인빈곤율은 OECD 국가 중에서 가장 높은 수준을 유지하고 있다. 특히 여성 노인의 경우 빈곤의 문제는 더욱 심각한 현상을 보이고 있다. 이러한 원인으로 첫째, 남성 노인보다 여성 노인의 평균 수명이 더 높은 것으로 나타나 고령 노인이 될수록 여성 노인이 홀로 살아갈 확률이 높고, 배우자와의 이혼이나 사별 등의 이후 삶은 빈곤, 소외, 고독으로 힘든 삶을 영위할 가능성이 크다. 또한, 전통적인 분업형태가 유지된 결과 남성 노인은 여성 노인보다 사회보장제도에 의해서도 많은 혜택을 보고 있다.

02 노년기 생활상 실태

노년기 생활상은 노인에 대한 사회적 실재와 그들의 삶의 질을 이해하는데 중요한 지표가 된다. 이에 본 책에서는 2014년도 노인실태조사 자료를 분석하여 노인의 생활상을 분석한 정경희(2017)의 연구와 도시 취약계층 노인을 대상으로 생활상을 분석한 김동하 등(2019)의 연구를 바탕으로 노인의 생활상을 살펴보았다.

1) 노인의 실생활

2014년도 노인실태조사 원자료를 분석하여 노인의 실생활의 특성은 다음과 같다. 실생활 영역은 경제, 건강, 무위, 소외의 4개 영역의 9개 항목으로 분석하였다. 경제 영역은 저소득 문제 경험, 주거 불안정, 경제활동 미참여의 3개 항목이며, 건강 영역은 영양문제, 질병, 기능상태 제한의 3개 항목, 무위 영역은 사회참여 제한의 1개 영역, 소외 영역은 이웃과의 유대 제한과 자녀로부터의 지지 제한의 2개 항목으로 되어 있다.

경제 영역의 문제에서 노인의 34.3%가 소득의 부족을 경험하고 있으며 30.9%는 주거 불안정을, 7.7%는 경제적 이유로 인하여 경제활동을 하고 싶은 욕구가 있지만 그러한 욕구가 충족되지 않고 있는 것으로 나타났다. 이러한 3개기 문제 중 1개라도 문제를 경험하고 있는 노인, 즉 경제 영역의 문제를 경험하고 있는 노인은 53.9%에 달하고 있다.

노인의 건강 영역의 문제에서 경제적 이유로 결식하고 있는 노인, 즉 하루에 식사를 1, 2회만 하거나 경제적 이유로 필요한 음식을 사지 못하는 노인이 14.0%이다. 결식은 가장 기본적인 욕구인 생존을 위협하며 즉각적으로 건강문제를 유발한다는 점과 더불어 경제 상황을 가장 직접적으로 보여주고 있다. 노인의 대부분이 만성질환을 갖고 있어 3개 이상의 복합만성질환 경험율은 46.2%인 것으로 나타났다. 다음으로 7개의 ADL 항목과 10개의 IADL 중 1개 항목이라도 제한 있는 비율은 16.9%이다. 이러한 3개의 문제 중 1개 이상의 문제가 있는 노인의 비율은 57.6%로 경제 영역의 문제와 더불어 55% 내외의 수준을 보이고 있다.

다음으로 소외 및 무위 문제를 살펴보면, 이웃과의 유대가 낮은 노인은 55.9%이며, 자녀와 월 1회 이상 접촉을 하지 못하고, 부양지원(도구적 지원 또는 정기적인 현금지원 등)을 받지 못하는 노인으로 정의된 자녀와의 유대가 약한 노인이 9.7%이다. 이렇게 이웃과의 유대가 약하거나 자녀와의 유대가 약한 노인이 59.4%이다. 월평균 사회참여(평생교육, 각종 단체활동, 자원봉사, 경로당, 노인복지관 이용) 일수가 7일 이하인 노인으로 정의된 무위를 경험하는 노인은 66.6%로 4가지 차원의 문제 중 가장 많은 노인이 무위문제를 경험하는 것으로 나타났다.

개별 항목별로는 이웃과의 유대 제한(55.9%)과 복합만성질환 경험율(46.2%)이 매우 높은 수준이다. 반면 경제적 이유로 인한 경제활동 참여 욕구의 미충족율(7.7%)과 자녀와의 유대가 약한 노인의 비율(9.7%)이 10% 미만으로 낮은 수준이다.

이러한 9개 항목에 기초하여 노인의 생활 현황을 종합해 보면 경험하는 문제가 1개 이하인 경우가 21.9%지만, 5개 이상을 경험하는 노인도 15.5%에 달하고 있다. 또한, 경험하는 문제의 복합성을 고려하면 빈곤, 질병, 소외와 무위를 모두 경험하고 있는 노인이 17.7%이고, 이 중 3종류의 문제를 경험하는 노인이 30.2%이며, 2종류를 경험하는 노인이 28.9%, 1종류의 문제만을 경험하는 비율이 18.3%이다. 경험하는 문제 차원이 전혀 없는 경우가 4.9%에 불과하다. 즉, 노인의 대부분이 일상생활에서 문제를 경험하고 있다는 것이다. 특히 복합적인 문제를 경험하는 노인에 대한 사회적 관심이 필요하며, 그중 많은 노인이 경험하는 문제인 이웃과의 유대가 약한 노인과 복합만성질환 경험에 관심을 두어야 할 것이다.

이러한 생활 현황을 노인의 연령군별로 비교해 보면, 경제문제의 경우 70대를 넘어가면 저소득 문제가 커지는 것을 확인할 수 있었다. 경제적 이유로 인하여 경제활동을 하고 싶은 욕구가 있지만 그러한 욕구가 충족되지 않는 비율은 60대에 10.9%이지만 그 이후 연령대에서는 낮은 편이다. 이는 노년기 후기일수록 노인이 경제활동을 할 기회가 매우 낮기 때문으로 보인다. 건강문제의 경우 연령이 많을수록 건강문제를 경험하는 비율이 높아 85세 이상 연령층의 경우 74.9%가 건강문제를 경험하고 있다. 소외문제의 경우 이웃과의 유대는 연령이 많을수록 그 수준이 낮음을 볼 수 있다. 반면 자녀와의 관계가 약한 노인의 비율은 그 자체가 낮은 수준이기도 하지만 연령이 많을수록 그 비율이 더욱 낮아진다는 점에서 이웃과의 관계와는 차이를 보인다. 연령이 높을수록 경험하는 문제의 수가 많고 4종류의 문제를 모두 경험하는 비율이 높다. 즉, 85세 이상의 경우 30.2%가 4종류의 문제를 모두 경험하고 있으며, 9개 중 5개 이상의 문제를 경험하는 비율이 28.3%에 달하고 있다.

표 7-1 노인의 생활상(2014년)

영역	항목	측정지표	전체	65~69세	75~79세	85세 이상
경제 영역	저소득 문제 경험	최저생계비 미만의 가구소득	34.3	19.4	44.9	49.3
	주거 불안정	자가 미소유율	30.9	26.1	32.0	44.7
	경제활동 미참여	경제활동 참여 욕구 미충족율	7.7	10.9	6.2	1.3
	경제 영역의 문제 중 1개 이상의 문제 경험 노인		53.9	43.5	61.1	65.4
건강 영역	영양 문제	결식률	14.0	10.6	16.8	18.0
	질병	3개 이상의 복합 만성질환 경험율	46.2	38.2	53.2	45.2
	기능상태 제한	ADL과 IADL 중 1개 이상	16.9	5.0	18.5	51.9
	건강 영역의 문제 중 1개 이상의 문제 경험 노인		57.6	45.0	64.7	74.9
무위 영역	사회참여 제한	월평균 사회참여 일수가 7일 이하(평생교육, 각종 단체 활동, 자원봉사, 경로당, 노인복지관 이용)	66.6	75.0	59.3	62.4
소외 영역	이웃과의 유대 제한	유대 정도가 평균 이하인 비율	55.9	47.7	58.3	75.4
	자녀의 지지 제한	자녀와의 유대가 약한 노인의 비율	9.7	11.1	8.3	6.1
	소외 영역의 문제 중 1개 이상의 문제 경험 노인		59.4	52.6	61.2	76.8

종합	문제 경험 항목수	1개 이하	21.9	29.5	18.6	10.5
		2개	23.7	26.2	22.3	16.4
		3개	22.9	23.0	23.1	21.3
		4개	16.1	11.5	19.0	23.6
		5개	9.7	6.1	10.9	17.2
		6개 이상	5.8	3.7	6.1	11.1
	문제 경험 복합성	네 종류 문제 모두 경험	17.7	12.7	19.5	30.2
		세 종류 문제 경험	30.2	27.4	31.5	34.1
		두 종류 문제 경험	28.9	29.5	32.7	22.6
		한 종류 문제 경험	18.3	24.1	16.3	11.7
		경험하는 문제 없음	4.9	6.2	4.0	1.4

출처: 정경희(2017). 한국 노인복지제도의 좌표와 패러다임 진단. p.12.

2) 취약계층 노인의 생활상

도시 취약계층 노인의 생활시간 패턴은 표 7-2와 같이 여가시간이 평균 12.2시간으로 가장 길었고, 필수시간은 평균 9.9시간, 의무시간은 평균 1.9시간 순으로 나타났다. 여가시간의 주요행동은 집에서 TV를 시청하는 것이었고(평균 8.6시간), 교제활동, 신체활동, 종교활동, 봉사활동의 옥외활동은 상대적으로 비중이 낮았다. 한편, 옥외활동은 교제활동-신체활동, 교제활동-봉사활동, 교제활동-종교활동 등과 같이 서로 연계되어 시간 활용이 함께 이루어지는 경향을 보였다. 필수시간의 주요행동은 수면 평균 7.4시간, 식사 평균 1.5시간, 병원 이용 1.0시간으로 나타났다. 다수의 취약계층 노인은 야간뇨, 불면증 등으로 수면-각성 주기가 짧아 수면의 총량보다는 질에 문제가 있었다. 또한, 남성 독거노인의 경우 요리기술이 부족해 간단한 밑반찬으로 끼니를 때우거나, 식사를 규칙적으로 하지 않아 식사시간이 길지 않은 경향을 보였다. 병원 이용은 모든 참여자에게서 확인된 만성질환 관리 및 질병 치료를 위한 필수 행동이었다. 의무시간의 주요행동은 가정관리 평균 0.9시간, 이동 평균 0.7시간, 일 평균 0.3시간 순으로 나타났다. 경제활동을 거의 하지 않는 취약계층 노인은 의무적 활동에는 시간을 많이 사용하지 않았다.

표 7-2 도시 취약계층 노인의 생활시간 패턴

(단위: 시간)

구분	영역	시간	행동	시간
24시간	필수	9.9	수면	7.4
			식사	1.5
			병원	1.0
	의무	1.9	가정관리	0.9
			이동	0.7
			일	0.3
	여가	12.2	TV 시청	8.6
			교제	1.3
			신체활동	1.3
			종교	0.7
			봉사	0.3

출처: 김동하 외(2019). 도시 취약계층 노인의 건강 관련 생활상에 대한 다각적 이해. p.102.

도시 취약계층 노인의 건강 관련 생활경험 중 경제적 생활고에서 조사 참여 노인의 91.3%가 경제활동에서 자발적·비자발적 은퇴를 경험하였으며, 조사 참여자 노인의 주요 수입원은 기초생활보장제도를 통해 들어오는 급여와 정부가 주는 연금(기초연금, 국민연금, 노령연금)이었다.

도시 취약계층 노인은 공공서비스를 통해 일상생활을 유지하고 있었다. 조사 참여 노인의 65.2%는 무료로 제공되는 복지서비스가 영양 관리, 외출의 일상화, 정서적 안정에 도움을 준다고 인식하였다. 조사 참여 노인 중 독거 남성 노인은 복지시설에서 제공되는 무료 급식이 하루의 식단 중 가장 '식사다운 식사'라고 응답하였다. 또한, 복지서비스를 이용하는 조사 참여 노인은 정해진 서비스 이용 시간을 맞추기 위해 규칙적인 생활을 유지하였고, 복지시설에서 만난 다른 노인들과 서로 소통하며 정서적 만족을 느끼는 것으로 확인되었다.

조사에 참여한 모든 노인은 노인성 질환을 가지고 있었고, 보건의료서비스를 필수적으로 이용하였다. 이 과정에서 의료급여제도는 의료비를 지원하여 의료서비스의 접근성을 보장하는 핵심적인 역할을 하고 있었다. 하지만 여전히 비급여 항목의 치료가 필요한데 본인 부담으로 인해 급여 범위 안에서 치료를 제한적으로 받고 있다고 응답하였다. 65세 이상 무료로 이용 가능한 지하철은 도시 취약계층 노인의 장거리 이동을 위한 주요 수단이었다. 조사 참여 노인의 82.6%는 동네 밖으로 이동이 필요한 경우, 비용이 드는 버스보다는 지하철 이용을 선호했다. 한편, 조사 참여 노인의 43.5%는 보건 및 사회서비스 이용과 관련하여 사각지대를 느끼고 있었다. 이는 취약계층 노인이 서비스와 관련된 정보 접근성이 낮았고, 정보를 알게 되어도 신청과정에 어려움을 겪는다는 것을 의미한다.

사회적 지지는 도시 취약계층 노인이 인식하는 건강하고 활기찬 삶의 핵심 요소이다. 조사 참여 노인 중에서 가족으로부터 정서적·도구적 지지를 받는 경우는 드물었다. 가족 지지의 붕괴는 취약계층이 된 원인이자 결과였다. 대다수 조사 참여 노인은 배우자의 사망, 자녀로부터의 방임으로 경제적 지원을 받지 못하거나 가정폭력 및 경제적 어려움으로 가족구성원이 해체되어 있었다. 이웃의 사회적 지지는 조사 참여 노인의 건강 관련 삶의 질과 일상생활 활동에 영향을 미친다. 다수의 조사 참여 노인들은 이웃들로부터 식료품을 지원받거나 일상활동을 보조받는 도구적 지지가 나타났으며, 이웃과 나누는 대화는 그들의 스트레스 해소와 정서적 안정에 기여하고 있었다. 한편, 독립적인 보행이 불가능한 노인은 활동을 보조받아야 했다. 활동 보조가 필요한 조사 참여 노인의 응답 중 비용이 발생하는 돌봄서비스나 가족의 비공식적 지지를 이용하는 경우는 적었다. 반면, 주변 이웃들의 도움을 받는다는 응답이 상대적으로 많았지만, 원하는 빈도나 수준만큼 활동 보조를 부탁하기에는 심리적 부담이 있다고 응답하였다.

도시 취약계층 노인은 건강한 삶을 유지하는 데에 있어 소극적이고 위축된 행동과 태도를 보였다. 조사 참여 노인의 82.6%는 걷기를 노년기에 할 수 있는 유일한 신체활동이자 건강관리를 위한 행동으로 인식하였다. 이처럼 걷기에 대한 의존과 가치가 높아진 이유로 돈이 드는 신체활동에 대한 경제적 부담 때문이다. 여가활동의 위축과 최소한의 소비 활동은 도시 취약계층 노인의 일상생활 패턴을 단조롭게 만들고, 정신건강에 악영향을 미치고 있었다. 조사 참여 노인의 87.0%는 주요 여가활동으로 집에서 혼자 TV를 보는 행동이라고 응답하였다. 여가활동이 좌식행동으로만 위축된 이유는 경제적 부담감으로 인한 활동 억제와 관련이 있었다.

도시 취약계층 노인은 차별과 노인 혐오의 문화를 경험하고 있었다. 지역사회 내 차별과 노인 혐오는 조사 참여 노인의 사회적 고립과 활동적 생활에 영향을 미치고 있었다. 조사 참여 노인의 47.8%는 경로당 회장의 권한으로 경로당 가입이 제한되는 사례가 확인되었다. 또한, 경로당에 기부금을 낼 경제적 여력이 없는 경우 경로당 이용에서 배제되거나 암묵적인 차별과 무시를 받는 것으로 나타났다. 조사 참여 노인의 43.5%는 지역사회에서 노인세대를 바라보는 젊은 세대의 부정적인 시선을 경험하였다.

03 노인의 생활상과 노인복지

산업사회 이전은 인구의 대부분이 농업에 종사하는 농업사회에서 노인은 중요한 생산요소인 토지를 소유하였고, 건강이 유지되는 한 경제활동이 가능하였으며, 오랜 경험을 바탕으로 한 지식을 젊은 세대에게 전수하는 등으로 인해 공동체 내에 존경의 대상이었다(조성백 · 최민호, 1996). 그러나 산업화의 진전으로 과학의 발전은 종교와 전통지식을 대체하였으며, 개인의 성취와 능률을 강조하는 사회 분위기 속에서 노인은 점차 사회에서 약자로 인식되기 시작하였다(이세주, 2019). 산업사회의 변화로 인하여 노인의 경제와 건강, 사회참여, 가족이나 사회의 지지 등의 문제가 발생하게 되었으며, 이러한 문제는 노인의 인구가 증가하면서 점차 사회적 문제로 대두되기 시작하였으며, 이에 따라 노인복지의 필요성이 증가하게 되었다.

노인복지는 노인이 인간다운 삶을 영위할 수 있도록 필요한 서비스를 제공하는 모든 활동이다. 노인복지는 노인의 사회적 욕구인 소득, 건강(의료), 여가, 주거, 일자리, 신체적 수발 등을 충족시키기 위한 사회적 노력이다. 따라서 노인복지는 노인의 빈곤, 질병, 고독, 소외, 역할상실, 치매, 학대, 자살 등을 예방하고 해결하여 노인이 인간다운 삶을 영위할 수 있도록 하여야 한다(이근홍, 2018). 이러한 측면에서 노인복지는 노인의 생활상에서 나타나는 문제를 해결하기 위한 서비스를 제공하는 정책적 활동과 실천적 활동이라 할 수 있으며, 노인복지를 노인의 생활상의 관점에서 바라볼 필요가 있다.

노년기의 생활상은 노인의 의식주 활동 외에도 여가활동, 직업활동, 사회생활 등 다양한 영역에서 개인의 능력, 욕구 그리고 경험과 행위를 역동적으로 결정하는 삶이 영역이다. 이러한 노인의 생활상은 노인의 소득, 신체적·정신적 건강, 사회참여, 삶의 만족을 결정하는 중요한 요인이 된다. 르바서 등(Levasseur et al., 2009)은 주관적 삶의 만족감을 개인의 기대와 우선순위 그리고 성취 간의 갈등과 균형을 맞추는 과정에서 도출된 결과라고 정의하고, 개인의 신호와 욕구를 충족해 줄 수 있는 환경, 장애 그리고 노화에 대한 적응력, 삶에 대한 통제력이 삶의 질에 중요하다고 하였다.

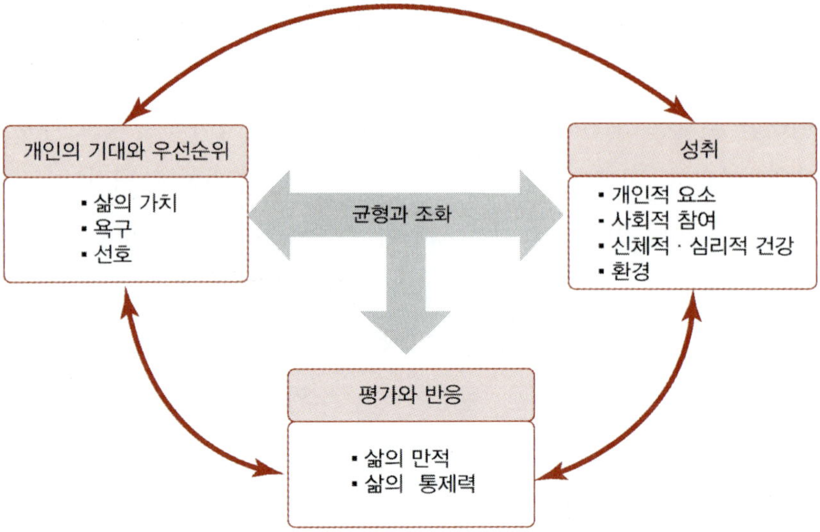

그림 7-1 노인 삶의 만족도

출처: Levasseur et al.(2009). Meaning of quality of life for older adults. e93.

즉, 노인이 일상생활에서 자기 삶의 가치와 욕구 그리고 선호 등의 기대와 이를 성취하기 위한 자신의 능력과 환경적 여건 등이 상호 균형을 이루게 되면, 노인은 자신의 삶을 만족하게 된다는 것이다. 이러한 과정에서 노인의 기대와 성취 간의 차이가 클수록 노인 문제는 심화되지만, 노인복지의 개입으로 불균형을 해소하면 노인의 삶의 만족은 높아지게 된다.

노인복지가 노인의 생활상을 풍요롭게 하여 노인 삶의 만족을 높인다는 측면에서 노인복지정책을 노인의 소득보장, 건강보장, 노인돌봄, 주거 및 여가생활, 인원보호 측면에서 살펴볼 필요가 있다.

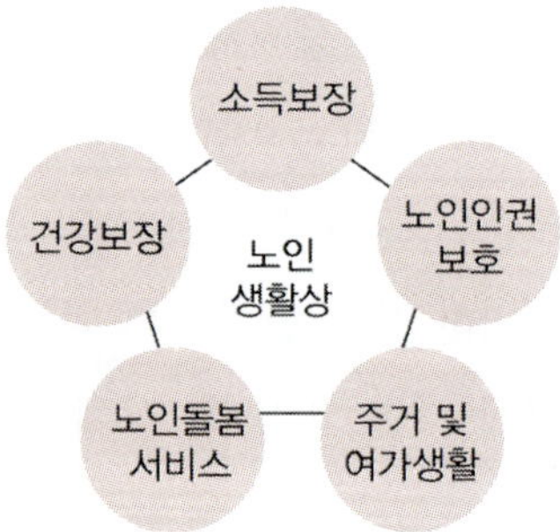

그림 7-2 노인복지와 생활상

CHAPTER 08 노후소득보장제도

01 노후소득보장제도의 의의

1) 노후소득보장제도의 개념

소득보장(incomemaintenance)은 국민의 소득을 일정선 이상의 수준에서 유지시켜주는 제도를 말한다. 소득보장제도는 주로 단기 또는 장기 실업과 관련된 위험을 완화시키고 사회불안을 사전에 방비하며, 소득재분배를 통한 공평한 사회로 가기 위한 제도라고 볼 수 있다(박찬용 외, 2000). 석재은(1998)은 소득보장을 각종의 사회적 위험에 의하여 소득원이 상실되었을 때 상실된 소득의 일부 혹은 전부를 보상하여 주는 것으로 정의하였다.

노후소득보장제도는 고령 인구의 소득상실 위험에 대비한 소득보장제도라고 하였다. 노후소득보장제도는 사회적 연대원칙과 세대 간의 계약에 기초하여 젊은 세대가 노년 세대의 생활비를 부담하도록 설계된 제도로서 사회구조변동과 경제구조변동에 대비하고 과거 경제발전에 기여한 노인을 보상하는 차원에서 경제적·사회적 안정과 산업·사회적 평화를 유지하기 위해 도입되었다. 노후 소득보장이란 노인 빈곤에 대한 사회적 차원의 대책으로서 국가가 노인이 빈곤 상태에서 벗어날 수 있도록 최소한의 정기적 소득을 확보해 주는 활동을 말한다(장인협・최성재, 1996). 노후소득보장제도로서 대표적인 제도가 연금제도(pension scheme)이다. 이 제도는 특별히 노인을 대상으로 하는 것은 아니지만 빈곤선 이하에 놓여 있는 고령 계층에게 지급되는 공공부조와 국가에 따라 고령수당 제도를 운용하기도 한다(석재은, 2005).

사회보장이 발달한 선진국의 소득보장제도는 다음과 같이 정리될 수 있는데 먼저 고령으로 은퇴자, 산업재해로 근로 능력을 상실한 자, 불구 또는 단기 질환자, 가장의 죽음으로 생계가 막연해진 자, 실업자 등의 소득을 보장하기 위한 제도로서, 관련된 프로그램으로는 연금보험, 산재보험, 건강보험, 고용보험 그리고 공공부조가 있다(박찬용 외, 2000). 선진국가들은 생애주기의 순서를 정하고 그에 적합한 교육, 노동, 여가의 순서에 따라 개인경력에 개입하여 노후에 안정된 삶을 살아갈 수 있도록 안정적인 노후소득보장제도를 효과적으로 운용하고 있지만, 후발 국가들은 노령 및 폐질로 인한 사회적 위험에 대비하는 것뿐만 아니라 빠르게 진행되는 고려사회의 대비책도 마련해야 하는 이중적 도전에 노출되어 어려움을 겪고 있다.

우리나라에서도 노인이 빈곤 상태에서 벗어날 수 있도록 최소한의 정기적 소득을 확보해 주기 위한 노후소득보장제도를 시행하고 있다. 우리나라에서도 노후보장제도로서 1961년부터 법정퇴직금제도를 시행하였으며, 1988년 보편적 공적연금제도인 국민연금제도가 본격적으로 시행되어 노후소득보장의 중요한 축을 담당하고 있다. 이후 1994년 개인연금제도의 도입을 비롯하여 2005년 퇴직연금제도, 2008년 기초노령연금과 이를 확대한 2014년 기초연금 시행으로 우리나라는 외형적으로 다층노후소득보장체계를 구축(構築)하게 되었으나 여전히 많은 논의가 이루어지고 있다. 우리나라의 노후소득보장제도가 선진 복지국가 도약을 위해서는 젊은 세대의 자립적 여생에 대한 장기계획을 수립하고 사회정책에 대한 신뢰회복, 3세대 간의 정의로운 분배 실현, 노후소득보장제도에서 합리성과 형평성을 확보하는 것이 중요하다.

2) 노후소득보장제도의 체계

우리나라 노후소득보장체계는 공적 노후소득보장제도와 사적 노후소득보장제도로 구분할 수 있다. 공적 노후소득보장제도에는 공적연금, 공공부조, 경로연금 등이 있으며, 사적 노후소득보장제도에는 법정퇴직금제도, 개인연금 등이 있다. 기본적인 노후소득보장제도의 설계는 공적연금을 1차 안전망으로 하고, 공적연금 적용에서 제외된 저소득층에게 경로연금을 지급하며, 빈곤선 이하의 계층에게는 최종안전망으로서 기초생활보장제도를 통하여 최소한의 소득을 보장하는 구도로 되어 있다(석재은, 2005). 또한, 추가적인 소득보장제도로서 피용자의 경우 퇴직금이 있으며, 특수직역 종사자의 경우 퇴직수당이 연금제도 내에 있고, 모든 국민은 자발적인 개인연금 가입을 통하여 추가적 소득보장이 가능하다(석재은, 2005).

우리나라 노후소득보장정책으로 국민연금과 기초연금, 국민기초생활보장, 퇴직연금, 주택연금, 농지연금, 개인연금 등이 있다. 국민연금과 기초연금은 우리나라의 대표적인 노후소득보장제도이다. 국민기초생활보장은 전 국민을 대상으로 하는 소득보장제도지만 노인의 국민기초생활보장 수급률이 일반 국민에 비해 3배 높다는 점에서 노후소득보장제도로 볼 수 있다. 퇴직연금과 주택연금, 농지연금은 준공적연금이다. 준공적연금은 법적 근거를 통해 정부 또는 공공기관이 시행·감독하지만, 가입에 대한 선택권은 개인에게 있다는 점에서 공적인 성격과 사적인 성격을 동시에 가지고 있다. 개인연금은 사적연금에 해당된다.

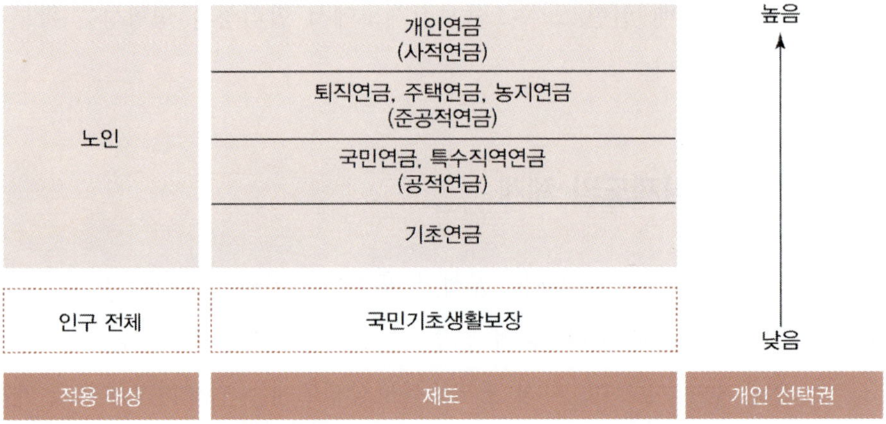

그림 8-1 우리나라 노후소득보장제도의 체계

출처: 황남희(2016). 노후소득보장정책의 현황과 과제. p.24.

02 국민연금

사회보험 중 연금보험은 노인의 소득보장에 중요한 위치를 차지하고 있다. 연금보험은 노령, 폐질, 사망 등과 같은 사회적 사고에 의한 소득의 중단이나 감소에 대비하여 근로 시기에 정기적인 보험료를 납부하고, 노령과 같은 사고 발생 이후에 급여를 지급 받는 소득보장제도이다(김영모, 1995). 우리나라 연금보험에는 1960년에 시행된 공무원연금, 1963년에 시행된 군인연금, 1975년에 시행된 사립학교교직원연금 및 1988년부터 시행된 국민연금이 있다. 이 절에서는 대표적인 연금보험인 국민연금에 대해 알아보고자 한다.

1) 국민연금의 특성

국민연금은 노령으로 소득상실의 위험에 직면한 노인들에게 일정한 소득을 제공하여 안정된 노후생활을 영위할 수 있게 하는 공적연금제도이다. 국민연금은 1973년 「국민연금복지법」이 제정되고 1974년부터 시행할 예정이었으나 여러 가지의 이유로 시행이 연기되었으며, 1986년에 「국민연금법」으로 개정하고 1988년부터 시행하였다. 국민연금은 1999년 모든 국민을 대상으로 연금을 시행하면서 그동안 보험료율의 인상과 소득대체율의 인하 등을 비롯한 변화가 있었다(이근홍, 2018).

국민연금제도는 다음과 같은 특징이 있다(이근홍, 2018).

첫째, 국민연금은 노후소득이 불안정에 대처하기 위해 전 국민이 공동으로 부담하는 사회연대의 원리에 기초하여 강제가입을 채택한 보편주의 제도이다. 국민연금이 1988년 상시근로자 10인 이상 사업장 근로자를 대상으로 시작하여 1995년에는 농어촌 지역주민, 1999년에는 도시 지역주민, 2003년부터는 1인 이상의 근로자를 사용하는 모든 사업장에 확대하고, 2006년까지 모든 사업장이 당연적용사업장이 되었다. 이와 같이 국민연금은 사업장 근로자, 농어민, 도시 자영자 등 모든 국민을 하나의 제도에 가입시켜 사회통합에 기여할 수 있도록 강제가입을 채택한 보편주의 제도이다

둘째, 국민연금의 급여가 기초연금과 소득비례연금으로 이원화되어 있지 않고 하나로 통합된 단일체계라는 것이다. 스웨덴, 영국, 일본 등의 공적연금 제도는 전 국민의 최저 생활을 보장하는 정액 급여인 기초연금과 기초연금을 보충하면서 종전의 생활 수준을 보상하는 소득비례연금으로 이원화되어 있다. 그러나 국민연금은 기초연금 부분과 소득비례연금 부분을 균등 부분과 소득 비례부분으로 구분하여 하나로 통합한 형태를 지니고 있다.

셋째, 국민연금이 소득재분배 기능을 통하여 저소득층에게 유리하도록 설계되어 있다. 국민연금의 소득대체율은 소득계층에 따라 달라지는데 저

소득층이 고소득층보다 소득대체율이 높아 저소득층에게 유리하게 되어 있다(김연명, 2004). 저소득층의 경우 낮은 소득수준 때문에 고소득층보다 적은 보험료를 납부하지만, 소득재분배 기능 때문에 가입 기간이 긴 경우 순연금액이 고소득층보다 높아 총연금액이 일정 수준 이상 유지되는 것으로 분석되고 있다(한국개발연구원, 2005). 국민연금이 저소득층에게 유리하게 되어있다 하더라도 고소득층의 경우에도 납부한 보험료보다 훨씬 많은 연금을 받기 때문에 불리한 것만은 아니다.

넷째, 국민연금의 재원조달 방식이 가입자가 모든 비용을 부담하는 기여원칙에 따른 적립방식으로 납부된 보험료가 연금으로 지급되기까지 기금으로 운용되는 형태를 띠고 있다. 국민연금은 시행 초기에 상당한 액수의 적립금이 축적되지만, 연금급여가 본격적으로 제공되는 시기가 되면 적립금이 고갈되면서 부과방식 등과 같은 새로운 형태의 재원조달 방식이 필요하게 될 것으로 보인다.

2) 가입대상

국민연금은 공무원연금, 사립학교교직원연금 및 군인연금 가입 대상자를 제외한 18세 이상 전 국민에게 적용되며, 가입자는 사업장가입자, 지역가입자, 임의가입자 및 임의계속 가입자로 구분된다. 사업장가입자는 근로자를 상시 고용하는 사업장의 18세 이상 60세 미만의 근로자와 사용자를 말한다. 이것은 1인 이상의 근로자를 사용하는 사업장 또는 주한외국 기관으로서 1인 이상의 대한민국 국민인 근로자를 사용하는 사업장에 근무하는 18세 이상 60세 미만의 근로자와 사용자를 말하며, 지역가입자가 사업장에 취업하면 사업장가입자가 된다. 지역가입자는 국내에 거주하는 18세 이상 60세 미만의 국민으로서 사업장가입자가 아닌 사람을 말한다. 다만, 다른 공적연금의 수급권자, 「국민기초생활보장법」에 의한 수급권자, 18세 이상

27세 미만인 자로서 학생이거나 군복무 등의 이유로 소득이 없는 자는 지역가입자에서 제외된다. 임의가입자는 사업장가입자와 지역가입자가 될 수 없는 60세 미만의 사람 중 본인의 희망에 의해 가입신청을 한 자를 말한다. 즉, 다른 공적연금의 수급권자, 「국민기초생활보장법」에 의한 수급권자, 18세 이상 27세 미만인 자로서 학생이거나 군복무 등의 이유로 소득이 없는 자도 가입을 희망하면 임의가입자가 될 수 있다. 임의계속가입자는 국민연금 가입자 또는 가입자였던 자로서 60세에 달한 자가 가입 기간이 부족하여 연금을 받지 못하거나 가입 기간을 연장하여 더 많은 연금을 받고자 원할 경우 65세가 될 때까지 가입을 신청한 자를 말한다. 국민연금의 가입자는 2018년 12월 말 기준 22,314천 명으로 전 국민의 43.5%를 차지하고 있다. 가입유형별로 보면, 사업장가입자가 13,818천 명으로 전체의 61.9%로 나타나고 있으며, 지역가입자가 7,695천 명으로 34.5%, 임의가입자가 330천 명으로 1.5%, 임의계속가입자가 471천 명으로 2.1%를 차지하고 있다.

3) 보험료

국민연금의 보험료는 가입자의 소득을 기준으로 부과된다. 사업장가입자의 경우 근로소득에서 비과세 근로소득을 제외한 소득이 기준이 되며, 지역가입자는 농업소득, 임업소득, 어업소득, 사업소득 등이 기준이 된다. 보험료율은 기준소득월액의 9%이며, 시행 초기에 3%로 시작하여 사업장가입자는 1999년부터, 지역가입자는 2005년 이후에 9%로 인상되었다. 보험료의 부과기준은 기준소득월액이며, 하한액과 상한액의 범위에서 사업장가입자는 사용자와 근로자가 각각 4.5%, 지역가입자는 가입자가 신고한 금액을 기준으로 9%를 납부하도록 되어 있다. 2018년 12월 말 기준소득월액의 최저액은 310천 원이고, 최고액은 4,860천 원이며, 그동안 조성된 국민연금 기금은 6,387,811억 원으로 국민연금공단에서 관리하고 있다.

4) 급여

국민연금 급여의 종류에는 노령연금, 장애연금, 유족연금 및 반환일시금이 있다. 노령연금은 가입 기간이 10년 이상인 가입자가 60세가 된 때부터 생존하는 동안 지급되는 연금이다. 가입 기간이 20년 이상이면서 60세에 도달하게 되면 완전노령연금을 지급하며, 가입 기간이 10년 이상 20년 미만이면 감액노령연금, 가입 기간이 10년 이상이나 연령이 55~60세 사이로서 소득이 없어서 본인이 희망하면 조기노령연금, 가입 기간 중 혼인 기간이 5년 이상인 노령연금 수급자의 배우자가 이혼할 경우 분할연금을 받을 수 있다. 장애연금은 가입자 또는 가입자였던 자가 질병이나 부상으로 신체상 또는 정신상의 장애가 있는 경우 지급되는 연금이다. 유족연금은 노령연금 수급권자, 가입 기간이 10년 이상인 가입자 또는 가입자였던 자, 보험료를 납부한 기간이 가입대상 기간의 3분의 1 이상인 가입자 또는 가입자였던 자 및 장애 등급이 2급 이상인 장애연금 수급권자가 사망하면 그 유족에게 지급하는 연금이다. 반환일시금은 가입 기간이 10년 미만인 자가 60세가 된 때, 가입자 또는 가입자였던 자가 사망한 때 및 국적을 상실하거나 국외로 이주한 때 본인이나 그 유족의 청구에 의해 지급받는 연금이다. 2018년 12월 말 기준 국민연금 수급자는 4,524천 명으로 그중에서 노령연금 수급자는 3,721천 명이며, 전체의 월평균 수급액은 453천 원이고, 노령연금 월평균 수급액은 510천 원이다. 한편 특례노령연금이란 국민연금제도 시행 당시 연령이 많아 연금을 받기 위한 최소 가입 기간인 10년을 채울 수 없었던 자가 가입 기간 5년 이상이면 60세부터 노령연금을 받는 제도를 말한다.

5) 국민연금의 문제와 과제

국민연금은 보험료를 통해 그 재정적 기초를 마련하고, 빈곤이 발생하였을 경우 급여를 제공함으로써 그 손해가 조정되거나 최소한 그 영향을 완화시킨다. 그러나 우리나라 현세대 노인들의 16%만이 연금소득을 가지고 있다. 이러한 문제는 앞서 살펴본 국민연금의 구조에서 찾을 수 있다. 국민연금은 가입 기간이 10년 이상인 자가 60세가 된 때부터 그가 생존하는 동안 노령연금을 지급하기 때문에 노령연금을 받기 위해서는 10년 이상 국민연금에 가입하고, 보험료를 내야 한다. 그러나 저소득층에게 과도한 경제적 부담으로 작용하고 있어 노령연금 수급권을 가질 기회조차 얻지 못하는 실정이다(김정화, 2019). 따라서 국민연금이 노후소득보장 제도로 자리잡기 위해서는 연금의 사각지대 해소가 필요하다.

오늘날 노령연금의 급여 수준은 평균기준소득월액 대비 약 45%에 불과하다. 2017년도 노령연금의 평균급여액은 500,220원으로 가입 기간 10년 이상 20년 미만의 노인의 평균 노령연금 금액은 약 393,770원, 20년 이상 노인의 평균 노령연금 금액은 약 892,030원이다. 하지만 「국민기초생활보장법」 제6조 및 제8조 제1항과 제2항에 따른 2018년도 생계급여의 선정기준 및 최저보장수준 금액이 1인 가구 501,632원, 2인 가구 854,129원으로 2017년도 노령연금의 평균급여액은 1인 가구 생계급여의 최저보장수준에도 미치지 못한 수준이었다. 이와 같은 수준의 노령연금급여는 노인의 소득상실을 보상하고, 노인의 삶이 극도로 악화되는 것을 방지하고, 안정적인 삶으로 복귀할 수 있도록 하기에 무리인 것으로 보인다. 따라서 국민연금의 급여가 노후소득을 보장할 수 있기 위해서는 소득대체율을 50% 이상으로 유지하고 앞으로 부족하게 될 연금재정에 대해서는 국고지원, 연금기금의 효율적 활용, 노인취업의 활성화 등을 통하여 해결할 방안을 강구해야 할 것이다(이근홍, 2018).

국민연금공단은 국민연금기금의 전입금, 국가보조금, 차입금, 그 밖의 수입금으로 수입을 확보하고, 각종 급여·적립금·환부금·차입금의 상환금과 이자, 그 밖의 공단 운영과 사업을 위한 각종 경비를 지출한다. 즉, 국민연금가입자가 낸 보험료는 보험급여와 적립금으로 지출되므로 국민연금의 재정운영방식은 부분적립방식에 해당한다. 국민연금은 부분적립방식을 채택하였지만, 보험료와 이자를 합친 것보다 연금지급액이 훨씬 많아 언젠가는 적립금이 고갈될 수밖에 없다. 따라서 연금재정을 안정화시키기 위해서는 기여율을 높이고 급여수준을 낮추며, 급여 개시 연령을 연장하는 것은 물론 현행 기준소득월액을 철폐하거나 대폭적으로 상향조정 해야 할 것이다. 그와 더불어 수익성이 보장되는 방향으로 연금기금을 효율적으로 활용하거나, 기초연금제도와 분리된 소득비례 연금제도를 실시하는 것 등이 있을 수 있다(이근홍, 2018).

03 국민기초생활보장제도

1) 국민기초생활보장제도의 개념

국민기초생활보장제도는 국가의 보호가 필요한 국민 중 최저생계비 이하의 사람에게 국가가 교육, 생계, 의료 등 기본적인 생활을 할 수 있게 제도적으로 보장하는 것으로 1961년에 제정된 생활보호제도를 2000년에 전면 개정하여 시행된 것으로 저소득층의 국가책임을 더욱 강화한 공공부조의 가장 대표적인 제도이다. 국민기초생활보장제도는 국가와 지방자치단체가 생활유지 능력이 없거나 생활이 어려운 국민에게 필요한 급여를 제공하여 이들의 최저 생활을 보장하고 자활을 조성하는 것을 목적으로 하고 있다. 기초생활보장은 국민의 최소한의 안정적인 생활을 보장함으로써 사회통합에 기여하고, 나아가 국가의 지속성장 동력을 확보하는 것이다(이태진, 2011).

국민기초생활보장제도는 수습권자의 경제적 수준이나 사회적 신분과 상관없이 인구학적 특성에 속하는 사회구성원에게 국가가 일정한 액수의 금품 또는 서비스 제공하는 데모그랜트(demogrant)를 채택하고 있다. 데모그랜트는 국가가 국민에게 일정 수준의 복지를 보장하고 일정한 조건을 충족하면 모두 제공함으로써 수치심이나 낙인을 부여하지 않으며, 조세로 재원을 충당함으로써 일정 부분 소득재분배 효과가 있다. 그러나 경제적 수준이나 사회적 신분을 고려하지 않고 연령을 기준으로 동일한 급여를 보장하기 때문에 형평성의 문제와 모든 아동, 또는 모든 노인을 대상으로 하여 무한적으로 재정 부담이 가중된다는 단점이 있다.

2) 수급자 선정

국민기초생활보장 수급자는 생활이 어려운 저소득 가구에서 직접 급여를 신청하는 신청주의 및 사회복지전담공무원이 생활이 어렵지만 급여를 신청하지 않았거나 신청서를 작성할 수 없는 사람에 대해 본인의 동의를 얻어 직권으로 신청하는 직권주의에 의해 신청한다. 신청자를 수급자로 선정하는 기준은 부양의무자가 없거나, 부양의무자가 있어도 부양능력이 없거나 부양을 받을 수 없는 사람으로서 소득인정액이 급여종류별 선정기준 이하인 사람을 대상으로 하고 있다.

선정기준이 과거 최저생계비를 중심으로 하였던 것을 2015년부터 맞춤형 급여를 도입하면서부터 급여종류별 선정기준과 생계급여 지급액을 정하는 기준 및 부양의무자의 부양능력을 판단하는 기준으로 기준 중위소득이 적용되고 있다. 이것은 최저생계비의 수준이 국민의 경제생활 수준에 비해 매우 비현실적으로 낮고 형식적인 부양의무자의 존재에 따른 수급자의 탈락과 저소득층의 생활고에 따른 자살사건 등 국민기초생활보장 사각지대에 대한 문제를 해결하기 위해 조정된 것이다(양옥남 외, 2016).

수급자의 선정은 소득과 부양의무자를 기준으로 한다. 소득 기준은 중위소득을 중심으로 급여종류별로 차이를 두고 있다. 중위소득은 2020년을 기준으로 1인 가구 1,757,194원, 2인 가구 2,991,980원, 3인 가구 3,870,577원, 4인 가구 4,749,174원, 5인 가구 5,627,771원, 6인 가구 6,506,368원, 7인 가구 7,389,715원이다. 생계급여는 가구의 소득인정액이 기준 중위소득의 30% 이하, 의료급여는 40% 이하, 주거급여는 45% 이하 및 교육급여는 50% 이하를 기준으로 하고 있다. 부양의무자의 기준은 부양의무자가 없는 경우, 부양의무자가 있어도 부양능력이 없는 경우, 부양의무자가 부양능력이 미약한 경우로서 수급권자에 대한 부양비 지원을 전제로 부양능력이 없는 것으로 인정하는 경우, 그리고 부양의무자가 있어도 부양을 받을 수 없는 경우로 정하고 있다. 급여종류별로 보면 생계급여와 의료급여는 부양의무자 기준을 적용하지만, 주거급여와 교육급여는 적용하지 않는다(보건복지부, 2020).

국민기초생활보장 수급자는 2018년에 1,165,175가구 1,743,699명으로 전체 인구의 3.4%에 해당하며, 그중에서 노인세대는 337,788가구로서 전체의 29.0%인 것으로 나타나고 있다(보건복지부, 2019).

3) 급여

국민기초생활보장제도의 급여에는 생계급여, 의료급여, 주거급여, 해산급여, 장제급여, 교육급여 및 자활급여가 있다.

생계급여는 가구의 소득인정액이 생계급여 선정기준 이하로서 생계급여 수급자로 결정된 수급자에게 지급하며, 수급자에게 의복, 음식물, 연료비, 기타 일상생활에 기본적으로 필요한 금전을 지급한다. 2020년 생계급여 기준은 1인 가구 527,158원, 2인 가구 897,594원, 3인 가구 1,161,173원,

4인 가구 1,424,752원, 5인 가구 1,688,331원, 6인 가구 1,951,910원, 7인 가구 2,216,915원이다. 한편 주소득원의 사망, 질병, 부상, 사고, 사업부도·파산 등으로 갑자기 생계유지가 어려운 가구에게 긴급 생계급여가 제공되며, 급여기준은 기준 중위소득의 15%에 해당하는 금액을 지급한다.

해산급여는 생계급여, 의료급여 및 주거급여 수급자가 출산한 경우 필요한 조치와 보호를 위해 1인당 700,000원을 현금으로 지급한다. 장제급여는 생계급여, 의료급여 및 주거급여 수급자가 사망한 경우 사체의 검안, 운반, 화장 또는 매장 기타 장제 조치를 하는 데 필요한 금품으로 1가구당 800,000원을 지급한다(보건복지부, 2020). 교육급여는 가구의 소득인정액이 기준 중위소득 50% 이하인 경우에 신청할 수 있으며, 교육부 장관이 정하는 기준에 따라 입학금, 수업료, 교과서대, 부교재비 및 학용품비를 지급한다(교육부, 2019). 자활급여는 근로 능력이 있는 생계급여, 의료급여 수급권자 및 비수급권자 중 근로 능력이 있고 소득인정액이 기준 중위소득 50% 이하인 사람에게 근로를 조건으로 생계급여를 제공하거나, 자활근로사업, 자활기업, 취업 등을 지원하는 것이다(보건복지부, 2019).

주거급여는 수급자에게 주거 안정에 필요한 실제 임차료와 수선유지비 등을 포함하여 급여로 구분하여 지급한다. 임차료는 타인의 주택 등에 거주하는 사람에게 지역 및 가족 수에 따라 기준임대료를 상한으로 실제 임차료(월임차료 + 보증금환산액 연4%적용)를 소득수준에 따라 차등 지급한다. 서울의 경우 기준임대료는 1인 가구 266,000원, 2인 가구 302,000원, 3인 가구 359,000원, 4인 가구 415,000원, 5인 가구 429,000원, 6인 가구 504,000원이다. 수선유지급여수급자는 주택 등을 보유하고 그 주택 등에 거주하는 사람에게 소득인정액, 가구규모, 주택의 노후도, 수선유지비 소요액 등을 고려해서 주택 개보수비용을 주거급여액 기준으로 실시한다. 경보수는 4,570,000원, 중보수는 8,490,000원, 대보수는 12,410,000원이 지급된다.

교육급여는 초등학교, 중학교, 고등학교, 특수학교 등에 입학 또는 재학하는 생계·의료·주거·교육급여 수급자와 의사상자의 자녀에게 지급한다. 급여는 초등학생에게는 교육활동지원비 286,000원을 연 1회 지급하며, 중학생에게는 교육활동지원비 376,000원을 연 1회 지급한다. 고등학생에게는 입학금은 입학 시 1회, 수업료는 분기별로 학교장이 고지한 금액 전액을 지원하고, 교육활동지원비는 448,000원을 연 1회 지급한다. 교과서는 해당 학년의 정규 교육과정에 편성된 교과목의 교과서 전체를 연 1회 지원한다.

자활급여는 수급자의 자활을 돕기 위하여 다음의 급여를 실시하는 것으로 한다. 첫째, 자활에 필요한 금품의 대여 또는 지급, 둘째, 자활에 필요한 근로 능력의 향상 및 기능습득의 지원, 셋째, 취업알선 등 정보의 제공 넷째, 자활을 위한 근로 기회의 제공, 다섯째, 자활에 필요한 시설과 장비의 대여, 여섯째, 창업교육, 기능훈련 및 기술·경영지도 등 창업지원 일곱째, 자활에 필요한 자산 형성 지원, 여덟째, 그 밖에 대통령령으로 정하는 자활을 위한 각종 지원이 있다. 자활급여는 관련 공공기관·비영리법인·시설과 그 밖에 대통령령으로 정하는 기관에 위탁하여 실시할 수 있으며, 비용은 보장기관이 부담한다(보건복지부, 2018).

의료급여는 수급대상자에게 건강한 생활을 유지하는 데 필요한 각종 검사 및 치료 등을 지급하는 것으로 한다. 의료급여는 수급권자의 질병, 부상, 출산 등에 대한 의료급여 지원을 하며, 급여내용은 진찰, 검사, 약제, 치료재료 지급, 처치·수술, 예방, 재활, 간호, 이송 등이 포함된다. 급여비용 및 급여 범위는 건강보험과 유사하다.

04 특수직 연금제도

1) 공무원연금

우리나라 공적연금으로서 가장 먼저 생긴 공무원연금제도는 1960년 1월 1일 법률로 「공무원연금법」이 제정·공포됨으로써 실시되었다. 이 제도는 공무원이 퇴직, 사망, 공무로 인한 부상, 질병, 폐질 등으로 경제적 위험에 처할 때 적절한 수준의 급여를 제공함으로써 공무원 및 그 유족에게 경제적 안정을 보장함에 그 목적을 두고 있다. 공무원연금제도는 공무원의 노령, 장애, 사망 등 소득상실 사유 발생 시에 적절한 급여를 실시하는 공적연금제도이며, 퇴직연금급여 이외에 재해보상급여, 부조금여, 퇴직수당 및 후생복지사업 등 다양한 프로그램을 제공하는 종합복지제도이다(공무원연금공단, 2010). 공무원연금의 비용부담은 공무원과 국가 또는 지방자치단체가 공동으로 부담하고 있는데, 공무원 개인이 매월 기준소득월액의 9%(2020년)를 기여금으로 납부하고 국가 또는 지방자치단체가 보수예산의 9%를 부담금으로 납부하는 구조로 되어 있다. 단, 사용자 책임급여인 재해보상급여 및 퇴직수당과 부조적 성격의 급여인 재해부조금 및 사망조위금에 소요되는 비용은 국가나 지방자치단체가 전액을 부담한다(공무원연금공단 홈페이지, 2017).

2) 사립학교교직원연금

사립학교교직원연금제도는 사립학교교직원만을 위한 공적연금제도로 법률에 의하여 가입이 의무화되어 있다. 사립학교교직원연금제도는 1975년 1월 1일부터 사립학교 교직원의 퇴직·사망 및 직무상 질병·부상·장애에 의해 발생하는 위험에 대처하며 본인 및 유족의 생활안정과 복리 향상을 목적으로 시행되었고, 부담률과 급여의 내용 등 기본적인 제도 구조가 공무원연금제도와 동일하다. 사립학교교직원연금의 당연 적용대상은 모든 사립초등학교부터 대학교, 사립특수학교와 이를 설치하고 관리하는 학교 기관에서 근무하는 정규 교직원이다. 또한, 예외적으로 사립학교 중 유치원, 각종학교, 기술학교, 공민학교 등의 정규 교직원과 법률에 의해 대학원을 설치・운영하는 연구기관의 교직원 등도 소속기관이 교육부 장관의 지정을 받아 임의나 특례적용을 받을 수 있다(사학연금 홈페이지, 2017). 사립학교교직원연금은 가입자 개인과 사용자인 법인 및 국가가 함께 연금 납입을 부담하는데, 2020년 부담률은 개인의 경우 월 기준소득금액의 9%이며, 법인 및 국가는 개인부담금 합계액을 기준으로 산출[1])하여 부담한다. 단 재해보상급여는 법인이 전액 부담하고 있고, 사용자부담 성격의 급여인 퇴직수당의 경우 법인과 국가, 그리고 공단이 매년 전액을 부담한다(사학연금, 2020).

05 공적연금연계제도

우리나라는 연금수급권 보장의 용이함을 위해 공적연금제도 간의 연계를 실시하고 있다. 이 제도 시행 이전에는 국민연금과 특수직역연금(공무원연금, 사학연금, 별정우체국연금, 군인연금) 수급대상자가 각 연금제도 내에서 재직기간 10년 이상을 채워야만 연금수급권이 발생하는 구조였으며(군인연금의 경우는 20년 이상), 그 기간을 채우지 못하면 일시금으로만 받아야 했다. 그러나 「국민연금과 직역연금의 연계에 관한 법률」이 2009년 8월 7일부터 시행됨에 따라 국민연금 가입 기간과 특수직역연금 재직기간 간의 합산이 인정되어 공적연금제도 내에서 20년 이상 재직 시 은퇴 후 일시금이 아닌

---

1) 법인부담금 = 개인부담금 합계액 × 5,294/9,000

가입 기간만큼 연금으로 수급받을 수 있게 되었다(보건복지가족부, 2009).

단, 공적연금의 연계를 신청하기 위해서는 퇴직 시 연금의 일시금을 신청하지 않은 상황이어야 하며, 만약 신청하여 수령한 경우, 종전의 재직기관에 이를 반납해야 공직연금을 받을 수 있다. 이러한 공적연금연계제도는 각각의 기금에서 가입 기간만큼 각각의 연금을 지급하므로 연금 간의 상호 재정 이전이나 부담이 없는 장점이 있다. 그러나 이러한 공적연금연계제도 실행에도 불구하고 여전히 국민연금의 수급권을 획득하지 못한 사각지대의 범위는 넓은 실정이다(최윤영, 2017).

06 사적연금제도

1) 퇴직연금

우리나라 노후소득보장체계에 있어 퇴직급여제도는 임금근로자를 대상으로 기존의 일시금인 법정퇴직금제도와 이를 보완하기 위해 만들어진 퇴직연금제도로 이분화되어 운영되고 있다. 기존의 법정퇴직금제도가 퇴직 후 일시금 형태의 수령만 가능하다 보니 노후소득을 대비하는 기능이 미비하여, 이를 보완하기 위해 연금형태를 강화한 퇴직연금이 2005년 12월부터 시행되었다. 퇴직연금은 퇴직 후 근로자에게 지급될 퇴직금을 사용자가 외부 금융기관에 위탁 적립하고, 이 재원을 사용자 또는 근로자가 운용하여 근로자 퇴직 시 연금 또는 일시금으로 지급하는 제도이다(최윤영, 2017).

2) 개인연금

고령화 사회로의 변화에 대비하기 위하여 공적연금을 통해 최소한의 기본적 노후소득을 보장하고자 한다면, 사적연금인 개인연금은 최소 기본소득을 넘어 노후를 위한 적절하고 추가적인 소득을 보장할 목적으로 도입된 제도라고 할 수 있다. 우리나라의 개인연금은 1994년 6월 20일 세제적격(보험료 소득공제)의 형태로 도입되어 현재까지 시행 중이다. 이러한 개인연금은 본인의 의지에 따라 원하는 경우에만 가입하는 완전 자발적인 제도이고, 개인의 기여분만큼 혜택을 받는 구조로 이루어져 있어 공적연금과 같이 세대 내 또는 세대 간의 재분배기능이 없는 상업적 상품이라고 할 수 있다. 현재 우리나라 개인연금 형태에는 은행권의 연금저축신탁, 증권사의 연금저축펀드, 보험업계의 연금저축보험 등의 상품이 있다(최윤영, 2017).

3) 주택연금

주택연금(역모기지; Reverse Mortgage)이란 만60세 이상의 별도의 소득원이 없는 고령자 본인 또는 배우자가 소유하고 있는 본인 명의의 자가 주택을 금융기관에 담보로 하여 연금형태로 노후생활에 필요한 소득을 지급 받고, 사망 후 담보된 부동산을 처분하여 상환하는 역모기지론 형태의 제도이다. 주택연금의 지급방식은 한국주택공사가 가입자를 위해 은행에 보증서를 발급하고, 이러한 보증서를 근거로 은행이 가입자에게 연금을 지급하는 것이다(한국주택금융공사, 2017). 역모기지의 성격을 가진 주택연금의 특징은 다음과 같다. 첫째, 주택연금은 저소득계층을 위한 제도가 아닌 중산층 이상의 노후소득보장에 국한되는 제도라고 할 수 있다. 둘째, 주택연금제도의 가입자 본인 또는 배우자는 담보로 제공된 집에서 사망 시까지 거주할 수 있으며, 부부 모두 사망할 때까지 연금지급이 계속된다. 그리고 부부 모두 사망 후 지급된 연금액에 비해 담보 주택 가치의 잔여분이 있을 경우, 정산하여 상속인에게 상속되는 반면, 지급된 연금액이 담보 주택의 가치를 초과하는 경우, 상속인에게 청구하지 않는다. 이는 사적인 역모기지 상품과 구별되는 주택연금의 가장 큰 특징으로 역모기지제도에 포함된 위험을 한국주택금융공사가 보증하는 것이다(김진수 외, 2015).

CHAPTER 09

사회참여지원제도

01 노인의 사회참여 이론

1) 활동적 노화 이론

고령화 사회에서 능동적이고 활동적인 사회구성원으로서 노인의 건강, 참여, 사회경제적 기회에 대한 방안들이 논의되고 있다(Bowling, 2008). 노인은 수동적인 지원을 받는 것이 아닌, 한 사회의 구성원으로서 잠재력이 있고, 생산적인 대상으로 건강하고 독립적인 존재로 정의되고 있으며(Walsh et al., 2014), 적극적이고 활동적인 사회구성원으로 통합될 때, 전반적인 삶의 질과 자아존중감 수준이 높아지는 것을 확인할 수 있다(김정희, 2018). 따라서, 노인은 한 사회의 구성원으로 삶의 질 향상을 위한 적극적이고 활동적인 존재로 정의할 수 있다.

노년기에 대한 논의가 이루어지면서 성공적 노화(successful aging), 생산적 노화(productive aging), 활동적 노화(active aging)라는 신노년의 개념이 등장하였다. 성공적 노화는 신체적이고, 인지적인 측면에 중점을 두어 노후의 성공적인 기준을 제시하였고(Holstein & Minkler, 2003), 생산적 노화는 경제적인 효율성에 초점을 두어 사회참여에 대한 개념을 정리하였다

(Morrow-Howell et al., 2001). 그러나 성공적 노화와 생산적 노화는 노인의 다차원적인 삶을 통합적으로 확인하기에는 부족하며, 개념적 한계가 있음이 지적되었다(Atchley & Baruch, 2004). 성공적 노화와 생산적 노화의 개념은 주체적이고 능동적인 노인의 존재적 가치를 반영하는 데 한계가 있으며, 다차원적인 특징을 가지고 있는 노화를 설명하는 데 신체적·인지적·경제적 측면에만 중점을 두고 있으므로, 포괄적으로 노화를 설명하고, 이를 수용하는 개념이 필요하다.

활동적 노화는 1990년대 말 등장한 개념으로 세계보건기구(WHO)는 활동적 노화를 늙어가면서 삶의 질을 강화하기 위해 건강(health), 참여(participation) 그리고 안전(security)의 기회를 최적화하는 과정으로 설명하였다(Avramov et al., 2003). 활동적 노화에 대하여 경제협력개발기구(OECD)는 고령화 과정에서 사회와 경제 체제 속에 생산적인 삶을 이끌어 갈 수 있도록 하는 역량이라고 정의하였으며(OECD, 1998), 세계보건기구는 노화의 과정에서 삶의 질을 높이기 위해 건강, 참여, 안전의 영역에서 사회구성원들에게 최대한의 기회를 제공하는 것이며, 고령사회 정책 패러다임으로 재정립하여 노인의 개인적·사회적 차원을 포괄하는 광범위한 내용을 포함하고 있음을 강조하였다(WHO, 2002). 유럽연합(EU)은 지속적으로 노동시장에 참여하고, 적극적인 돌봄 제공, 지역사회 참여, 취미나 스포츠 활동, 여가활동 등을 강조하고 있다(Walker, 2008). 이처럼 활동적 노화는 수명연장으로 인해 노인들에 대한 인식과 그들의 기대 역시 변화하고 있는 환경에서 경제, 사회, 문화 등 다양한 방면에서 일어나는 지속적인 참여와 활동을 기반으로 한다. 활동(activity)이란 단순히 노동시장의 참여를 통한 경제적 활동뿐만 아니라 가사일과 돌봄 노동 그리고 자원봉사활동 등과 같은 활동과 함께 지역공동체 활동 외에 여가와 휴식을 위한 여행, 스포츠와 같은 역동적인 레저 활동을 포함한다.

활동적 노화는 2002년 세계보건기구가 활동적 노화를 고령사회 정책 패러다임으로 재정립하면서 주목을 받았다. 세계보건기구가 설명하는 활동적 노화 정책 패러다임이란 활동적 노화 과정에서 삶의 질을 높이기 위해 건강, 참여, 안전의 영역에서 사회구성원들에게 최대한의 기회를 제공하는 것을 말한다. 첫 번째 영역으로 건강은 노인의 건강위험요인을 최소화하면서 건강을 증진시킬 수 있는 요인을 최대화함으로써 삶의 질을 향상시키고 수명을 연장하는 것을 목표로 한다. 이것은 궁극적으로 노인의 독립적인 생활을 가능하게 하고 요양서비스나 의료서비스 이용 감소를 가져올 것으로 예상한다. 두 번째로 참여의 영역은 노인의 노동시장 참여와 교육기회의 제공 등을 통해 노인이 사회경제적 및 문화 그리고 영적 활동에 최대한으로 참여할 수 있도록 지원하는 것에 초점을 둔다. 즉, 참여영역의 목표는 노년기에 생산적인 활동을 지속할 수 있도록 지원하는 것이다. 마지막으로 안전의 영역은 노후에 사회적 그리고 재정적 및 신체적으로 안전한 생활을 할 수 있게 만들어주는 정책과 프로그램을 제공함으로써 개인이 보호받을 권리와 존엄성을 보장하는 것을 목표로 둔다.

특히 참여의 영역은 은퇴를 경험하면서 생산적 활동으로 여겨지는 경제적 활동 및 사회참여가 자연적으로 감소하게 되는 노인들에게 강조되는 영역이다. 왜냐하면, 사회적 활동의 감소는 빈곤, 고독감, 역할상실로 이어져 경제적 · 심리적 · 사회적 · 신체적 어려움을 야기하기 때문이다. 이와 반대로 노인의 사회참여 증가는 노년기의 생활만족도와 심리적 안정감, 건강유지, 자아존중감, 삶의 행복감, 지역사회로의 통합 등 삶의 질을 추구하는 데 긍정적인 영향을 미친다(Kelly et al., 1987). 따라서 노인의 사회참여는 그 필요성과 중요성을 가지고 있다.

사회참여가 적은 노인에게 노동시장 참여는 단순히 생계수단을 넘어서 일을 통한 경제적인 목적 달성과 더불어 사회적인 목적을 함께 성취할 수 있게 되며 심리적인 목적까지 달성할 수 있게 한다. Hooyman과 Kjyak(2005)은 노인이 상품과 서비스를 생산하는 모든 활동과 생산성을 높이는 데 필요한 기술을 습득하는 것의 중요성을 강조하였다. 즉, 보수를 받는 활동 그리고 보수를 받지 않는 활동 모두 사회적 영역에서 성공적 노화를 이루기 위한 생산적 활동으로써 노년기의 일의 중요성을 강조하는 것이다. 특히 활동적 노화이론에서 주장하는 노동은 유급노동 외에 가사노동, 종교활동, 돌봄노동, 봉사 및 사교활동 등 다양한 영역에서의 적극적 활동의 유형을 포함하는 개념이다(이석원, 2010). 실제로 노년기 사회참여의 중요성을 살펴본 연구들은 노년기에 접어들면서 은퇴 후 신체적인 노화의 과정과 더불어 배우자의 죽음, 사회로부터의 소외 등 역할감소와 상실감을 경험하게 된다. 그러나 이때 근로, 자원봉사 혹은 종교행위 참가 그리고 여가활동 등과 같은 다양한 사회적 활동에 참여는 사회나 주위 사람들로부터 인정을 받게 되고 자아 정체감을 확인하고 유지하도록 도와줌으로써 삶의 질과 생활 만족을 향상시킬 수 있다는 점을 확인하였다(강신옥·방혜선, 2010). 특히 국제기구와 서구 선진국에서 활동적 노화를 강조하는 것은 노인들의 사회참여는 인구 고령화로 인한 정부 예산이나 경제발전에 미칠 수 있는 부정적 영향을 줄일 수 있기 때문이다(이주현, 2019). 활동적 노화는 노인들의 잉여 노동력을 활용함으로써 공공의 부담을 덜어줄 수 있기 때문이다. 실제로 많은 선진국에서는 적극적 사회참여정책을 활용함으로써 노인들의 사회참여율을 증가시키고 고령사회의 재정적 부담을 덜고자 노력하고 있다(이주현, 2019).

2) 건강의 사회적 결정요인

건강에 대한 관심의 증가와 함께 건강증진을 건강관리를 위한 새로운 패러다임으로 인식하고 있다. 건강증진이란 개인의 기술이나 능력을 향상하는 활동뿐만 아니라 사회적·환경적 상태를 개선하는 활동을 포함한 포괄적이고 사회적인 과정이다(WHO, 1998). 1986년 세계보건기구의 제1차 건강증진 회의인 '오타와 헌장(Ottawa charter)'에서는 건강증진을 사람들의 건강에 대한 통제력을 증가시키고 건강수준을 개선할 수 있는 능력을 배양시키는 과정이라고 정의함으로써 건강증진의 주체를 일반인이라고 밝히고 있다.

건강관리의 패러다임 변화는 건강 향상을 전문가에 의존하고 있던 질병관리시대에서는 건강증진시대의 변화를 의미한다. 질병관리시대는 인류의 건강 수준 향상을 위해 질병을 예방하고 치료하기만 하면 가능하다고 보고, 의학적 지식을 가진 전문가 의견이 판단 근거가 되는 전문가 중심주의를 강조하였다(임수경, 2020). 그러나 생활습관성 질환이 주요 건강문제로 대두되면서 의학과 전문가에 의존하던 사고는 한계에 부딪혔으며, 의료서비스 이용보다는 생활습관이나 환경의 관리가 건강에 더 큰 영향을 미치는 것으로 나타남에 따라 건강증진시대로의 패러다임 변화가 이루어졌다. 건강증진시대의 건강은 생물학적 변인이나 유전적 속성에서부터 생활습관, 물리적인 환경에 이르기까지 다양한 요인에 의해 영향을 받으며, 이로 인해 건강에 영향을 미치는 사회적 결정요인에 관한 관심이 증가하였다(임수경, 2020).

건강의 사회적 결정요인(social determinants of health)이란 개인의 건강 수준은 사회정치적 환경, 구조적인 사회체계 그리고 이들이 매개한 개인의 사회경제적 위치 등이 건강에 작용하는 메커니즘과 복합적으로 작용한 결과로 보는 관점이다(임수경, 2020).

건강의 사회적 결정요인은 사람이 살아가고 일하는 사회적 조건을 반영한 것으로 구조적 결정요인과 중재요인 두 가지로 설명된다(Solar & Irwin, 2010). 건강의 사회적 결정요인에서 구조적 결정요인은 사회경제적·정치적 맥락과 사회경제적 지위로 구별된다. 번저 사회경제적·정치적 맥락은 욕구의 개념과 차별의 유형, 공공행정의 시민참여와 책임감으로서의 거버넌스(governance), 국가 재정, 통화, 균형, 노동시장 구조를 포함하는 거시경제정책(macroeconomic policies), 노동, 사회복지, 토지 및 주거분포 등의 요인을 포함하는 사회정책(social policies), 교육, 의료, 물과 위생 분야 등의 공공정책(public policies), 건강이 지역 및 국가의 상황에 따라 다르게 나타날 수 있는 사회적 · 문화적 가치, 사회구조에 큰 영향을 미치는 주요 역학적 연구의 6개 요소를 포함한다(임수경, 2020). 구조적 결정요인은 사회적 계층과 개인의 사회경제적 지위를 형성한다. 이러한 메커니즘은 힘과 권력, 자원 접근성에 기초하여 사회집단의 건강기회를 형성하게 된다(김원철, 2015). 사회경제적 지위의 지표로서 소득과 교육과 직업은 건강 결과와 관련되어 있다(Solar & Irwin, 2010).

중재요인으로 물리적 환경, 행동 · 생물학적 요인, 심리 · 사회적 환경, 보건의료시스템을 포함하고 있다. 물리적 환경은 주거구조 및 위치 등의 주거환경과 근로환경을 포함한다. 이는 환경의 질과 관계되어 있어 건강자원을 제공하는 동시에 건강위험의 노출도 제공하며, 물리적인 생활 수준의 차이는 가장 중요한 중재요인에 해당한다. 다음으로 심리 · 사회적 환경은 스트레스 요인, 사회적 지지, 대처능력 등을 포함하며, 긴 시간 동안의 스트레스 노출은 많은 질병을 유발하게 된다. 마지막으로 보건의료시스템은 서비스에 대한 접근성과 노출, 취약성에서의 차이를 반영하여 질병으로 인한 건강수준에 중요한 영향을 미친다(김원철, 2015).

02 노인의 사회참여

1) 노인의 사회참여 의의

노년기 사회참여는 포괄적으로 노인들의 정신적 활동을 제외한 거의 모든 활동을 포괄하는 개념으로 보기도 하나 주로 다른 사람과의 상호작용 혹은 다른 사람과 함께 하는 활동으로 본다(김영범 · 이승훈, 2008). 또한, 활동적 노화 이론에서 활동(activity)을 경제적 활동, 가사일과 돌봄, 노동, 자원봉사활동, 지역공동체 활동, 여가 등의 광범위한 영역으로 설명하고, 이러한 활동에 능동적이며 적극적으로 참여하는 것을 사회참여라 하였다. 이러한 사회참여 개념을 종합하면, 노인의 사회참여는 노인 스스로가 동기나 필요에 의해 일자리 및 자원봉사, 가사, 친목, 종교, 여가 등에 참여하여 적극적으로 활동하는 것이라 할 수 있다.

노인의 사회참여 필요성은 다음과 같이 구분하여 살펴볼 수 있다.

첫째, 노인 소득보장의 한 방법으로서 그 필요성을 갖는다. 노년기가 길어진 현 상황에서 노인의 사회참여로 인한 소득 확보는 노인들의 중요한 생계수단의 일환이다. 특히 우리나라 노인들은 공적연금의 미성숙과 미흡한 노후소득보장체계로 인해 빈곤 상태에 놓여 있는 경우가 많다. 또한, 자녀가 자립하는 시기가 점차 늦어지고 있어 자녀의 교육 및 결혼비용 등에 대한 부담이 퇴직 후까지 이어지는 상황 가운데 노후 삶에 대한 대비가 더욱 어려워지고 있다. 따라서 노인의 사회참여는 정기적인 소득이 가능하므로 노후 소득보장에 도움이 된다(이주현, 2019).

둘째, 노인 사회참여는 국가의 복지재정 부담 감소에 기여한다. 현대사회의 추세 중의 하나인 핵가족화, 특히 노인 가구의 거주비율 증가로 인해 노인에 대한 공적 및 사적 부양비 부담문제는 크게 대두될 수밖에 없다. 특히 노인들에게 현물급여 형식으로 지급하는 공적연금이나 수당식의 노인복지정책은 급속도로 진행되고 있는 고령화에 따라 재정 부담이 커질 수 있다. 그러나 일정의 예산지원을 통한 사회참여는 노인 잉여 인력의 활용효과가 있어 국가 복지재정의 부담을 줄일 수 있다.

셋째, 노인의 사회참여는 그들을 사회 속으로 통합시킴으로써 경제적·정서적 안정과 더불어 건강과 무료함을 제거하는 데 기여한다. 산업화 및 도시화 현상과 더불어 핵가족화와 인구의 고령화로 변모하고 있는 현대사회에서 노인의 사회참여는 노인 스스로 경제력을 가지게 함으로써 자녀의 부양 부담을 감소시키고 개인적 성취 욕구와 인적 및 사회자원의 활용이라는 점에서 볼 때 생산적인 복지대책의 일환이 된다.

2) 노인의 사회참여 유형

사회참여는 사회적 연계를 유지하고 사회활동에 적극적으로 참여하는 것으로, 개인적인 경제활동에서부터 지역사회 조직이나 단체 활동, 그리고 정치적 활동에 이르기까지 광범위한 영역을 포함한다(Levasseur et al., 2010). 우리나라 「노인복지법」 제23조에서는 사회참여를 자원봉사와 경제활동 등으로 제시하고 있는 반면에 「저출산·고령사회기본법」에서는 고용 및 소득보장(제11조)과 구분하여 제14조(여가문화 및 사회활동의 장려)에서 사회활동을 자원봉사활동 등으로 규정함으로써 사회참여를 협의적 의미로 해석하기도 한다. Ingen(2008)은 사회참여활동을 공식적 사회참여, 가족 간의 비공식 사회참여, 가족 이외의 비공식 사회참여 및 사회적 접촉 등으로 구분하고 있다. 공식적 사회참여활동은 사회 및 정치 관련 단체, 이익집단, 자원봉사단체, 종교단체 등에서의 활동들을 포함한다. 가족 간의 비공식 사회참여활동은 방문, 초대 및 가족 간의 대화 등을 포함하며, 가족 이외의 비공식사회참여활동은 식당, 카페, 파티 및 각종 행사 등에 참여하는 것을 포함한다. 사회적 접촉은 편지나 전화 등을 활용하여 타인과의 대화를 포함한다. 통계청(2009)의 분류로는 65세 이상 노인의 일상생활활동 항목을 개인유지, 가정관리, 가족보살피기, 이동, 일, 교제 및 여가활동, 참여 및 봉사활동으로 분류하였다.

이상의 사회참여 유형을 종합하면, 개인적인 경제활동에서부터 지역사회 조직이나 단체 활동, 그리고 정치적 활동에 이르기까지 광범위한 영역으로 하여 정치참여활동, 경제활동, 봉사활동, 여가활동, 종교활동으로 유형화할 수 있다.

03 노인일자리 및 사회활동 지원사업

1) 사업의 개념과 목적

(1) 사업의 개념

노인일자리 및 사회활동 지원사업(이하 노인일자리 사업)은 일하기를 희망하는 노인에게 맞춤형 일자리를 공급하여 노인에게 소득창출 및 사회참여 기회를 제공하기 위해 도입되었다(한국노인인력개발원, 2013). 노인일자리 사업은 노인의 적성과 능력에 걸맞은 사회적 일자리를 창출·제공함으로써 노인의 보충적 소득보장과 사회참여를 도모하고지 하는 목표를 갖는다(보건복지부, 2016). 즉, 노인이 활기차고 건강한 노후생활을 영위할 수 있도록 다양한 일자리 및 사회활동을 지원하여 노인복지 향상에 기여한다는 것이다.

노인일자리 사업에 관한 논의는 2003년 4월 '노인복지 4대 핵심국정과제'로 대두되어 본격적으로 사업이 시작되었다. 이에 2004년 1월 노인일자리 사업의 핵심 추진기구인 노인인력운영센터를 설치하였고, 보건복지부와 지방자치단체가 공동으로 같은 해 2월부터 노인일자리 사업을 추진하기 시작하였다. 2004년 시행된 노인일자리 사업은 4가지 유형으로 시작되었으나 해마다 사업의 유형 및 운영방식이 정책기조에 따라 다양한 변화과정을 거쳤다. 사업의 명칭은 2004년 '노인일자리 사업'으로 시작하여 2015년 '노인사회활동(노인일자리) 지원사업'으로 변경되었으며, 다시 2016년에 '노인일자리 및 사회활동 지원사업'으로 전환되어 현재까지 유지되고 있다.

노인일자리 사업의 추진은 「저출산·고령사회 기본법」과 「노인복지법」에 법적 근거를 둔다. 「저출산·고령사회 기본법」을 보면 저출산 및 인구고령화에 따른 변화에 대응하는 정책의 기본방향과 그 수립 및 추진체계에 관한 사항을 규정하고 있다. 동법 제11조에서 국가 및 지방자치단체는 일할 의욕과 능력이 있는 노인이 최대한 일할 수 있는 환경을 조성하여야 하며, 국가 및 지방자치단체는 연금제도 등 노후소득보장체계를 구축하고 노인에게 적합한 일자리를 창출하는 등 국민이 경제적으로 안정된 노후생활을 할 수 있도록 필요한 조치를 강구해야 한다고 명시되어 있다. 이는 노인에게 적합한 직종의 개발과 보급, 일할 기회의 우선적 제공, 자원봉사활동 등 노인의 사회참여활동 촉진을 위한 국가 및 지방자치단체의 책임을 명시하고 있는 것이다. 또한, 「노인복지법」 제23조 제2항에 따르면 국가 또는 지방자치단체는 노인일자리 전담 기관을 설치·운영하거나 그 운영의 전부 또는 일부를 법인·단체 등에 위탁할 수 있다고 명시되어 있다. 이처럼 노인복지 관련 법에서는 정부나 지방자치단체가 노인에게 일할 기회를 제공할 의무가 있음을 명시하고 있으며, 이에 정부에서는 노인일자리 지원사업을 추진하고 있는 것이다.

(2) 사업의 목적

보건복지부를 주무 부처로 수행되는 노인일자리 사업의 목적은 고령사회에 나타나는 노인 문제에 대비하여 노인을 인력으로써 활용하는 것에 대한 사회적인 인식을 개선하고 민간참여를 도모하며 은퇴 전후 준비 및 생애 교육 등의 노인 인력 교육연계를 통해 노인에게 적합한 일자리를 창출하는 것이다. 이는 노인의 보충적 소득보장과 사회참여라는 두 가지 목적으로 나누어 살펴볼 수 있다. 보충적 소득보장은 저소득 노인의 소득보장을 위한 보충급여의 잔여적 성격이 강하고, 사회참여는 노인의 인적자원개발 및 사회 참여활동을 지원하는 보편적 성격이 강하다(이재원 외, 2017).

종합하면 노인일자리 사업의 목적은 급속하게 진행되고 있는 고령사회에 발생할 수 있는 노인 문제에 대비하고자 노인을 대상으로 노인 적합형 일자리를 창출하고 제공함으로써 사회참여의 확대, 보충적 소득지원, 건강 개선 등의 효과를 얻고자 하는 노인복지사업의 하나로 사회참여와 보충적 소득

창출이라는 복합적인 효과를 창출하는 것을 목적으로 하며, 이와 동시에 삶의 질과 사회적 관계 또는 건강증진이라는 부수적인 기대효과를 갖는다.

2) 사업 유형

노인일자리 사업은 표 9-1과 같이 공공형, 사회서비스형 및 민간형으로 구분되어 있다. 공공형에는 공익활동과 재능 나눔 활동이 있다. 사회서비스형은 사회적 도움이 필요한 영역에 서비스를 제공하는 일자리이며, 민간형에는 시장형 사업단, 취업알선형, 시니어 인턴십 및 고령자 친화 기업이 있다(보건복지부, 2020).

표 9-1 노인일자리 및 사회활동 지원사업의 유형과 내용

구분	유형	주요내용	예산 지원형태	활동 성격
공공형	공익활동	노인이 자기만족과 성취감 향상 및 지역사회 공익증진을 위해 참여하는 활동	지자체 경상보조	봉사 (사회공헌)
	재능 나눔 활동	재능을 보유한 노인이 자기만족과 성취감 향상, 지역사회 공익 증진을 위해 자발적으로 참여하는 봉사성격의 각종 활동	민간 경상보조	
사회서비스형		노인의 경력과 활동역량을 활용하여 사회적 도움이 필요한 영역(지역사회 돌봄, 안전 관련 등)에 서비스를 제공하는 일자리	지자체 경상보조	근로
민간형	시장형 사업단	참여자 인건비 일부를 보충지원하고 추가 사업수익으로 연중 운영하는 노인일자리	지자체 경상보조	
	취업 알선형	수요처의 요구에 의해 일정 교육을 수료하거나 관련된 업무 능력이 있는 자를 해당 수요처로 연계하여 근무 기간에 대한 일정 임금을 받을 수 있는 일자리	지자체 경상보조, 민간 경상보조	
	시니어 인턴십	만60세 이상자의 고용촉진을 위해 기업에 인건비를 지원하여 계속 고용을 유도하는 사업	민간 경상보조	
	고령자 친화 기업	고령자가 경쟁력을 가질 수 있는 적합한 직종에서 다수의 고령자를 고용하는 기업 설립 지원	민간 경상보조	

출처: 보건복지부(2020). 2020년도 노인일자리 및 사회활동 지원사업 운영안내. p.4.

(1) 공익활동

우선 노인사회활동에 포함되는 공익활동은 지역사회 공익의 증진을 위한 활동으로 노인 스스로 자기만족과 성취감을 느끼는 활동을 말한다(보건복지부, 2020). 구체적으로 공익활동은 취약계층지원, 노노케어, 공공시설 봉사, 경륜전수 활동으로 구성되어 있다. 참여 노인의 선발은 만65세 이상으로 기초연금수급자 가운데 선발 기준에 의해 고득점을 얻은 순서대로 이루어진다. 이는 수행기관 혹은 시·군·구에서 통합적으로 모집하거나 선발을 진행한다. 활동시간은 연중이나 9개월 단위로 나누어져 있으며, 공익활동에 참여하는 노인은 월 30시간(일 3시간 이내) 이상 활동할 수 있다. 참여노인의 활동비는 월 27만 원 이내로 지급되며, 교통비와 식비 등으로 사용할 수 있다. 공익활동사업을 수행하는 수행기관은 참여 노인 1인당 연 18만 원의 부대경비를 지원받는다.

표 9-2 공익활동의 사업내용

유형	세부 사업내용
노노케어	독거노인, 조-손 가정 노인, 거동불편 노인, 경증치매 노인 등 취약노인 가정을 방문하여 일상생활을 안정적으로 유지할 수 있도록 안부 확인, 말벗 및 생활 안전 점검 등 필요한 서비스를 제공하는 활동
취약계층 지원	장애인, 다문화 가정, 한부모 가족 아동 등 취약계층을 대상으로 상담·교육 및 정서적 지원 등 필요한 서비스를 제공하는 활동
공공시설봉사	복지시설, 공공의료시설, 교육(보육)시설, 지역 내 주거환경 및 생태환경 정화 등 지역사회 내 필요한 공익 서비스를 제공하기 위해 필요한 각종 사항을 지원하는 활동
경륜전수활동	노인이 평소 가지고 있는 경험과 지식, 삶의 지혜를 동세대, 아동·청소년 세대 등 지역공동체 구성원들과 공유하는 활동

(2) 재능 나눔 활동

재능 나눔 활동은 특정 재능을 보유한 노인에게 재능을 나눔 할 수 있는 생산적인 활동 기회를 부여함으로써 사회참여를 통한 노후의 성취감을 높이고 건강 및 대인관계 개선을 유도하는 것을 목적으로 한다(보건복지부, 2020). 재능 나눔 활동은 노인여가복지시설 및 공공시설 안전을 관리하는 노인 안전예방 활동과 노인상담, 학대 예방, 인권 지킴 활동, 박물관, 내외국인 대중교통 안내, 복지서비스 등의 상담 안내 활동, 교육 및 학습지도 활동, 음악회 또는 공연 등의 문화예술활동, 기타 활동 등이 있다. 노인 선발 기준을 보면 사업 참여일 기준 만65세 이상인 노인 가운데 수행기관이 신청자 중 선발 기준에 의해 고득점을 받은 순으로 선발한다. 재능 나눔 활동의 활동시간은 연 8개월 이내로 제한하고 월 10시간(1일 최대 3시간, 월 3회 이상)으로 제한한다. 참여 노인의 활동비는 월 10만 원 이내로, 교통비와 식비 등으로 사용할 수 있다.

(3) 사회서비스형 활동

사회서비스형은 노인의 경력과 활동역량을 활용하여 사회적 도움이 필요한 영역에 서비스를 제공하는 일자리로 지역 내 노인복지관, 시니어 클럽, 대한노인회 등에서 사업수행을 한다(보건복지부, 2020). 사회서비스형 활동으로 보육교사 보조, 생활지도 및 급식 지원, 환경정비, 귀가, 돌봄서비스 이용 아동 등·하교 지원, 초등학교 아동돌봄(방과 후 돌봄, 학습 보조, 수업 지원) 및 어린이집 보육교사 대체인력 지원 등의 활동을 하는 아동 및 청소년 서비스 지원이 있으며, 한부모가족의 아동보호 및 교육 지원, 새터민의 정서 지원을 통한 정착지원, 환경정비 및 급식 지원 등 가정 서비스 지원 활동, 그 밖의 장애인 서비스 지원, 노인 서비스 지원, 상담 및 컨설팅 지원 등의 활동이 있다. 노인 선발 기준을 보면 사업 참여일 기준 만65세 이상인 노인

가운데 수행기관이 신청자 중 가관별로 공개모집을 통해 선발한다. 사회서비스형 활동의 활동시간은 연 10개월 이내로 제한하고 근무시간은 주 15시간, 월 60시간 이상이다. 참여 노인의 인건비는 월 72만 원 이내이다.

(4) 시장형 사업단

시장형 사업단은 노인에게 알맞고 적합한 업종 가운데 소규모 매장이나 전문 직종 사업단 등을 공통으로 운영하여 일자리를 만들어내는 사업으로 일정기간 사업비 또는 참여하는 노인의 인건비 일부를 보충 지원하고 추가적인 사업소득으로 연중 운영하는 노인일자리 사업이다(보건복지부, 2020). 시장형 사업단의 세부 유형으로 반제품 제조 및 납품, 식품제조 및 판매, 공산품 제작 및 판매, 매장운영, 지역 영농, 아파트 택배, 지하철 택배, 세차 및 세탁 등이 있다. 시장형 사업단의 참여대상 선발 기준은 만60세 이상의 노인으로서 사업의 특성에 적합한 자로 수행기관이 신청자 중 선발 기준표에 의해 고득점을 얻은 순서대로 선발한다. 시장형 사업단 참여 노인의 활동 기간은 연중 참여하는 것을 원칙으로 하고 구체적인 활동시간 및 인건비의 경우 당사자 간 근로계약서를 통한 기준에 따른다. 특히 시장형 사업단 사업을 수행하는 수행기관에는 노인 1인당 연 267만 원의 정부 보조금이 지원된다.

(5) 취업알선형

취업알선형은 수요처의 요구에 의해서 일정 교육을 수료하거나 관련된 업무 능력이 있는 노인을 해당 수요처로 연계하여 근무 기간에 대한 일정 임금을 받을 수 있는 일자리 지원사업이다(보건복지부, 2020). 취업알선형 세부 유형으로 관리사무 종사자, 공공/전문직 종사자, 서비스종사자, 판매종사자, 농림어업숙련 종사자, 기능원 및 관련 기능 종사자, 생산·제조 단순노무직 등이 있다. 취업알선형 사업단 참여대상은 만60세 이상의 노인으로 사업에 특성에 적합 노인 가운데 수행기관의 자체 기준에 의해 선발한다. 취업알선형 사업단은 연중 운영하고 있으며, 참여 노인의 활동시간과 임금은 근로계약서를 통해 정한 기준에 따른다. 인력파견형 사업단 사업을 수행하는 수행기관은 참여 노인 1인당 연 15만 원의 부대 경비를 지원받는다.

(6) 시니어 인턴십

시니어 인턴십 사업은 만60세 이상의 노인을 채용한 기업에 인건비를 지원함으로써 노인의 직업 능력을 강화하고 재취업과 계속고용을 유도하는 사업이다(보건복지부, 2020). 시니어 인턴십은 고용의 형태에 따라 인턴, 장기취업유지형, 세대통합형이 있다. 시니어 인턴십 참여기업의 기준은 4내 보험 가입 사업장 중 근로자 보호 규정을 준수하는 기업 및 비영리 민간단체 등이며, 참여 노인 기준은 만60세 이상으로 개발원 및 수행기관에서 진행하는 교육을 이수한 노인이다. 참여기업에 대한 지원은 인턴지원금은 참여 노인 1인당 최대 3개월간 월 약정급여의 50%(월 최대 40만 원)를 지원하며, 채용지원금은 인턴 종료 후 6개월 이상 계속근로계약 체결 시 참여자 1인당 최대 3개월간 월 약정급여의 50%(월 최대 40만 원)를 추가지원한다. 숙련기술을 보유한 참여자를 청년 멘토로 고용한 경우 총 300만 원을 지원한다.

(7) 고령자 친화 기업

고령자 친화 기업은 고령자가 경쟁력을 가질 수 있는 적합한 직종에서 다수의 고령자를 고용하는 기업의 설립을 지원하는 사업이다. 구체적으로 고령자 친화 기업은 양실의 노인일자리를 창출에 적극적으로 노력하는 기업으로 자립 능력이 요구되고 있다. 고령자 친화 기업은 기업인증형, 모기업 연계형, 시장형 사업단 발전형, 브릿지형, 시니어 직능형이 있다. 기업

인증형은 만60세 이상 다수의 고령자를 고용하고 있고 추가 고용계획이 있는 기업을 대상으로 지원하는 사업이며, 모기업 연계형은 모기업의 자원을 연계하여 설립된 기업을 지원하는 사업이다. 시장형 사업단 발전형은 성과가 우수한 시장형 사업단이 자립하여 사업을 운영하는 형태이며, 브릿지형은 지역 특성을 반영한 소규모 사업이 고령자 친화 기업으로 발전된 형태이다. 시니어 직능형은 퇴직 노인의 숙련된 기술과 전문지식을 활용하여 사업을 운영하는 형태로 신청기관이 미간 또는 공공기관인 직장형과 신청기관이 유사·동종 직능을 보유한 퇴직자로 구성된 법인의 직능형으로 구분된다. 지원 규모는 기업인증형은 최대 2억 원 이내, 모기업 연계형은 최대 3억 원 이내, 시장형 사업단 발전형은 최대 2억 원 이내, 브릿지형은 최대 1억 원 이내, 시니어 직능형 최대 3억 원 이내이다.

3) 사업 운영체계

노인일자리 사업은 보건복지부와 협업하여 지방자치단체가 수행기관에 노인 활동비(인건비) 및 부대비용을 지원하여 일자리를 창출하는 재정지원 일자리사업으로 운영된다(이재원 외, 2017). 노인일자리 사업의 운영체계는 그림 9-1과 같다.

사업 주체별 세부역할을 보면 먼저 보건복지부는 노인일자리 사업의 전반적인 정책 방향 및 종합적인 계획을 수립한다. 이에 노인일자리 사업 관련 법령 및 제도를 운영하고 지방자치단체 및 사업의 수행기관으로 하여금 노인일자리 사업을 예산, 인력 등을 통해 지원하고 대국민 홍보를 주관하고 있다.

한국노인인력개발원은 전국단위에서 노인일자리 사업추진의 총괄 담당 및 지원, 지방자치단체별 노인일자리 사업 수행기관 간 연계 및 조정을 담당한다. 특히 노인일자리를 개발 및 보급하며 창출된 일자리를 심사하고 평가한다. 또한, 노인일자리와 관련된 전문인력과 관계자를 위한 교육·훈련 및 정책포럼 개최, 노인 인력에 대한 수급 분석 및 정책개발, 박람회 지원 및 관리, 노인 인력 데이터 및 전산시스템 구축, 노인일자리 사업에 대한 조사와 연구 등 다양한 역할을 하고 있다.

광역자치단체는 시·도 단위의 노인일자리 사업 추진계획을 수립하고 재정한다. 즉, 시·도 단위에서 노인일자리 사업수행 전반에 걸친 총괄 및 조정의 주체가 되며, 시·도 노인일자리 사업의 홍보를 주관하고 노인일자리 박람회 개최, 사업수행기관 전담인력 교육 등의 역할을 한다.

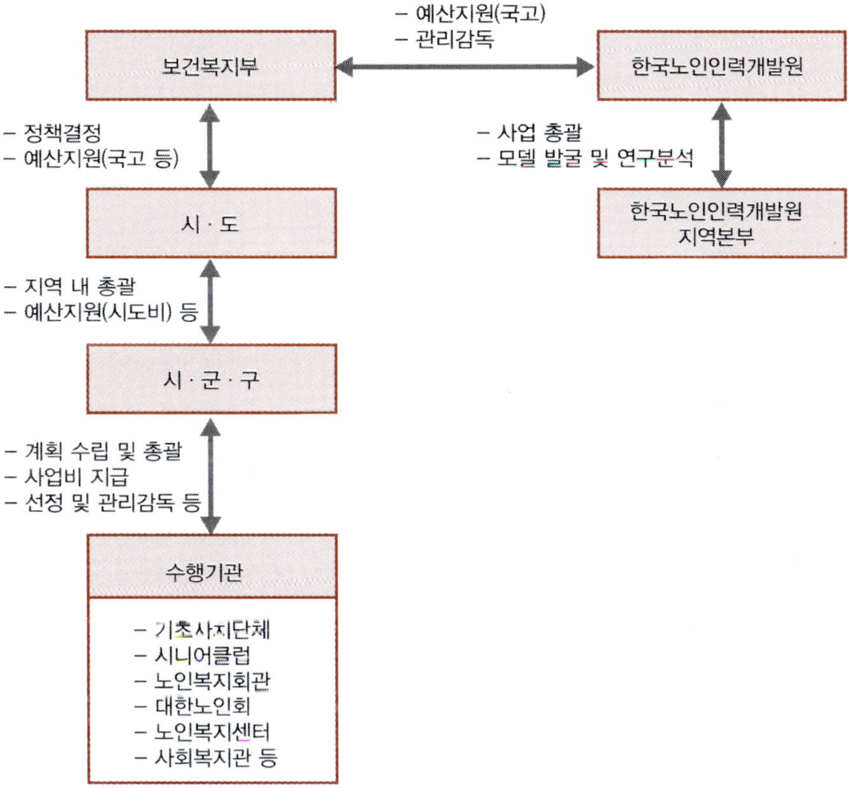

그림 9-1 노인일자리 및 사회활동 지원사업의 운영체계

기초자치단체에서는 시·군·구 노인일자리 사업수행의 부문 총괄 및 조정과 더불어 사업수행기관을 선정하고 선정된 기관의 사업운영에 관한 전반적인 관리 감독의 역할을 한다. 이와 더불어 수행기관에 관한 재정적이고 행정적인 지원과 함께 노인일자리 사업 지역협의체를 구성하고 운영한다.

사업수행기관은 노인일자리 사업의 실행계획을 수립하고 시행함으로써 노인일자리 사업의 참여 노인 모집부터 등록, 상담 그리고 선발의 일련의 과정에 중요한 역할을 한다. 그리고 참여 노인 모집 후의 교육과 현장 투입 등 일자리와 관련한 업무 가운데 임금 지급, 업무 확인 등 참여 노인을 직접 관리하는 역할을 한다. 사업수행기관은 지방자치단체를 비롯하여 대한노인회, 종합사회 복지관, 노인복지관, 시니어 클럽, 재가노인복지센터 등이 역할을 수행하고 있다.

4) 노인일자리 및 사회활동 지원사업의 개선방안

노인일자리 및 사회활동 지원사업은 일하기를 희망하는 노인에게 맞춤형 일자리를 공급하여 노인에게 소득창출 및 사회참여 기회를 제공하고자 정부에서는 노인 인력을 활용할 수 있는 방법을 강구하면서 사업에 많은 시간과 자원을 투자하고 있다. 그 결과 노인일자리 및 사회활동 지원사업은 노인들은 사업 참여를 통해 소득증가는 물론 노년기로 접어들면서 상실되었던 사회적 역할 수행을 통해 활동적이며 생산적 노후에 기여하고 있다. 그러나 사업 참여를 통한 노인의 소득보전 한계와 일자리의 지속성과 안정성, 지방자치단체 역할 미비 등의 원인으로 인한 문제점이 나타나고 있어 문제점을 해결하고 사업의 효과를 더욱 높이기 위한 개선방안을 다음과 같이 제안한다.

첫째, 고령화로 인한 사회문제를 포괄적으로 해결하려는 복합적인 정책으로서의 목표가 아니라 생계유지를 위한 소득보전 정책으로서 노인일자리 사업의 목표를 명확히 재설정해야 한다. 현재 가장 심각한 노인 문제가 경제적인 문제이며, 사업에 참여하는 노인의 대부분이 저소득층 노인이고 그들의 참여목적이 경제적 문제해결이라는 점을 고려했을 때 노인일자리 사업의 경제적 효과는 중요하다. 그러나 현재 운영되고 있는 노인일자리 사업의 급여 수준의 적정성 문제는 지속적으로 제기되고 있으며, 노인빈곤율 역시 심각한 수준에 머물러 있다. 따라서 노인의 사회참여 및 보충적 소득보장이라는 정책목표 달성을 위해서 노인일자리 사업을 소득보장 및 경제적 상황 개선에 목적을 두는 사업으로 재정의하고 그에 따라 사업의 목표 및 운영 설계가 다시 이루어져야 한다.

둘째, 시장형 일자리의 창출을 제고해야 한다. 우리나라 노인일자리 사업은 정부주도형으로 이루어지고 있는 노인사회활동과 공익형 일자리 창출 수준이 높고 급여와 참여시간을 보장받는 시장형의 일자리 창출 성과가 매우 낮은 편이다. 2019년 기준 노인일자리 및 사회활동 지원사업 실적에서 노인사회활동 성격의 공익활동과 재능 나눔 활동 그리고 공익형 일자리인 사회서비스형의 비중이 84% 이상의 수준이다. 이러한 공익형 사회활동과 일자리에 수요와 공급이 집중되는 현상을 보이는 것은 궁극적으로 노인들의 직무가 제대로 개발되지 않을뿐더러 그에 따른 보수의 수준이 낮다는 것을 의미한다. 또한, 정부주도형 노인의 일자리와 사회활동 지원사업은 일자리 개발, 정부의 사업비 부담, 민간부문의 참여, 참여 노인의 개인 능력 향상 등 여러 측면에서 부정적인 영향을 미칠 수 있기 때문에 사업운영에 있어서 많은 부분을 민간이 전담하는 민간형 일자리 사업의 확대가 요구된다.

셋째, 일자리의 지속성과 안정성을 고려한 일자리를 형성해야 한다. 연구에 의하면, 노인일자리 사업의 지속 기간과 참여시간은 참여 노인의 소비지출을 증가시키는 것으로 나타났다(이지혜 · 황남희, 2019). 소비는 소득과 비교하면 장기적인 복지 수준을 판단할 수 있는 많은 중요한 정보를 포함하고 있다. 즉, 참여 노인의 사업 지속 기간과 참여시간이 보장된다면, 소비지출에 긍정적인 영향을 미친다는 것으로 사업에 지속적으로 참여한 노인의 경우 정책 효과가 누적되어 경제적 안정성을 확보할 가능성이 높다는 것을 의미한다. 따라서 노인일자리 사업 참여 노인의 지속적인 일자리 유지와 참여시간의 확보가 중요하다. 그러나 사업의 세부 유형 가운데 공익형 일자리는 참여 기간이 연 8～10개월로 종료되며, 참여 노인 선발 기준도 매년 신규 참여 노인에게 가점이 주어짐으로 인해 신규 참여 노인에게 우선권이 주어지고 있어 기존 참여 노인이 계속 참여하기 어렵다는 문제점을 안고 있다. 이와는 반대로 민간형의 경우 상대적으로 일자리의 지속성을 보장받고 있다. 그 이유로는 노인 개인이 일자리를 통해 보유하고 창출해내는 지식과 기술을 축적하는 효과를 기대하기 때문이다. 매년 사업을 시작하는 단계가 되면 전년도에 참여했던 노인도 신규로 참여하는 노인과 마찬가지로 참여 노인선발기준표 기준에 따라 점수를 부여받는데 이때 민간형 일자리의 참여 경험이 있는 노인이 사회공헌형에 참여한 노인보다 더 유리한 점수를 받는다. 또한, 민간형 사업은 연중 내내 사업단을 운영하는 것을 조건으로 함으로써 일자리의 안정성 측면에서 다른 사업 유형과 비교했을 때 유리할 것으로 기대된다. 따라서 정부에서는 민간형 일자리사업 확대를 통해 일자리의 지속성과 안전성의 확보가 요구된다.

셋째, 지역 재정역량과 복지재정 여건을 고려한 사업의 확대가 요구된다. 노인일자리 및 사회활동 지원사업은 지방자치단체를 기준으로 각각 다른 성과 및 목표를 가지고 운용되고 있으며, 지방자치단체의 역량이 중요한 사업의 요소로 자리 잡고 있다. 일반적으로 지방자치단체 차원의 복지예산 지출은 복지서비스 제공과 지역 차원의 문제해결을 위한 노력의 정도를 나타낸다. 따라서 지역적 차원에서 노인일자리 사업의 수요와 공급의 양과 질을 고려한 일자리 창출을 위한 노력과 함께 그에 걸맞은 예산 기획 및 집행이 요구된다. 또한, 지방자치단체 차원의 일자리 수요에 대응할 수 있는 일자리 창출이 필요하다. 따라서 노인일자리 및 사회활동 지원사업을 지역적 환경을 고려하여 지역 맞춤형 일자리와 사회활동으로 확대시켜 지역 개발 사업으로서 정착할 수 있도록 지원해야 한다.

04 55+ 현역시대를 위한 장년고용정책

최근 우리나라 노동정책은 고용상태 유지 기간을 최대한 연장하는 데 집중하고 있다. 이러한 노동정책의 방향성은 장년층의 고용을 늘리기 위한 사회・정책적 개입이 확대되는 근간을 마련했다(최혜지 외, 2020). 이러한 정책적 변화에 따라 장년층의 고용유지 및 확대를 위해 55+ 현역세대를 위한 장년고용정책이 마련되었으며, 고용안정 정책, 재취업, 퇴직 후 사회서비스 지원사업이 있다.

1) 중장년 고용안정 정책

(1) 60세 이상 고령자 고용지원금

60세 이상 고령자 고용지원금은 취업이 상대적으로 곤란한 고령자를 일정비율 이상 고용하는 사업주를 지원함으로써 장년의 고용안정 및 고용유지를 촉진하는 사업이다. 정년이 미설정된 사업장에서 고용 기간 1년 이상인 60세 이상 근로자를 업종별 지원기준율을 초과하여 고용한 사업주에게 업종별 지원기준율을 초과하는 노동자 1인당 분기별로 30만 원을 지원한다(고용노동부, 2020).

(2) 고령자 계속고용 장려금

고령자 계속고용 장려금은 중소·중견기업의 근로자가 정년 이후에도 주된 일자리에서 계속 일할 수 있도록 정년퇴직자 계속 고용제도를 도입한 사업주를 지원하는 사업이다. 지원대상은 우선지원대상 기업(제조업 500인 이하, 건설·운수·통신업 300인 이하, 기타업종 300인 이하) 및 중견기업 중 정년을 1년 이상 연장하거나 정년을 폐지한 기업 또는 정년을 유지하되 정년에 도달한 근로자를 1년 이상 계속 고용하는 제도를 운영하는 기업이다. 지원 수준은 분기별 계속고용 근로자 1인당 90만 원을 지원한다.

2) 중장년 재취업 정책

(1) 신중년 적합직무 고용장려금

신중년 적합직무 고용장려금은 신중년의 전문성·경험·노하우를 활용할 수 있는 적합직무에 만50세 이상 구직자를 고용하는 기업에 인건비를 지원함으로써 신중년의 재취업 촉진 도모하기 위한 사업이다. 신중년 적합직무 선정은 기존 경력 전문성을 활용할 수 있는 직무, 중단기 교육·훈련을 통해 노동시장 재진입이 용이한 직무, 신규 생성 직무 중 다른 세대에 비해 신중년의 업무수행이 적합한 직무를 신중년 적합직무로 선정한다. 신중년 적합직무는 2018년 55개 직종에서 2019년 소분류와 세분류 혼합 70개 직종으로 확대되었다. 지원대상은 만50세 이상 구직자를 신중년 적합직무에 채용한 우선지원대상 기업 및 중견기업으로 만50세 이상 실업자를 신규 고용하여 3개월간 고용을 유지하고 최저임금 100% 이상의 임금 지급하며, 4대 보험 가입되어 있으며, 근로자와 무기계약을 체결한 기업이다. 지원 수준은 최대 신규 고용 근로자 1인당 월 80만 원(중견기업은 월 40만 원)으로 사업주가 지급한 임금의 80% 한도로 지원한다.

(2) 중장년 일자리희망센터

중장년 일자리희망센터는 주된 일자리에서 퇴직 또는 예정인 40세 이상 중장년층에게 생애 설계, 재취업 및 창업, 사회참여 기회 등 고용지원서비스를 제공하여 중장년층의 고용안정과 취업을 촉진하기 위한 생애경력설계서비스를 제공한다.

생애경력설계서비스는 일대일 상담을 통해 재직자에게는 심리안정·변화관리 등의 전직 교육, 역량진단, 취업·창업 정보제공 등 전직 또는 경력개발을 위한 컨설팅 제공하며, 구직자에게는 취업알선, 재취업지원 교육, 취·창업 정보제공, 동아리 운영 등 재취업지원서비스를 제공한다.

(3) 고령자 인재은행

고령 인력의 경제활동 참여 비중이 증대됨에 따라 고령자의 고용촉진 및 취업기회 확대를 위해 민간의 무료직업소개사업을 수행하는 비영리법인 또는 공익단체를 고령자 인재은행으로 지정하여 고령자 고용안정 및 인력수급 활성화에 기여하려는 사업이다. 고령자 인재은행은 만50세 이상 장년을 대상으로 고령자에 대한 구인·구직등록, 직업지도 및 취업알선, 취업희망 고령자의 직업상담 및 정년퇴직자의 재취업상담, 구직등록자 중 취업능력을 제고할 필요가 있는 사람에 대해 일정 기간(50시간 이상) 취업의욕 고취 및 직무능력 향상 교육 등을 제공한다.

3) 퇴직 후 사회서비스

(1) 신중년 사회공헌사업

신중년 사회공헌사업은 퇴직 신중년에게 경력을 살릴 사회공헌활동 기회를 제공하여 퇴직 인력의 사회적 활용 및 숙련유지를 지원하는 사업이다. 참여 대상은 만50세 이상 만70세 미만 퇴직 인력이며, 참여기관은 비영리 단체·기관, 사회적기업, 공공기관 등이다. 참여시간은 연간 최대 480시간 이내이며, 식비·교통비 등 실비 및 활동 수당을 1일 평균 1만 9천원(5시간 기준), 1인당 연간 최대 182만 4천 원(480시간) 이내로 지원된다.

(2) 신중년 경력형 일자리

신중년 경력형 일자리사업은 신중년의 경력을 활용하는 지역서비스 일자리를 제공함으로써 신중년의 지역사회 역할 강화 및 민간일자리로의 재취업을 지원하기 위한 사업이다. 시행 주체는 지방자치단체이며, 만50세 이상 만70세 미만 신중년 구직자는 참여할 수 있다. 운영 기관은 지역사회에 필요한 서비스를 제공하는 비영리법인·단체, 사회적기업 등이며, 최저임금 이상 지급하며, 4대 사회보험, 주휴수당, 연차수당을 제공한다.

4) 55+ 현역시대를 위한 장년고용정책의 개선방안

장년층의 고용유지 및 확대를 위해 55+ 현역세대를 위한 장년고용정책의 정책적 효과를 높이기 위한 개선방안은 다음과 같다.

첫째, 직접일자리보다는 중장년들이 스스로 사회와 화합할 수 있는 일자리의 개발이 필요하다. 연구에서 수동적인 직접일자리 정책은 중장년층에게 경제적으로 별로 도움이 되지 않아 만족스럽지 못한 결과로 나타났다(김양건, 2019). 이는 능동적으로 일할 수 있고, 사회 공동체 구성원으로서의 공감대를 늘릴 수 있는 일자리가 필요하다는 것으로 보여주고 있다. 따라서 지역사회의 경제시장 내에서 함께할 수 있도록 하는 계획이 필요하다. 특히 사회적기업과 같은 영리기업과 비영리기업의 중간 형태로 사회적 목적을 우선적으로 추구하면서 정부가 약간의 도움을 지원하고 재화·서비스의 생산·판매 등 영업활동을 수행하는 기업을 적극 활용하는 방안을 고려하여 볼 수 있다.

둘째, 근로자가 가급적 오랜 기간 노동시장에 머무를 수 있는 장치의 보완이 필요하다. 근로자의 정년연령과 실제 퇴직연령 간의 차이가 나타나고 있어 정책적·제도적으로 정년연령이 확대되었으나 실제 사업장에서 원활하게 작동되지는 않는다는 것을 보여주고 있다. 이는 결국 연공급인 한국의 임금체계와도 관련성이 있기 때문에 근로자가 일정한 연령에 도달하게 되면 정년을 보장하되, 직무급의 형태로 전환하는 임금피크제의 보완이 필요하다.

셋째, 평생직업 능력개발에 대한 인프라 개선이 필요하다. 주된 직장에서 계속 고용을 유지하기 위한 다양한 노력을 기울인다고 하더라도 불가피하게 이직의 시점은 다가온다. 연금수령 전의 이직은 중장년의 삶의 질에 크나큰 영향을 미치게 된다. 이에 중장년들이 연금수령까지 노동시장에서 일할 수 있는 방안이 필요하다. 즉, 일자리의 재취업기간을 최소화할 수 있는 일자리와 일자리 사이의 연계가 필요하며, 새로운 일자리가 요구하는 업무능력의 배양을 할 필요가 있다. 지금까지의 직업훈련은 중앙정부가 주도하여 단기적 성과를 올리는 부분에 특화되어 있는 성향이 있다. 실제로 중장년층은 특정 직종 또는 업종에 오랜 기간 종사했기 때문에 다른 직업으로 전환 또는 이동이 어려울 수 있다. 이를 고려하면 근로자가 원하는 훈련보다는 사업주가 원하는 훈련이 절실히 필요하다. 특히 지역별 산업의 구조가 다르고, 대도시와 중소도시 사이의 구조가 다르므로 지역별·산업별 특화된 훈련 정책이 필요하다. 이를 위해 지방자치단체를 중심으로 지역 내 기업 노동수요를 정확히 파악하고, 직업훈련의 공급체계를 구축할 필요가 있다.

05 여가보장정책

1) 노인의 여가와 복지

(1) 노인의 여가

여가는 강제나 의무감이 없는 심신의 휴식을 의미이다. 여가는 시간적 의미로 하루의 시간 중 노동과 수면 그리고 생존을 위한 시간을 제외한 잉여시간으로 정의된다(Godbey, 1981). 활동으로서 여가는 압박감 없이 자유로운 활동으로 다시 일을 시작하기 위해 신체와 정신을 새롭게 회복하여 재창조의 기회를 만드는 활동으로 휴식(레저), 기분전환, 지식의 확대, 자발적인 사회활동의 참여 또는 개인이 자발적으로 새로운 것을 개발하는 자유로운 활동 등이 포함된다(Kelly, 1987). 또한, 심리상태로의 여가는 활동하는 즐거움, 업무로부터의 해방, 친구들과의 접촉과 교제, 새로운 경험 획득, 잉여시간 소비 그리고 창조해 내는 즐거움으로 정의된다(McGuire et al., 1996). 이를 종합하면, 여가는 개인이 노동 및 기타 사회적 의무에서 벗어나 휴식, 기분전환, 자기개발, 사회적 참여 등을 통해 자유로움과 즐거움을 느끼는 활동으로 정의된다.

노인의 여가는 노년기의 풍부한 시간을 이용하여 휴식, 기분전환, 건강, 사회적 성취 및 개인적 발전을 위해서 활용하는 제반 활동으로서 노인으로 하여금 삶의 보람을 가지고 자기 생활의 균형을 이루면서 자아실현을 할 수 있는 기회를 제공하는 것이다(Ramon, 1991). 이는 노인들이 많은 시간을 자기 자신의 만족과 사회발전을 위해서 최대한 활용해야 하는 것을 의미하며(Harbert & Ginsterg, 1990), 노인의 다양한 욕구를 충족시키고 지역사회 생활에 적응하며 독립적으로 살아갈 수 있도록 하는 것과도 관련되어 있다.

노인의 여가활동은 노인들에게 국가와 사회의 구성원으로서 평등하고 당당하게 가치 있는 삶을 살아갈 수 있게 하며, 개인적인 성장과 발달을 추구할 수 있게 한다(이인수, 2001). 이것은 노인들에게 단순히 취미와 오락만을 제공하는 것이 아니라 경제적으로는 소득을 보충할 기회, 보건·의료적으로 만성질환에 시달리는 노인들에게 건강증긴의 기회를 제공한다. 또한, 사회·심리적으로는 고독감과 무력감을 갖는 노인들에게 생에 대한 애착과 삶에 대한 자신감을 심어주며, 그리고 정신적으로는 긴장감을 해소하고 적절한 정신적 자극을 주게 되어 정신건강에도 많은 도움을 줄 수 있다.

노인의 여가가 중요한 이유는 기대수명이 늘어나면서 경제활동이 끝나는 퇴직 이후 20년이 넘는 기간을 여가가 차지하게 된다. 여가투성이 삶에서 여가 활용은 노인들 삶 전체의 활용이라고 볼 수 있다. 김춘옥(2014)은 노인의 여가를 노령기에 일정한 사회적 역할을 추구하면서 얻는 여유 있는 시간과 일정한 역할 없이 막연하게 긴 시간을 보내는 두 가지 차원으로 구분하였고 대부분의 노인들은 후자에 속한다고 보았다. 특히 우리나라 노인들은 노동과 사회참여의 기회가 제한되어 있어 '역할 없는 역할(Roleless role)'을 강요당한 채 자신과의 의지와는 상관없이 여가를 보내는 경우가 많으며, 이는 노인의 고독감 및 고립감을 증가시켜 노년기의 삶에 대한 의욕을 상실하게 되는 원인이 된다고 보았다(정경희, 2014). 최성재 등(2006)은 노인 여가는 자유 의지가 개입되기보다는 노화와 은퇴로 인한 비자발적인 여가가 거의 대부분이며, 노인은 남는 시간을 온종일 보내야 하는 여가 자체가 즐거움이라기보다는 무료함이라는 문제를 제기하고 있다.

(2) 노인여가복지

우리나라의 노인여가복지는 1945년 대표적인 노인여가복지시설인 경로당이 설치되면서 시작되었다. 그 이후 1970년대부터는 노인교실(노인학교 또는 노인대학) 또한 점차 확산하면서 1989년 개정 「노인복지법」에 따라 경로당과 노인교실 및 노인휴양시설이 노인여가시설로 인정받게 되었다. 노인복지관은 1981년부터 노인복지시설로 분류되어왔으나 1997년에 노인여가복지시설로 인정되었으며, 노인휴양소는 시설 수와 이용자가 매우 적어 2011년에 개정된 「노인복지법」이 시행되면서 노인여가시설에서 제외되었다(보건복지부, 2015). 「노인복지법」 제23조에 따르면 노인의 사회참여를 지원하기 위하여 국가와 지방자치단체는 다양한 봉사활동과 근로활동을 증진을 위한 노력을 해야 한다고 하였으며, 「노인복지법」 제37조에 따라 국가와 지방자치단체는 노인여가복지지설을 설치하는 것을 권장하고, 경로당을 활성화하기 위하여 각 지역 특성과 기능에 맞게 프로그램을 개발하고 보급할 의무가 있다고 하였다. 또한, 우리나라의 고령화가 빠르게 진행되면서 2012년도에 발표한 「저출산·고령사회기본법」에서 정부는 노인의 여가생활과 문화활동, 사회활동을 장려하기 위한 기반을 조성해야 하고, 자원봉사 등과 같은 노인들의 사회활동에 대한 참여를 증가시키기 위해 사회적 기반을 다져야 한다고 하였으며, 2016년에 발표한 제3차 저출산·고령사회 기본계획에서는 고령자의 사회참여를 증진시키며 여가기회를 확대하는 목표를 가지고 고령자들의 자원봉사를 독려하기 위해 지원체계를 강화하였다. 또한, 한국문화예술교육진흥원을 통해 노인을 대상으로 하는 전문강사를 노인여가복지시설에 파견하여 노인들을 위한 고령 친화적인 콘텐츠와 문화·여가 프로그램을 개발하고 실시하도록 하는 정책을 제시하였다.

2) 노인여가복지시설

우리나라의 노인여가복지의 대부분을 담당하는 노인여가복지시설은 「노인복지법」 제36조에 따라 노인복지관, 경로당, 노인교실이 있다. 노인복지관은 노인의 취미생활과 사회참여활동 등에 관한 정보와 각종 서비스를 제공하며, 건강증진, 질병예방뿐만 아니라 소득보장과 재가복지 등과 같은 노인복지 증진을 위한 서비스를 제공하는 시설이다. 경로당은 지역 노인들이 자율적으로 친목을 도모하고 취미활동을 즐기는 공간으로써 정보를 교환하고 여가활동을 위한 장소를 제공하는 시설이다. 마지막으로 노인교실은 노인들의 사회활동 참여 욕구를 충족시키기 위해 건전한 취미생활영위와 건강유지, 소득보장 등과 같은 일상생활과 관련된 학습프로그램을 제공하는 시설이다(노인복지법, 2019).

노인여가복지시설의 현황은 표 9-3과 같이 2019년 기준 전국 노인복지관은 391개소인데 반해 경로당은 66,737개소로 압도적으로 많은 비중을 차지하고 있다. 또한, 이처럼 노인복지관과 경로당의 시설 수는 계속 증가하는 추세인 반면, 노인교실은 경로당, 노인복지관과는 다르게 기관설치와 운영, 사업 관련하여 관리가 잘 되고 있지 않아 점차 감소하고 있는 것을 확인할 수 있다(보건복지부, 2020).

표 9-3 노인여가복지시설 현황

종류	2015	2016	2017	2018	2019
노인복지관	347	350	364	385	391
경로당	64,568	65,044	65,604	66,286	66,737
노인교실	1,377	1,393	1,356	1,342	1,285
총계	66,292	66,787	67,324	68,013	68,413

출처: 보건복지부(2020). 2020 고령자통계.

3) 노인여가복지시설 운영

경로당은 지역의 노인복지센터의 역할뿐만 아니라 정보센터, 학대 노인

지킴이 센터로 운영된다. 경로당은 노인의 다양한 욕구를 만족시키기 위해 건강관리와 운동, 교육뿐만 아니라 여가와 자원봉사활동 등과 같은 다양한 프로그램을 활성화시켜 노인에게 접근성이 좋은 다목적 공간으로 활용된다. 또한, 독거 노인을 대상으로 주 1회 2시간씩 건강·영양관리 및 간단한 신체기능 유지 교육 등으로 독거 노인을 보호할 수 있는 공공시설의 역할을 하며, 농어촌에 거주하는 노인들의 공동생활 장소로써 열악한 주거환경의 개선과 공동난방, 공동취사를 통해 경비를 절감하고 독거 노인들의 상호 안전 확인과 정서적인 외로움을 해소시켜 주는 공간의 역할을 한다. 그리고 전국의 6만 5천여 개의 경로당을 통해 노인학대에 관한 내용과 신고 절차 등을 안내하는 홍보 포스터를 비치하여 관련 정보를 안내하고 피해 노인을 발견할 시 지역 노인보호 전문기관에 신고하는 학대 노인 지킴이 센터로도 이용된다(보건복지부, 2020).

보건복지부(2020)에서는 경로당의 프로그램 활성화를 위하여 분기별로 경로당의 정산을 시·군·구 및 경로당 광역지원센터에 보고할 때, 운영 중인 프로그램 현황을 추가하도록 하였으며 지역사회 안에서 프로그램과 서비스를 연계하고 조정 및 지원하기 위한 전담인력인 경로당 순회프로그램관리자로부터 매달 프로그램 현황을 정리하고 현장조사를 하게 하였다. 이러한 경로당 현황조사를 토대로 운영프로그램이 미흡한 경로당을 우선적으로 지원하며 복지관, 사회복지시설, 보건소, 국민건강보험공단, 대한체육회 등 지역사회 내 자원 간 네트워크를 활성화하여 경로당의 여가프로그램, 건강관리프로그램, 교육프로그램 등 이용자 욕구에 맞는 다양한 프로그램을 지원하고 있다.

표 9-4 경로당 활성화 프로그램 분야

대분류	중분류	내용
건강운동	• 체조 · 댄스교실 • 웃음교실 • 요가 · 명상 • 건강운동	노인들의 신체적·정서적 건강유지 및 증진을 위한 건강운동 프로그램 지원
건강관리	• 건강검진관련 • 한방치료 • 안마교실 • 방문간호	노인들의 신체적·정서적 건강유지 및 증진을 위한 건강검진, 한방치료 등
교육 · 상담	• 정보화교육 • 어학교육 • 인식개선교육 • 에너지교육 • 노인상담 • 생활 · 안전교육 • 프로그램발표대회	노후생활, 정보통신 등 다양한 교육을 시행함으로써 노인들의 건전하고 건강한 노후생활 영위를 위한 교육프로그램 제공
여가활동	• 음악활동 • 바둑장기교실 • 문학활동 • 미술활동 • 문화 · 공연활동	노래교실 등 각종 레크리에이션 활동 등을 통해 노년의 건전한 여가 · 취미 생활을 유지할 수 있는 프로그램 제공
권익증진	• 노인성교육 • 소비자피해예방교육 • 노인자살 · 학대예방교육	노인 권익증진을 위한 성교육, 학대 예방교육 등
사회참여	• 방문 이 · 미용서비스 • 시설 방문 위문공연 • 자원봉사활동	경로당 이용 노인들을 중심으로 지역사회 청소 및 재활용품 수집, 청소년 안전 지킴이 등의 봉사활동 수행
공동작업장	• 공동작업장 운영	경로당을 중심으로 노인들이 지역 특성에 맞는 일거리를 확보하여 공동으로 생산 활동에 참여
기타		지역특성에 알맞은 각종 활동

출처: 보건복지부(2020). 2020 노인보건복지 사업안내(2). p.28.

노인복지관은 경로당보다 거시적이며 더 다양한 사업을 운영하고 있다. 노인복지관의 운영 목표는 복지서비스가 필요한 노인을 대상으로 건강한 노후를 보낼 수 있도록 취약노인을 돌보는 기반을 구축하고, 활동적인 노후를 위해 노인의 사회참여를 활성화하기 위한 여건을 마련하여 안정적인 노후를 위한 소득이 보장될 수 있도록 지원하는 종합적인 노인복지서비스 전달기구로서 중심적인 역할을 수행하는 것이다. 따라서 노인복지관이 진행하는 사업은 표 9-5와 같이 상담, 사례관리 및 지역사회 돌봄, 건강생활 지원, 노년 사회화 교육, 지역자원 및 조직화, 사회참여 및 권익증진, 돌봄 등의 사업이 있다(보건복지부, 2020).

표 9-5 노인복지관 사업구분

사업 구분		프로그램
상담	일반상담 및 정보제공	노인의 복지 정보제공 일반상담 외부 전문가 활용 정보제공 상담
	전문상담	우울 및 자살예방 프로그램, 죽음준비프로그램, 집단프로그램, 자조모임, 학대 및 인권, 인지 및 행동 심리 상담, 애도, 상실, 관계 등에 대한 개별 혹은 집단 개입 등
사례관리 및 지역사회 돌봄	위기 및 취약노인 지원	취약노인의 신체·정서·사회적 자립 지원 프로그램 운영, 노인 맞춤 돌봄서비스, 사례관리사업, 읍·면·동 행정복지센터 및 관계기관 등과 연계한 취약 노인연계망 구축사업
	지역사회 생활자원연계 및 지원	노인에게 필요한 서비스 조정, 중재, 의뢰, 옹호, 자원 반응 역량 강화를 위한 지원 활동/지역사회 읍·면·동 복지 허브화와 맞춤 돌봄에 관한 지역자원 발굴 연계
	가족기능지원	노인과 관련된 가족 상담, 가족관계프로그램, 가족 캠프, 세대통합프로그램 등
건강생활 지원	건강증진지원	건강교육, 건강상담, 건강교실, 독거노인지원사업, 노인건강운동, 치매예방 인지활동 서비스, 물리치료 등
	기능회복지원	양·한방진료, 작업요법, 운동요법, ADL 훈련 등
	급식지원	경로식당, 밑반찬·도시락배달, 푸드뱅크 등

사업 구분		프로그램
노년 사회화 교육	평생교육 지원	노인역량강화교육, 정보화교육, 사회화교육, 시민사회교육, 한글교실, 외국어교실, 교양교실, 인문학교육, 예비노인 은퇴준비 프로그램, 경제교육, 웰다잉교육 등
	취미여가지원	예능활동(음악, 미술, 생활도예, 서예, 댄스), 문화활동(연극, 사진, 영화, 바둑, 장기, 레크리에이션), 취미활동(종이접기, 손뜨개질, 민속놀이), 체육활동(탁구, 당구, 게이트볼), 동아리활동 등
지역자원 및 조직화	지역자원개발	자원봉사자 발굴・관리, 후원자 개발, 외부 재정지원기관 사업 수탁 등
	지역복지연계	경로당 프로그램 연계 등의 지역복지기관 연계, 지역협력사업(경로행사, 나들이 등) 등
	주거지원	주택수리사업, 주거환경 개선사업(도배 등) 등
사회참여 및 권익증진	사회참여지원	노인자원봉사 활성화 사업, 노인일자리 및 사회활동지원 사업, 지역봉사활동, 교통안전봉사, 동아리 ・클럽활동 지원, 교통편의서비스 등
	노인권익증진	정책건의, 노인인권 옹호, 노인인식개선사업, 편의시설설치, 노인소비자피해예방교육, 양성평등교육, 성교육 등
	고용 및 소득지원	고령자취업지원 사업, 취업교육, 창업지원(사회적협동조합 등)사업 등
돌봄	요양서비스	치매환자 프로그램, 주・야간보호 등

출처: 보건복지부(2020). 2020 노인보건복지 사업안내(2). p.73.

노인교실은 60세 이상 노인들에 대하여 사회활동 참여욕구를 충족시키기 위하여 건전한 취미생활, 노인건강유지, 소득보장 기타 일상생활과 관련한 학습프로그램을 주 1회 이상 제공하고 있다(보건복지부, 2020).

표 9-6 노인교실 프로그램

구분	프로그램
취미 · 여가	각종 문화 · 예술 활동 등
건강	체조, 요가, 단전호흡, 건강관리 등
교양	한글, 외국어, 컴퓨터, 교양강좌 등
사회참여	시민단체 및 사회활동, 자원봉사 활동 등

출처: 보건복지부(2020). 2020 노인보건복지 사업안내(2). p.78.

CHAPTER 10 노인건강보장정책

01 노인의 건강

1) 건강상태의 개념

건강상태는 건강한 인간다운 삶을 영위하기 위한 가장 중요한 지표로서, 세계보건기구(WHO) 현장에서는 건강을 질병이 없거나 허약하지 않다는 것만을 의미하는 것이 아니라, 정신적 · 사회적으로 완전히 안녕(well-being)한 상태라고 정의하고 있으며, 세계가정의학회(WONCA)에서는 건강상태를 독립적으로 일상생활을 하는 데 필요한 상태로서 신체적 · 정서적 · 사회적 기능을 모두 포함하고, 주어진 환경에 적응하고 대처하며, 그 안에서 생활하는 능력으로 정의하고 있다(임병빈 · 김동훈, 2018). 이러한 건강에 대한 정의는 의료적 자원의 배분과 건강 요건을 충족하기 위한 서비스의 조직화 측면에서 정책적으로 중요한 의미를 가진다(Shanas & Maddox, 1976). 하지만 건강의 중요성에 대한 일반적인 합의에도 불구하고 구체적으로 건강을 어떻게 정의하고 측정할 것인가에 대해서는 연구자들 간에 일치를 보지 못하고 있다. 이는 건강의 개념이 모호하고 다차원적이기 때문이다(Hansluwka, 1985).

캠벨 등(Campbell et al., 1976)은 건강상태를 만성질병의 유무와 같은 객관적인 건강상태와 스스로 평가하는 주관적 건강상태로 정의하였으며, 네스만 등(Nesman et al., 2000)등은 건강상태를 단순하게 질병이 없는 상태를 말하는 것이 아니라 모든 자질과 기능, 능력의 정신적·신체적·도덕적인 면에서 최고로 발달되고 완전히 조화된 인간의 상태라고 정의하였다.

리앙(Liang, 1986)은 건강상태를 의료적인 차원(Medical Dimensions), 기능적인 차원(Functional Dimensions), 자기 평가적인 차원의 건강상태로 구분하고 정의하였다. 의료적인 차원의 건강상태는 질병의 부재에 의해서 정의되는 잔여적인 범주를 의미하고, 만성질환, 이환일수 등에 의해 측정된다. 기능적인 차원의 건강상태는 사회체계 안에서의 개인에게 부과된 역할을 효과적으로 수행이 가능한지에 대한 능력의 여부를 의미하며, 일상생활수행능력(ADL), 도구적 일상생활수행능력(IADL), 신체적 자기 유지, 근로상실일수, 신체적 적합도 등으로 측정될 수 있다. 그리고 자기 평가적 차원의 건강상태는 건강에 대한 개인의 지각과 평가를 의미하며, 건강상태를 나타내는 주요 건강지표의 역할을 한다고 하였다.

그러나 이러한 세 가지 차원의 건강상태 정의는 건강의 조작화에 있어 한계가 있음을 지적하고 있다. 첫째, 의료적 차원의 정의는 의학지식과 의료전문인의 관점을 중시하고 있어 객관적인 것을 의미하는 것이 아니다. 이는 의사와 환자의 속성, 조직적인 맥락, 그리고 시대적인 상황에 의해서 영향을 받기 때문이다. 둘째, 기능적 차원의 정의는 만성질환이나 노인층의 개호에 관한 의사결정에 있어서 질병에 대한 지향적인 생의학적 접근과 비교하면 적절하지만, 노인과 같은 여러 증상이 동시다발적으로 발생하는 경우 적용하기 어렵다. 셋째, 자기 평가적 차원의 정의는 개인의 주관적으로 평가하여 제시하는 자료와 의사가 제공하는 자료가 불일치할 경우 개인이 자신의 의료적 이상 상태를 과소평가하거나 과대평가할 수 있다. 이처럼 건강의 세 가지 차원의 정의는 이러한 한계가 있지만 자기 평가적 차원의 건강상태에 대한 개인의 주관적 평가를 노인층의 건강평가와 관련하여 임상적 자료와 상충된 결과를 보일 수 있는 정상적인 과정으로서의 노화 현상, 동시다발적인 증상, 그리고 만성적 질환 상태에 있어서 건강에 관한 객관적 기준치를 보완하고, 이러한 객관적 기준치를 많은 부분 반영하고 있다는 측면에서 중요한 의의가 있다(김정희, 1994).

2) 노인의 건강 개념

노인의 건강은 사람에 따라 다른 시기와 다른 특징을 가지며 노년기까지 건강 특성의 누적된 차이로 인해 연령이 증가할수록 개인의 다양성이 증가한다(Nelson & Dannefer, 1992). 세계보건기구(WHO, 1948)는 건강을 단순히 질환(disease)이나 허약(infirmity)하지 않은 것과 더불어 정신적・신체적・사회적으로 안녕한 상태(well-being)로 정의하였다. 노년기의 건강은 일반적으로 개인의 건강을 판단하는 주체에 따라 객관적(임상적) 건강상태(objective health)와 주관적 건강상태(objective health)로 구분된다(유재남, 2015).

객관적 건강상태(objective health)는 의사 또는 개인이 보고하는 질환의 유형과 입원이나 수술을 불러오는 심각한 건강문제의 발생으로 정의된다(Mossey & Shapiro, 1982). 노년기의 객관적 건강문제는 급성질환보다 대부분 만성질환에 해당하고, 장기간에 걸쳐 다양하면서도 단계적인 증상이 발생하여 건강상태가 악화되는 양상을 보인다(남상권・심옥수, 2011). 이에 따라 노인의 만성질환은 노인의 건강상태를 구성하는 중요한 변인으로 작용한다.

주관적 건강상태(subjective health)는 자신의 전반적인 건강 수준에 대한 주관적인 인지를 의미하고, 자신이 지각한 건강상태(perceived health)나 자가 측정 건강상태(self-rated health) 등의 용어와 유사한 맥락으로 사용되고 있다(김수린 외, 2018). 또한, 주관적 건강은 개인의 건강 수준을 예측할 수 있는 지표 중의 하나로서, 개인의 만성질환의 유무나 병・의원 이용 경험을 바탕으로 개인의 주관적 판단에 근거하며 직・간접적으로 평가된 것이라는 특징을 가진다(송미숙 외, 2003). 또한, 개인에게 나타날 수 있는 다양한 측면에서의 건강상태를 압축해서 나타내는 지표로 신체 정신상의 미세한 변화나 잠재적인 문제 등을 반영할 수 있고 의학적으로 알 수 없는 총체적인 건강상태를 나타낸다는 점에서 유용한 지표이다(이수현, 2017). 이러한 노인의 건강상태는 시간의 흐름에 따라 자연스럽게 변화를 거치기도 한다(이정숙・이인수, 2005). 노화로 인해 동시다발적인 질병이 중복적으로 진행하는 경우가 많고, 지적능력 감퇴, 거동불능, 시력・청력 감퇴, 과민신경성 장운동 및 소화 장애, 요실금, 불면증, 면역기능 저하, 성기능 저하, 고립감 및 우울, 빈곤 등과 같은 신체적・심리적 변화를 가져오기도 한다(최영희 외, 2007). 따라서 노인의 건강, 즉 건강한 상태란 스스로 독립적인 일상생활의 수행능력과 심리・사회적으로 환경에 적응하고 대처할 수 있는 기능을 의미하는 것으로 볼 수 있다(김석준, 2012).

3) 노인의 신체적・정신적 건강 특성

노인의 신체적 건강요인을 보면 노화 현상으로 인해 체력의 저하와 시력, 청력의 약화 및 면역력 감소로 각종 질환에 걸리기 쉽고 정신적으로도 정신력 약화와 집중력 감퇴 등이 나타난다(Frances, 1979). 노화는 몸의 조직과 기능이 쇠퇴하고 기능저하, 기능장애 및 기능상실 등의 병리적인 변화로 건강문제가 나타난다고 하였다(김명옥, 1984). 노인실태조사보고서(보건복지부, 2017)에 따르면 연구참여자의 89.5%는 만성질환을 갖고 있다고 응답하였다. 이 중 만성질환 1개를 가지고 있다고 응답한 비율은 16.5%, 만성질환 2개를 가지고 있다는 비율은 22.0%, 만성질환 3개를 가지고 있는 비율은 51%로, 2개 이상이 만성질환을 가지고 있는 노인은 총 73%로 나타났다. 또한, 의료보험관리공단(1983)은 40세 이후부터는 형태적・기능적 노화가 나타나 만성질환과 관련이 있다고 보고하였고, 일반적으로 연령, 성별, 교육 수준, 혼인상태, 종교 등 인구 사회학적 요인들이 주관적 건강상태에 영향을 미치는 것으로 나타났다(이지선, 2013).

노년기는 노화에 따라 신체적 기능 저하를 비롯하여 각종 질환이 발병하는 것에 대하여 피해갈 수 없는 시기에 당면한다. 이러한 신체적 기능 저하는 노인의 정신건강과도 밀접한 관계가 있으므로 매우 주요하다고 볼 수 있는데, 이는 신체적 건강이 정신적 건강을 동반하여 위험한 결과를 초래하기 때문이다. 노년기에는 은퇴로 인한 사회적·경제적 어려움으로 심리적 부담감과 스트레스가 증가할 수 있으며 불안, 우울, 자살 생각 등 정서적 변화를 초래하여 노인의 정신건강 문제를 더욱 악화시킨다(조추용·성미경, 2016).

주관적 건강상내와 관련한 연구에서는 노인 자신들이 정신적으로 건강하고 자존감이 높으면 심리적 안정감이 높아져서 노인은 삶의 질은 향상된다. 즉, 건강하고 자아존중감이 높은 사람은 그렇지 않은 사람에 비해 더 많이 행복하며 심리적으로 안전하고 행복감과 만족을 가질 수 있는 것으로 나타났다(임광빈·강동훈, 2018). 반면에 노인이 만성질환이 있고 통증이 클수록, 주관적 건강상태와 인지기능이 낮을수록 우울은 더 높게 나타났다(염동문·정정숙, 2014). 이와 관련한 보건복지부 2017년 노인 실태보고서에 따르면, 65세 이상 노인의 약 40%가 주관적 건강상태가 나쁘다고 응답했다. 특히 80세 이상은 주관적 건강상태가 나쁘다고 응답한 비율이 50%가 넘어, 주관적 건강상태가 나쁘다고 인식하는 경우가 많은 것으로 나타났다. 원인으로는 배우자의 죽음, 심각한 질환 등으로 발생하는 스트레스와 노화로 인한 건강 약화, 역할상실, 소외, 외로움 및 경제적 문제 등에 기인한다고 보았다(강해자, 2013). 이처럼 연령과 노화 과정은 밀접한 관계가 있고 노인의 건강문제는 다른 타 연령층보다 다양하게 나타나는 특성이 있다(이영자, 1989).

WHO와 하버드대 보건대학원 연구에 따르면 전 세계적으로 2020년에는 우울증이 심장병에 이어 주요 사망원인이 될 것으로 예측한다. 이는 평상시 일상생활에서 느끼는 어려움에 대한 단순 감정변화나 일시적인 감정적인 반응과는 분명한 차이가 있음을 짐작할 수 있다(WHO, 2018). 이러한 연구보고서의 결과는 노인의 주관적 건강상태와 만성질환을 초래하는 노화가 노인의 건강상태에 중대한 영향을 미치는 주요 변인 중 하나임을 나타내며, 노인의 건강한 노화 및 주관적 건강상태의 증진에 대한 대안을 개인적·사회적 수준에서 마련해야 한다는 점을 시사한다.

02 노인건강보장제도

1) 노인건강보장제도의 전략

노인건강사업의 기초이념은 건강 노화(healthy aging)이다. 건강 노화는 노인이 차별받지 않고 사회에 참여할 수 있으며, 독립적으로 질적인 삶을 누릴 수 있도록 하기 위해 신체적·정신적·사회적으로 건강할 기회를 최적화하는 과정이다(WHO, 2015). 로우와 칸(Rowe & Kahn, 1997)은 건강 노화를 낮은 질병 발생률과 높은 인지 및 신체적 기능 그리고 활발한 사회활동 참여로 정의하고 노화에 지속적인 사회적 참여를 포함하는 건강 노화를 강조하였다. 이는 단순한 시간의 경과에 따른 신체적 쇠퇴를 의미하는 정상노화나 정상노화과정에 노화 관련 질환이 동반되는 일반노화의 개념과는 차이가 있다. 가파인(Garfein, 1995)은 건강 노화를 신체적 기능, 인지적 상태, 정신적 건강, 사회참여 등 각 영역에서 높은 수준을 보이는 것으로 보았으며, 바일란트와 웨스턴(Vaillant & Western, 2001)은 건강 노화를 객관적 신체적 건강, 주관적 신체적 건강, 인지 건강, 활동적 삶, 삶의 만족, 그리고 사회적 지지의 영역에서 높은 수준의 안녕감을 유지하는 것이라고 하였다.

이와 같은 건강 노화의 개념을 바탕으로 우리나라의 건강보장정책은 노인의 신체적·정신적 건강을 증진하는 것을 기본원칙으로 하고 있으며, 노인의 건강상태 및 기능 수준에 따라 3단계로 구분하고, 이에 따른 건강보장정책의 핵심전략을 다르게 적용한다. 1단계는 최상의 기능유지(high and stable capacity)로 건강상태가 양호하고 신체적 기능이 높은 노인에게 병을 예방하고 조기 발견하여 최상의 기능을 유지하는 데 중점을 둔다. 2단계는 기능하락(declining capacity)으로 건강상태가 좋지 않고 기능이 하락하는 노인은 보건의료서비스를 통해 질병 등 건강을 저해하는 원인을 찾아 치료하고, 낮아진 기능을 회복하거나 유지하는 데 중점을 둔다. 3단계는 기능상실(significant loss of capacity)로 만성질환이나 이미 심각한 수준의 기능손상을 갖게 된 노인은 만성질환을 관리하고 남아 있는 기능을 유지하는 데 중점을 둔다.

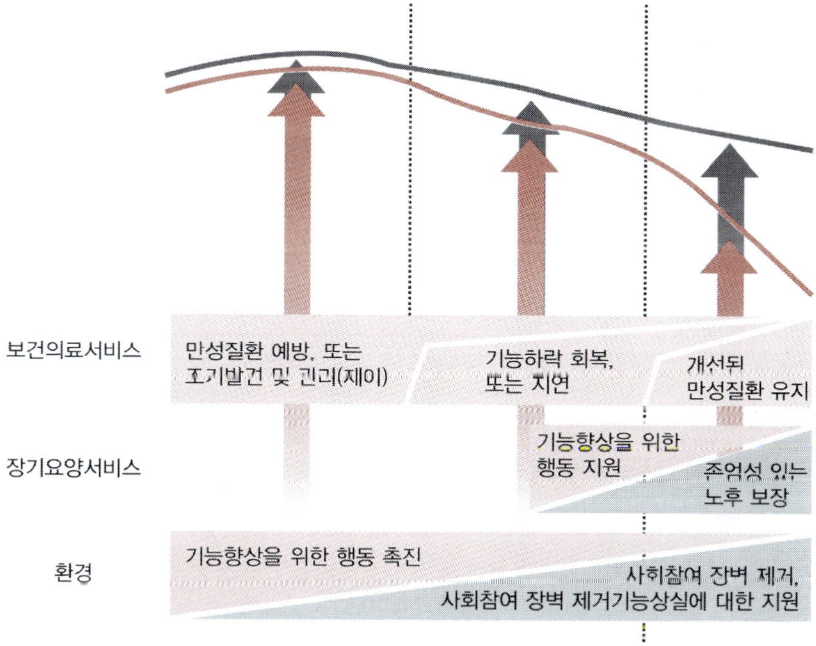

그림 10-1 건강 노화를 위한 보건의료서비스 내용

출처: 선우덕 외(2016). 사회보장제도 노인건강 분야 기본평가. p.15.

2) 국민건강보험

(1) 개념과 특성

건강보험이란 질병, 부상, 분만, 사망 등에 대하여 보험방식에 의거 가입자들이 평소에 보험료를 내어 기금화하였다가 보험사고가 발생할 경우 보험급여를 해 주는 제도이다. 즉, 건강보험은 질병, 부상이라는 불확실한 위험의 발생과 분만, 사망 등으로 인하여 개별가계가 일시에 과다한 의료비를 지출함에 따라 겪게 되는 어려움을 덜어주기 위해 보험가입자에게 보험료를 갹출하여 보험급여를 함으로써 국민의 경제적 부담을 덜어주고 건강을 유지·향상시켜주는 제도이다(김병환 외, 2011).

국민건강보험 건강보험원리에 의거 국민들이 평소에 보험료를 낸 것을 보험자인 국민건강보험공단이 관리 운영하고, 국민들이 의료를 이용할 경우 보험급여를 제공함으로써 국민 상호 간에 위험을 분담하고 의료서비스를 제공하는 사회보장제도이다(조미란, 2009). 또한, 국가의 개입으로 국민의 기본적인 의료문제를 해결함으로써 국민보건의 향상과 사회복지의 증진을 꾀하고 국민의 건강과 가계를 보호하며, 더 나아가 사회 공동의 연대책임을 통하여 소득재분배와 사회적 연대를 강화하여 사회통합을 이루고자 하는 제도이다(이찬미, 2007).

국민건강보험은 사회보험제도의 하나로서 모든 국민이 의무적으로 가입해야 하는 강제성이 있으며, 피보험자의 자격이나 부담의 차등에 관계없이 급여는 획일적으로 적용되는 형평성의 특성이 있다. 피보험자 본인이 보험료를 내고 급여를 받는 수익자부담의 원칙이 적용되며, 자격 취득이나 상실은 발생주의에 입각한다. 급여제공자, 급여수령자, 비용지급자가 다른 3자 지불 특성이 있다.

(2) 적용대상

국민건강보험의 적용대상은 국내에 거주하는 국민이며, 「의료급여법」에 따른 의료급여 수급권자를 제외한 모든 국민은 국민건강보험의 가입자 또는 피부양자가 된다. 가입자는 직장가입자와 지역가입자가 있다. 직장가입자는 모든 사업장의 근로자와 사용자, 공무원 및 사립학교 교직원이며, 직장가입자 및 피부양자가 아닌 그 외의 국민은 지역가입자이다. 피부양자는 직장가입자에게 주로 생계를 의존하는 사람으로서 보수나 소득이 없는 사람을 말한다. 피부양자는 직장가입자의 배우자, 직계존속, 직계비속과 그 배우자 및 형제·자매이다. 적용대상은 2018년 12월 말 기준 52,557천 명이며, 그중에서 직장가입자 36,990천 명, 지역가입자 14,082천 명 및 의료급여 수급권자는 1,485천 명이다.

(3) 보험료

직장가입자의 보험료는 보수월액의 1천분의 80의 범위에서 정하며, 2020년 보험료율은 6.67%이다. 직장가입자의 보험료는 사업장의 근로자와 사용자가 각각 50%씩 분담하며, 공무원은 가입자와 국가가 각각 50%씩 분담하고, 사립학교교직원은 가입자, 학교법인, 국가가 각각 50%, 30%, 20%씩 분담한다. 국외에서 업무에 종사하고 있는 직장가입자의 보험료율은 정해진 보험료율의 100분의 50으로 한다. 지역가입자의 보험료는 세대단위로 산정하되, 가입자의 소득·재산·자동차 등을 참작하여 정한 보험료부과점수에 보험료부과점수당 금액을 곱한 금액으로 한다. 지역가입자의 2020년 부과점수당 금액은 195.8원이다.

(4) 급여

국민건강보험의 가입자와 피부양자에게 요양급여, 선별급여, 부가급여 및 건강검진을 실시한다. 요양급여는 가입자와 피부양자의 질병, 부상, 출산 등에 대하여 요양급여를 실시하며, 진찰・검사, 약제・치료재료의 지급, 처치・수술 및 그 밖의 치료, 예방・재활, 입원, 간호, 이송 등을 실시한다. 요양급여는 비용의 일부를 본인이 부담하며, 요양급여를 실시하는 요양기관은 「의료법」에 따라 개설된 의료기관, 「약사법」에 따라 등록된 약국, 「약사법」에 따라 설립된 한국희귀의약품센터, 「지역보건법」에 따른 보건소・보건의료원 및 보건지소, 농어촌 등에 설치된 보건진료소 등이다. 요양급여의 본인 일부 부담금은 입원의 경우 요양급여 총액의 20%이다. 외래의 경우 상급종합병원은 모든 지역이 60%이며, 종합병원은 동지역이 50%이고, 읍・면지역은 45%이다. 병원은 동지역이 40%이고 읍・면지역은 35%이다. 의원과 보건소는 요양급여 총액의 30%를 본인이 부담한다.

선별급여는 요양급여를 결정함에 있어 경제성 또는 치료 효과성 등이 불확실하여 그 검증을 위하여 추가적인 근거가 필요하거나, 경제성이 낮아도 가입자와 피부양자의 건강회복에 잠재적 이득이 있는 경우에 실시하는 예비적인 요양급여를 말한다. 부가급여는 요양급여 외에 임신・출산 진료비, 장제비, 상병수당, 그 밖의 급여를 말하며, 가입자와 피부양자에 대하여 질병의 조기 발견과 그에 따른 요양급여를 하기 위하여 건강검진을 실시한다.

국민건강보험에서 65세 이상 노인의 진료비는 2018년을 기준으로 전체 진료비 779,104억 원의 40.8%를 차지하고 있으며(국민건강보험・건강보험심사평가원, 2019), 노인 1인당 연간 진료비도 4,487천 원에 이르고 있어(보건복지부, 2020) 앞으로 노인 인구의 증가에 따른 의료비 부담의 지속적인 증가는 국민건강보험 재정에 상당한 압박요소로 작용하게 될 것이다.

(5) 전달체계

국민건강보험의 운영 주체는 국민건강보험공단이며, 그 산하에 6개 지역본부와 178개 지사를 두고 있다. 한편 국민건강보험공단과는 별도로 요양기관의 진료비를 심사하고 요양급여의 적정성을 평가하기 위해 건강보험심사평가원을 운영하고 있다.

의료전달체계의 발전과 국민건강보험의 재정 안정성을 도모하기 위해 의료기관이 1차 의료기관(의원, 보건소, 보건지소, 보건진료소, 보건의료원, 약국), 2차 의료기관(30병상 이상 500병상 미만의 병원), 종합병원 및 3차 의료기관(500병상 이상의 의과대학 부속병원이나 종합병원)으로 구분되어 진료비의 차등을 두고 있다. 특히 3차 의료기관에 진료가 집중되는 것을 방지하기 위해서 3차 의료기관의 진료 시 1차 또는 2차 의료기관의 진료의뢰서를 제출해야만 보험의 적용을 받을 수 있도록 하고 있다.

3) 의료급여

(1) 개념

의료급여는 생활이 어려운 저소득층을 대상으로 국민보건의 향상과 사회복지의 증진을 위해 국가가 의료서비스를 제공하는 공공부조제도이다. 의료급여는 1978년 저소득층을 대상으로 의료보호를 실시하면서 시작되었으며, 2001년 의료보호가 의료급여로 명칭이 변경되었다.

(2) 적용대상

의료급여의 적용대상은 1종 수급권자와 2종 수급권자로 구분되어 있다. 의료급여 대상자는 2010년에 1,674천 명이었던 것이 2018년에는 다소 감소하여 1,485천 명이며, 1종 수급권자는 1,082천 명이고 2종 수급권자는 403천 명이다(보건복지부, 2019). 의료급여 1종 수급권자는 「국민기초생활보장법」에 따른 의료급여 수급권자, 행려환자, 「재해구호법」에 따른 이재민, 「의사상자 등 예우 및 지원에 관한 법률」에 따른 의료급여 대상자, 「입양특례법」에 따라 국내에 입양된 18세 미만의 아동, 「독립유공자예우에 관한 법률」, 「국가유공자 등 예우 및 지원에 관한 법률」 및 「보훈보상대상자 지원에 관한 법률」의 적용을 받는 사람과 그 가족, 「무형문화재보전 및 진흥에 관한 법률」에 따라 지정된 국가무형문화재 보유자와 그 가족, 「북한이탈주민의 보호 및 정착지원에 관한 법률」의 적용을 받는 사람과 그 가족, 「5·18민주화운동 관련자 보상 등에 관한 법률」 제8조에 따라 보상금 등을 받은 사람과 그 가족, 「노숙인 등의 복지 및 자립지원에 관한 법률」에 따른 노숙인 등이다. 2종 수급권자는 국민기초생활 보장 수급자 중 1종 수급대상이 아닌 가구이다(보건복지부, 2020).

(3) 급여

의료급여는 수급권자의 질병, 부상, 출산 등에 대하여 요양급여를 실시하며, 진찰·검사, 약제·치료재료의 지급, 처치·수술 및 그 밖의 치료, 예방·재활, 입원, 간호, 이송 등을 실시한다. 의료급여를 실시하는 의료기관은 「의료법」에 따라 개설된 의료기관, 「약사법」에 따라 등록된 약국, 「약사법」에 따라 설립된 한국희귀의약품센터, 「지역보건법」에 따른 보건소·보건의료원 및 보건지소, 농어촌 등에 설치된 보건진료소 등이다. 의료기관은 1차 의료기관, 2차 의료기관 및 3차 의료기관으로 구분되어 있으며, 의료기관별 진료 범위는 다르게 적용된다. 의료급여의 급여비용은 그 전부 또는 일부를 의료급여기금에서 부담하되, 의료급여기금에서 일부를 부담하는 경우 그 나머지 비용은 본인이 부담한다. 의료급여 1종 수급권자와 2종 수급권자의 본인부담금이 다르게 적용된다. 1종 수급권자는 입원의 경우 1차 의료기관, 2차 의료기관 및 3차 의료기관의 본인부담금이 없으며, 외래의 본인부담금은 1차 의료기관 1,000원, 2차 의료기관 1,500원, 3차 의료기관 2,000원 및 약국 500원이다. 2종 수급권자는 입원의 경우 1차 의료급여기관 10%, 2차 의료기관 10%, 3차 의료기관 10%의 본인 부담을 하며, 외래의 본인부담금은 1차 의료기관 1,000원, 2차 의료기관 15%, 3차 의료기관 15% 및 약국 500원이다.

노인건강보장정책은 국민건강보험과 의료급여 외에도 60세 이상을 대상으로 노인건강진단, 치매상담센터 운영, 치매검진사업, 치매치료관리비 지원사업, 광역치매센터 운영, 공립요양병원 운영, 실종노인의 발생예방 및 찾기 사업, 노인실명예방사업, 노인 무릎인공관절 수술 지원 등을 실시하고 있다.

03 노인건강보장사업

1) 노인건강보장사업의 구성체계

건강보장사업은 질병예방을 위한 사업과 질병관리 및 치료를 위한 사업으로 구성되어 있다. 질병예방사업은 건강검진의 3개 사업과 건강증진 및 질병예방관리의 3개 사업으로 구성되었으며, 질병관리 및 치료지원은 7개의 사업으로 구성되어 있다. 이 가운데 노인을 위한 건강보장사업으로는 다음과 같은 것들이 있다.

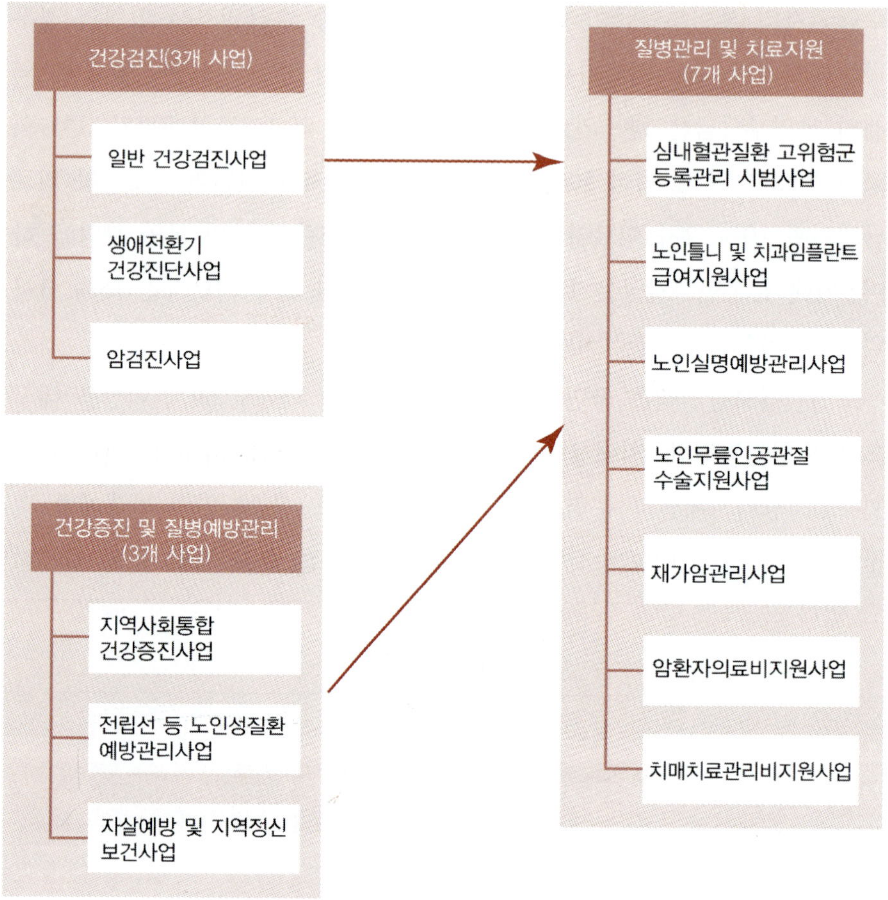

그림 10-2 노인건강보장사업 간의 관련성

출처: 선우덕 외(2016). 사회보장제도 노인건강 분야 기본평가. p.14.

2) 건강검진사업

건강검진이란 건강상태 확인과 질병의 예방 및 조기발견을 목적으로 건강검진기관을 통하여 진찰 및 상담, 이학적 검사, 진단검사, 병리검사, 영상의학 검사 등 의학적 검진을 시행하는 것을 말한다. 건강검진사업에는 혈압, 당뇨 등 심뇌혈관질환을 조기 발견하여 치료 및 관리로 연계함으로써 건강증진을 위한 일반건강검진, 생애전환기 국민을 대상으로 맞춤형 건강진단을 통하여 만성질환 및 건강위험요인을 조기발견과 치료 및 관리를 위한 생애전환기 건강진단, 우리나라 국민의 사망원인 1위인 암을 조기에 발견하여 치료를 유도함으로써 암의 치료율을 높이고 암으로 인한 사망을 줄이기 위한 암 검진사업이 있다.

일반 건강검진은 의료급여수급권자 중 만19~39세는 세대주, 만41~64세는 세대주 및 세대원이 해당하며, 65세 이상 의료급여수급권자는 「노인복지법」에 의해 노인건강진단을 실시한다. 생애전환기 건강진단은 만40세와 만66세 의료급여수급권자 및 건강보험가입자를 대상으로 한다.

3) 건강증진 및 질병예방관리사업

건강을 증진하고 질병을 예방 및 관리하는 사업에는 지역사회통합건강증진사업, 전립선 등 노인성 질환 예방관리사업, 자살예방 및 지역정신보건사업이 있다. 그 중에 대표적인 사업은 지역사회통합건강증진사업이다.

지역사회통합건강증진사업은 지방자치단체가 지역의 특성과 지역주민의 욕구에 맞추어 주체적으로 기획하여 실시하는 서비스다. 노인만을 대상으로 하지 않지만, 건강 취약계층의 주요 대상인 노인을 위한 다양한 사업을 지역별로 하고 있다.

지역사회통합건강증진사업은 지역주민의 건강실천행위를 증진하고, 만성질환을 예방하며, 취약계층의 건강을 관리하는 것을 주요 내용으로 하며, 금연 및 절수, 신체활동, 비만, 영양, 심뇌혈관, 치매 등과 관련 서비스가 제공된다. 연령이 증가할수록 고혈압, 당뇨병 등 꾸준한 관리를 필요로 하는 만성질환의 유병률이 높아지기 때문에 노인은 심뇌혈관질환 등과 같은 만성질환, 치매, 신체활동과 관련된 서비스의 주요 대상자이다.

지역사회통합건강증진사업은 몇 가지 면에서 기존의 건강증진사업과 차이가 있다. 특히 이 사업은 중앙집중적, 하향식의 기존 사업과 달리 지방자치단체가 주도하는 지방분권적, 상향식의 사업이다. 지역주민의 욕구와 지역사회 여건을 고려한 지역밀착형 서비스이기 때문에 지역에 따라 세부 서비스의 내용이 다양하다(보건복지부, 2017).

치매관리사업은 치매를 조기에 발견하고 치료하여 치매의 중증화를 예방하고 지연하며, 치매노인을 돌보는 가족의 부담을 완화하는 것을 목적으로 하고 있다. 치매관리사업은 치매노인사례관리사업과 치매검진사업으로 이루어져 있으며, 그중 치매검진사업은 치매검진을 희망하는 60세 이상의 노인에게 치매검진을 무료로 제공한다. 치매노인사례관리사업은 등록된 치매노인을 대상으로 치매치료관리비 지원, 노인의 치매상태에 따른 관리체계 수립, 치매노인과 보호자에 대한 상담, 치매노인 방문 및 관리 등의 서비스를 제공한다.

방문건강관리사업은 노인의 신체적·인지적 기능을 유지하고 증진하여 건강한 노후생활을 보장하고자 하는 사업이다. 방문건강관리사업은 기본적으로 허약노인의 판정평가를 실시하고, 우울예방, 낙상예방 등의 노인의 신체적·심리적 기능 향상을 위한 프로그램을 제공한다. 더불어 혹서, 혹한 등 계절별 건강관리교육, 가정의 안전환경을 조성하기 위한 교육 등 다양한 건강 관련 교육프로그램을 제공한다.

규칙적인 운동은 신체적 기능을 강화하고 유지하는 중요 수단이다. 정부는 노인의 활기찬 노후생활을 유지할 수 있도록 노인의 신체적 기능에 적합한 운동 프로그램을 개발하여 보급하고 건강교육을 실시하는 등 노인을 위한 신체활동관리사업을 펼치고 있다. 보건소, 경로당, 노인복지관 등에서도 65세 노인을 대상으로 허약함과 만성질환을 예방하기 위하여 운동교실 등의 프로그램을 제공한다. 국민건강보험공단은 노인의 운동을 지원하기 위해 노인백세운동교실을 운영하고 있다. 특히 경로당과 노인복지관 등 노인 이용시설에 전문강사를 파견하여 노인이 꾸준히 운동할 수 있도록 지원하고 있다.

4) 질병관리 및 치료지원사업

질병관리 및 치료지원사업은 심뇌혈관질환 고위험군 등록관리 시범사업, 노인틀니지원사업, 노인실명예방관리사업, 노인 무릎인공관절 수술지원사업, 재가암관리사업, 암환자의료비지원사업, 치매치료관리비지원사업으로 이루어져 있다. 이들 사업 중 노인틀니지원사업, 노인실명예방관리사업, 노인 무릎인공관절 수술지원사업, 치매치료관리비지원사업이 노인만을 대상으로 하거나 주로 노인이 대상이 되는 사업이다.

(1) 노인틀니 및 치과임플란트 급여지원사업

노인틀니 및 치과임플란트는 씹는 기능을 높여 영양상태를 증진한다는 점에서 노인건강과 밀접한 관련이 있다. 특히 노인틀니나 치과임플란트를 위한 지원은 노인만을 대상으로 하는 건강보험급여라는 점에서 의의가 있다. 2012년부터 75세 이상 노인의 완전틀니 제작과 틀니 수리비용이 건강보험급여로 제공되기 시작했다(선우덕 외, 2016). 이후 부분틀니와 임플란트까지 포함되었으며, 2016년부터는 노인틀니와 치과임플란트의 급여 적용대상이 65세 이상으로 확대되었다. 많은 비용이 드는 노인틀니와 치과임플란트가 건강보험급여로 제공됨에 따라 노인의 비용부담은 감소하였으나, 본인부담률이 총비용의 30%로 비용에 대한 부담이 여전히 높다는 점에서 한계가 있다.

(2) 노인실명예방관리사업

정부는 2003년부터 의료서비스를 받기 어려운 의료 취약지역과 저소득층 노인을 대상으로 정밀한 눈 검진 서비스를 제공하고 있다. 눈 관련 질환을 조기에 발견하고 치료함으로써 양호한 상태의 시력을 유지하고, 실명을 예방하고자 한다. 검진결과 백내장 등 질병이 있는 노인에게는 수술비를 지원하고, 안경이나 돋보기가 필요한 노인에게는 안경을 지원한다(보건복지부, 2020).

눈 건강에 대한 교육을 제공하여 노인의 눈 질환 예방의 필요성을 이해하고 눈 관리에 관심을 기울일 수 있도록 유도한다. 또한, 노안이나 질병으로 시력이 낮아진 노인에게 재활프로그램을 제공하여 일상생활에 적응할 수 있도록 지원한다.

(3) 노인 무릎인공관절 수술지원사업

경제적 어려움으로 무릎관절증의 고통에도 불구하고 수술받지 못하는 60세 이상 저소득 노인에게 무릎인공관절 수술비를 최대 120만 원까지 지원하고 있다. 2015년 시작된 이후 노인의 의료비 부담을 낮추고 활기찬 노후생활을 지원하기 위해 지속되고 있다(선우덕 외, 2016).

(4) 치매치료관리비지원사업

치매치료관리비지원사업은 치매상담센터에 치매환자로 등록된 만60세 이상의 저소득 치매노인을 대상으로 한다. 약 구입비 등 치매치료를 위해 본인이 부담하는 금액 중 월 최대 3만 원 내에서 치매관리비용을 지원한다(보건복지부, 2020).

04 노인돌봄 및 요양지원 정책

노인돌봄 및 요양지원 정책은 치매, 중풍 등 각종 만성질환 및 낙상사고 등에 기인한 신체적·인지적 기능장애 노인을 사회적으로 보호하고, 남은 생애 동안 최대한 재가에서의 삶의 질을 유지하게 하는 것을 기본목표로 한다. 대표적인 노인돌봄 및 요양지원 정책으로 장기요양보험제도와 노인맞춤돌봄서비스가 있다.

1) 장기요양보험제도

(1) 장기요양보험제도의 정의

노인장기요양보험제도는 고령이나 노인성 질병 등의 사유로 일상생활을 혼자서 수행하기 어려운 노인 등에게 제공하는 신체활동 또는 가사활동 지원 등의 장기요양급여에 관한 사항을 규정하여 노후의 건강증진 및 생활안정을 도모하고 그 가족의 부담을 덜어줌으로써 국민의 삶의 질을 향상하도록 함을 목적으로 한다. 따라서 노인장기요양보험은 노인이 노령이나 기타 질병에 의해 그 활동이 어려울 경우 노인의 간병 또는 요양 문제를 사회적 연대원리에 따라 정부와 사회가 공동으로 해결하려는 제5의 사회보험을 말한다(김민주 · 황준용, 2019).

(2) 적용대상

노인장기요양보험은 2008년부터 실시되었으며, 건강보험 가입자 및 의료급여 수급권자가 대상이 된다. 노인장기요양보험은 장기요양보험 가입자 및 그 피부양자 또는 의료급여 수급권자 중 65세 이상의 노인 또는 65세 미만인 자로서 치매, 뇌혈관성 질환 등 노인성 질병을 가지고 있으면서 혼자서 일상생활을 수행하기 어려운 자 중 장기요양인정을 받은 자에게 적용된다.

장기요양등급 인정자는 2019년 12월 말 현재 1등급 44,504명, 2등급 86,678명, 3등급 226,182명, 4등급 325,901명, 5등급 73,294명, 인지지원 등급 15,647명으로 총 772,206명이다. 장기요양등급 인정자는 65세 이상 노인 전체의 9.6%에 해당된다.

(3) 장기요양인정

사회보험 중에서 노인장기요양보험은 장기요양보험 가입자 및 피부양자나 의료급여 수급권자가 장기요양인정 신청을 한 후 인정조사와 등급판정위원회의 등급판정 및 장기요양인정서와 표준장기요양이용계획서를 작성 및 송부 후 장기요양급여를 받을 수 있다. 장기요양인정 조사항목은 52개이며, 신체기능(12개), 인지기능(7개), 행동변화(14개), 간호처치(9개) 및 재활(10개) 항목으로 이루어져 있다. 등급판정은 장기요양인정점수를 기준으로 다음과 같은 5개 등급으로 한다. 1등급은 일상생활에서 전적으로 다른 사람의 도움이 필요한 상태로서 장기요양인정점수 95점 이상이며, 2등급은 일상생활에서 상당 부분 다른 사람의 도움이 필요한 상태로서 장기요양인정점수 75점 이상 95점 미만이며, 3등급은 일상생활에서 부분적으로 다른 사람의 도움이 필요한 상태로서 장기요양인정점수 60점 이상 75점 미만이다. 4등급은 일상생활에서 일정 부분 다른 사람의 도움이 필요한 상태로서 장기요양인정점수 51점 이상 60점 미만이며, 5등급은 치매환자로서 장기요양인정점수 45점 이상 51점 미만이며, 인지지원 등급은 치매환자로서 장기요양인정점수 45점 미만이다.

(4) 급여

장기요양급여는 재가급여, 시설급여 및 특별현금급여로 구분된다. 재가급여에는 방문요양, 방문목욕, 방문간호, 주·야간 보호, 단기 보호 및 복지 용구가 있다. 방문요양은 장기요양 요원이 수급자의 집을 방문해서 목욕, 배설, 화장실 이용, 옷 갈아입기, 머리감기, 취사, 생필품 구매, 청소,

주변정돈 등을 제공하는 급여이다. 방문목욕은 장기요양 요원이 목욕설비를 갖춘 차량을 이용하여 수급자의 가정을 방문하여 목욕을 제공하는 급여이다. 방문간호는 장기요양 요원인 간호사가 의사, 한의사 또는 치과의사의 지시에 따라 가정 등을 방문하여 간호, 진료의 보조, 요양에 관한 상담 또는 구강위생을 제공하는 급여이다. 주·야간 보호는 수급자를 하루 중 일정한 시간 동안 장기요양기관에 보호하여 신체활동 지원 및 심신 기능의 유지·향상을 위한 교육·훈련 등을 제공하는 급여이다. 단기 보호는 수급자를 일정 기간 장기요양기관에 보호하여 신체활동 지원 및 심신 기능의 유지·향상을 위한 교육·훈련 등을 제공하는 급여이다. 복지 용구는 수급자의 일상생활·신체활동 지원 및 인지기능의 유지·향상에 필요한 용구를 제공하거나 대여하여 수급자의 편의를 도모하고자 지원하는 급여이다.

시설급여는 노인요양시설이나 노인요양공동생활 가정에 장기간 입소하여 신체적 수발, 신체활동 지원, 심신 기능의 유지, 향상을 위한 교육·훈련 등을 제공하는 급여이다. 특별현금급여(가족 요양비)는 수급자가 섬이나 벽지에 거주하거나 천재지변, 신체·정신 또는 성격 등의 사유로 장기요양급여를 지정된 시설에서 받지 못하고 그 가족으로부터 방문요양에 상당하는 장기요양급여를 받을 때 150천 원을 지급하는 급여이다.

(5) 재원

노인장기요양보험의 재원은 가입자가 납부하는 장기요양보험료, 국가와 지방자치단체의 부담금 및 장기요양급여 이용자가 부담하는 본인일부부담금으로 조달된다. 장기요양보험료는 건강보험료율에 10.25%를 곱하여 징수하며, 국가가 매년 예산의 범위 안에서 당해연도 장기요양보험료 예상 수입액의 100분의 20에 상당하는 금액을 국민건강보험공단에 지원한다.

국가와 지방자치단체는 의료급여수급권자에 대한 장기요양급여비용, 의사소견서 발급비용, 방문간호 지시서 발급비용 중 공단이 부담해야 할 비용 및 관리운영비의 전액을 부담한다. 노인장기요양보험 수급자는 재가급여의 경우 당해 장기요양급여비용의 15% 및 시설급여의 경우 당해 장기요양급여비용의 20%를 본인일부부담하며, 「국민기초생활보장법」에 따른 의료급여 수급자는 본인일부부담금 전액이 면제된다. 한편 천재지변으로 인하여 생계가 곤란한 자는 본인일부부담금의 60%, 저소득층은 소득과 재산에 따라 60%와 40%를 감경한다.

(6) 전달체계

국민건강보험공단이 보험료의 징수, 장기요양인정 신청, 방문조사, 등급판정, 표준장기요양이용계획서의 송부, 서비스비용의 지급 등 노인장기요양보험의 전반적인 업무를 담당하고 있으며, 장기요양서비스는 장기요양서비스 사업자인 장기요양기관에서 제공하고 있다.

노인장기요양보험의 이용절차는 ① 장기요양 신청 및 방문조사(국민건강보험 공단) → ② 장기요양 인정 및 등급판정(등급판정위원회) → ③ 장기요양 인정서 및 표준장기요양이용계획서의 송부(국민건강보험공단) → ④ 장기요양급여 이용계약 및 장기요양급여 제공 장기요양기관)의 순이다. 한편, 노인장기요양보험의 관리운영체계는 그림 10-3과 같다.

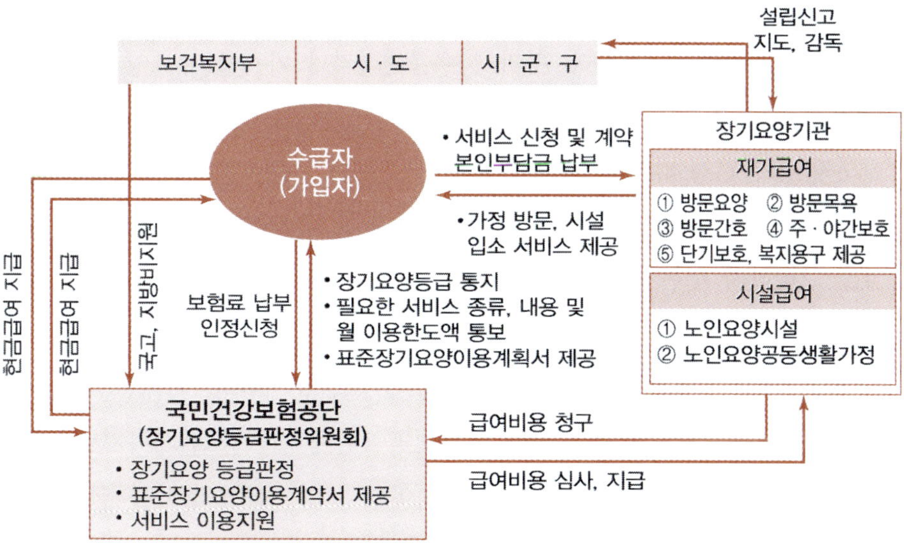

그림 10-3 노인장기요양보험의 관리운영체계

출처: 보건복지부 홈페이지(http://www.mohw.go.kr/).

(7) 장기요양보험의 쟁점

우리나라 노인장기요양보험제도의 쟁점은 다음과 같다(이영란, 2019).

첫째, 대상자 선정기준의 불합리성이다. 노인장기요양보험제도의 수급권자 범위에 65세 미만의 장애인은 급여대상 범위에 포함시키지 않고 있어 장기요양 수급권 범위에 포함시켜야 하고, 장애인활동지원서비스를 받고 있는 장애인의 경우 만65세가 되면 장기요양급여 수급권자로 자동 전환되고 있는데, 급여에 대한 시간으로 1일 최대 13시간의 추가 급여에서 1일 최대 4시간으로 급여가 축소되고 있어 이에 대한 제도적 보완이 필요하다.

둘째, 노인장기요양급여의 다양성 미흡이다. 우리나라는 현물급여를 원칙으로 하고 있으나 가족요양비에 한정하여 예외적으로 현금급여를 인정하고 있다. 현금급여는 현물급여액의 50% 수준으로 지급되고 있으며, 이는 제도 초기 장기요양 수급대상자들의 요양 욕구를 억제시킬 요인을 전제로 예외 규정에 둔 것이다. 그러나 오늘날에 있어서 현물급여보다는 현금급여의 필요성을 더 가진다. 따라서 수급대상자나 가족들이 요양급여를 선택할 수 있도록 하여야 한다.

셋째, 등급판정에 대한 객관성 담보 부족이다. 이는 관리운영 주체의 문제로 첫째 등급판정 시에 재가서비스 이용자나 치매노인 등에 나타내는 특성을 고려하지 못한 등급판정에 대한 문제와 지역이나 규모별 등급판정시에 나타내는 편차로 형평성의 문제가 있다.

마지막으로 치매전문기관 및 전문인력 양성의 문제이다. 치매전문기관이나 전문인력의 부족 현상은 치매 국가책임 2년에 접어든 현재까지도 여전히 문제로 남아 있다. 치매의 조기 검진이나 신경·심리 검사를 전문적으로 수행할 수 있는 임상심리사의 구인난에 어려움을 나타내고 있는 현시점에서 국가 차원의 적극적인 교육이 절실히 요구되고 있다.

2) 노인맞춤돌봄서비스

노인맞춤돌봄서비스는 파편화되었던 노인돌봄서비스를 통합 및 개편해 2020년부터 새롭게 추진된 돌봄제도이다. 노인맞춤돌봄서비스는 사업 통합으로 서비스 다양화, 참여형 서비스 신설, 개인별 맞춤형 서비스 제공, ICT 기술을 활용한 첨단 서비스 도입, 생활권역별 수행기관 책임 운영, 은둔형·우울형 노인에 대한 특화서비스 확대 등을 특징으로 하고 있다.

(1) 목적 및 대상자

노인맞춤돌봄서비스는 일상생활 영위가 어려운 취약노인에게 적절한 돌봄서비스를 제공하여 안정적인 노후생활 보장, 노인의 기능·건강 유지 및 악화를 예방하는 것을 목적으로 한다. 대상자는 만65세 이상 국민기초생활

수급자, 차상위계층 또는 기초연금수급자로서 유사중복사업 자격에 해당되지 않는 노인으로 한다. 다만, 시장・군수・구청장이 서비스가 필요하다고 인정하는 경우 예외적으로 서비스 제공이 가능하다. 예외 사항으로는 독거・조손・고령부부 가구 노인 등 돌봄이 필요한 노인, 신체적 기능 저하, 정신적 어려움(인지저하, 우울감 등) 등으로 돌봄이 필요한 노인, 고독사 및 자살위험이 높은 노인이 있다. 보건복지부는 대상자 선정 도구를 통해 사회・신체・정신영역의 돌봄 필요도에 따라 대상자 군을 결정하고, 군에 따라 서비스 제공시간의 범위 등이 달리하고 있다. 중점돌봄군은 신체적인 기능 제한으로 일상생활지원 필요가 큰 노인으로 월 16시간 이상 40시간 미만의 직접서비스와 주기적인 가사지원서비스의 제공이 가능하다. 일반돌봄군은 사회적인 관계단절 및 일상생활의 어려움으로 돌봄의 필요가 있는 노인으로 월 16시간 미만의 직접서비스 제공은 가능하지만, 주기적인 가사지원 서비스 제공은 불가하다. 특화서비스 대상은 별도의 집중적인 서비스가 필요한 은둔형・우울형 노인이며, 노인사후관리 대상은 중점돌봄군 또는 일반돌봄군의 서비스 종결자 중 사후관리가 필요한 노인이다.

(2) 재원

노인장기요양보험이 사회보험 방식으로 운영되는 것과는 달리 노인맞춤돌봄서비스는 조세를 주요 재원으로 한다. 직접서비스는 주로 조세를 통해 제공하며, 민간후원연계서비스는 후원을 통해 재원을 마련한다(보건복지부, 2020).

(3) 서비스 내용

노인맞춤돌봄서비스는 4개 분야(안전지원, 사회참여, 생활교육, 일상생활지원)의 직접서비스와 연계서비스로 구성되어 있다.

직접서비스에서 안전지원은 대상자의 전반적인 안전 여부를 점검하기 위하여 생활환경, 가구구조와 같은 환경여건뿐만 아니라 노인의 기본적인 신체적·정신적·사회적 안녕 여부 등을 점검·지원하는 서비스이다. 구체적으로 안전·안부 확인, 생활안전 점검, 정보제공, 말벗 서비스가 있다. 사회참여는 대상자가 사회적 관계망을 형성·확장하여 사회적 교류와 활동을 유지하도록 지원하는 서비스로 사회관계 향상프로그램과 자조모임이 있다. 생활교육은 사회적·신체적·정신적 기능을 유지하거나 악화를 지연하고 예방하기 위한 교육·프로그램을 제공하는 서비스로 신체건강과 정신건강 분야의 생활교육이 있다. 일상생활지원은 대상자의 일상생활을 지원하기 위하여 외출동행, 가사지원을 제공하는 서비스로 이동과 활동지원, 가사지원 서비스가 있다.

연계서비스는 대상자의 안정적인 생활을 지원하기 위하여 지역사회 내 민간자원 등의 후원 물품이나 서비스를 연계하여 지원하는 서비스로 생활지원연계, 주거개선연계, 건강지원연계, 기타 서비스 등이 있다. 그 밖에 특화서비스는 은둔형·우울형 노인을 대상으로 척도(우울감, 자살 생각, 고독감 등) 등을 활용하여 개별 맞춤형 상담 및 집단활동을 제공하는 서비스로 일부 도시에서 시행하고 있으며, 사후관리서비스는 사후관리가 필요한 대상자에게 정기적인 모니터링 및 자원연계 서비스를 제공한다.

표 10-1 노인맞춤돌봄서비스의 내용

구분	대분류	중분류	소분류
직접 서비스 (방문 · 통원 등)	안전지원	방문 안전지원	• 안전 · 안부확인 • 생활안전점검(안전관리점검, 위생관리점검) • 정보제공(사회 · 재난안전, 보건 · 복지정보 제공) • 말벗(정서지원)
		전화 안전지원	• 안전 · 안부확인 • 정보제공(사회 · 재난안전, 보건 · 복지 정보 제공) • 말벗(정서지원)
		ICT 안전지원	• ICT 데이터 확인 · 점검 • 유사 시 방문 확인 • 유사 시 전화 확인
	사회참여	사회관계 향상 프로그램	• 문화여가활동 • 평생교육활동 • 체험여행활동
		자조모임	• 자조모임
	생활교육	신체건강 분야	• 영양교육 • 보건교육 • 건강운동교육
		정신건강 분야	• 우울예방 프로그램 • 인지활동 프로그램
	일상생활 지원	이동 · 활동지원	• 외출동행지원
		가사지원	• 식사관리 • 청소관리
연계서비스 (민간후원자원)		생활지원연계	• 생활용품지원 • 식료품지원 • 후원금지원
		주거개선연계	• 주거위생개선지원 • 주거환경개선지원
		건강지원연계	• 의료연계지원 • 건강보조지원
		기타 서비스	• 기타 일상생활에 필요한 서비스 연계

출처: 보건복지부(2020).

(4) 서비스 이용절차 및 전달체계

노인맞춤돌봄서비스는 제공기관이 발굴한 대상자 혹은 스스로 신청한 노인에게 서비스를 제공한다. 읍·면·동 주민센터에서 신청과 접수가 진행되며, 선정조사를 통해 대상자가 선정된다. 대상자로 선정된 후에는 대상자의 욕구에 맞는 서비스 제공계획이 수립된다. 서비스 제공기관은 노인에게 전달하며, 서비스 제공기관은 지방자치단체에서 지정한다(보건복지부, 2020).

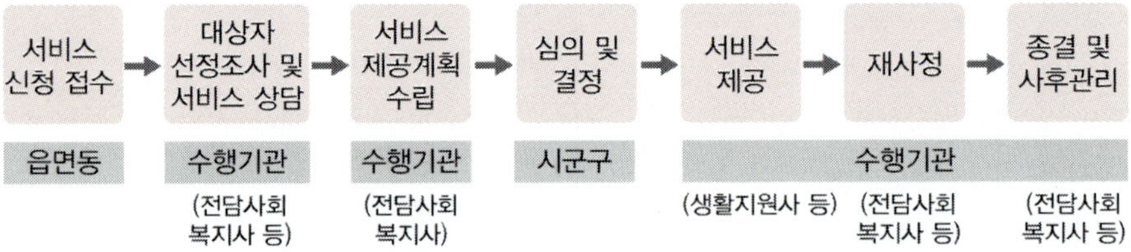

그림 10-4 노인맞춤돌봄서비스 제공절차

출처: 보건복지부(2020).

CHAPTER 11

노인주거보장정책

01 노인주거의 개념과 현황

1) 노인주거의 의의

주거는 사람이 거주하는 공간이라는 단순한 차원을 넘어 타인과 관계를 맺고 정서적 안정을 도모하는 공간적·사회적·문화적 의미를 포함한다. 특히 노인에게 주택의 의미는 생활을 영유하는 데 필요한 기본조건이자 사회적 지위와 사회 정체성을 표현하는 수단 또는 타인과의 관계에 대한 과거와 미래를 연결하는 매개체의 역할을 한다고 볼 수 있다(최성재, 2003). 즉, 노화로 인해 많은 신체적 한계가 수반되는 노인의 특성상 주거공간은 노인의 안정을 담보하는 공간으로 이해될 수 있다. 또한, 자신의 주택을 소유하거나 가족과 함께 주거하는 등의 생각은 노인 스스로 성공한 삶을 살고 있다는 인식을 하게 하여 성취동기를 증진하고 사회 정체성 확인을 돕기도 한다(김수웅·구용근, 2014).

노년기의 주거공간은 단순한 거주시설의 의미가 아닌 인간의 기본적인 권리이자 삶의 조건으로서 건강한 삶을 보장하는 최소한의 수단이다(송태경, 2003). 활동영역이 주택으로 축소되는 시기라는 점에서 주택은 다른 시기보다 더욱 가치가 높으며 치료비와 같은 생활비용이 증가하고 수입이 제한되기 때문에 안정된 주거는 경제적 보장을 높여줄 수 있다(최성재・장인협, 2008). 또한, 주택은 사회적 지위 및 사회 정체감의 상징적 요소로 인식되기도 한다. 자신의 집을 소유하고 있다는 인식은 경제적 독립성을 의미하므로 노인에게 자부심을 갖게 하며 무엇보다 타인 또는 가족구성원으로부터의 독립적인 생활은 노인과 가족에게 편리함을 준다.

2) 노인주거의 기본 원칙

주거는 인간의 기본적 욕구이면서 노인의 생활에 매우 중요한 요소이다. 노인이 되어 직업 생활에서 은퇴하면서 집에서 지내는 시간이 점점 많아지게 되어 안전하고 안락한 일상생활을 유지할 수 있는 주거공간의 확보는 더욱 주요하게 되었다. 이러한 노인의 주거는 몇 가지 기본 원칙에 기초하여 제공되어야 한다(박신영, 2003).

첫째, 거주의 연속성이다. 노인이 오랫동안 생활해 왔던 지역사회와 주거를 벗어나 노후에 전혀 다른 주거환경으로 옮겨가는 것은 노인들에게 신체적・심리적 영향을 크게 줄 수 있다는 것이다. 따라서 가능한 한 그동안 생활해 왔던 지역사회와 주거에서 노후를 보낼 수 있도록 주거의 연속성을 보장해 줄 필요가 있다.

둘째, 주거의 안전성이다. 노인이 자신의 주거에서 오랫동안 생활하기 위해서는 주거의 구조가 일상생활을 영위하기에 편리하고 안전한 공간이어야 한다. 만일 주거가 안전하지 못하고 위험하여 안전사고를 유발할 수 있다면 자신이 살던 주거를 떠나 다른 곳으로 이주하거나 시설에 입소하여 생활해야 할 것이다. 따라서 노인의 주거는 안전하고 편리한 공간이 되어야 한다.

셋째, 주거의 건강성이다. 노인들의 주거는 대개 노후화되고 협소하며 채광이나 통풍이 제대로 되지 않는 경우가 많다. 노인들은 자신의 주거에서 휴식을 취해야 하지만, 열악한 환경일 경우에는 노인의 건강을 악화시킬 수 있다. 따라서 노인의 주거는 건강하게 거주할 수 있는 공간이 되어야 한다.

넷째, 주거의 요양성이다. 신체적으로 허약하거나 뇌졸중이나 치매로 인하여 지역사회의 주거에서 요양하게 되는 노인이 점차 증가하면서 주거 내에서 요양할 수 있도록 구조와 공간을 제공해야 한다는 것이다. 즉, 방문요양과 같이 노인이 거주하는 공간에서 요양서비스를 받을 경우 이러한 서비스의 제공이 가능한 주거가 되어야 한다는 것이다.

3) 노인주거의 현황

노인의 가구 형태를 보면 노인독거 가구 23.6%, 노인부부 가구 48.4%, 자녀동거 가구 23.7%, 기타 가구 4.3%이며, 노인만으로 이루어진 가구가 전체의 72.0%를 차지하고 있다(정경희 외, 2017).

거주 주택의 종류를 살펴보면, 전체의 48.8%가 단독주택에 거주하고 있으며, 아파트 35.1%, 연립·다세대주택 14.6% 순으로 나타났다. 이와 같이 단독주택은 노인의 과반수 이상이 거주하는 대표적인 주택 유형이다. 주거 위치를 살펴보면 전체의 96.6%가 지상에 위치하고 있으며, 지하·반지하 3.2%, 옥탑 0.2% 순이었다. 거주형태를 보면 전체의 70.9%가 자가에 살고 있으며, 보증금이 있는 월세 11.3%, 무상 9.5%, 전세 7.3%, 보증금 없는 월세 1.0% 순이었다(정경희 외, 2017).

주거의 생활 편리성을 보면 노인을 배려한 설비를 갖추고 있다는 경우는 6.1%에 불과하며, 생활하기에 불편하지는 않지만 노인을 배려한 시설이 없다는 응답이 84.0%이고, 생활하기 불편한 구조 9.9%로 나타났다. 이와 같이 노인의 주거는 노인을 배려한 설비가 제대로 갖추어져 있지 않은 것으로 나타나고 있다. 거주지역의 생활환경에서 읍・면・동 행정복지센터, 병・의원 등은 근거리에 위치하고 있으나 노인복지관, 사회복지관 등 사회복지시설은 원거리에 위치하고 있어서 접근성이 상당히 낮게 나타났다(정경희 외, 2017).

02 노인가구를 위한 주택

1) 공공주택

현재 주택정책에서 국민에게 제공하는 대표적인 방법 중의 하나는 국가(LH 포함), 지방자치단체, 민간이 보유하고 있는 공공(공적)임대주택이며, 노인 가구를 위한 지원 방법 또한 유사하다고 할 수 있다. 공공주택은 분양주택과 임대주택으로 분류되며, 임대주택은 건설형 임대주택과 매입형임대주택으로 나뉜다. 공공임대주택은 민간이 보유하고 있는 공적임대주택보다는 공공이 보유한 공공임대주택이 대표적이며 중앙정부 혹은 일부는 지방정부가 공급하는 경우가 대부분이다(강은나 외, 2019).

정부에 지원하는 임대주택을 공급 목적, 대상, 주택 규모, 임대 거주 기간으로 구분하면 다섯 가지의 유형으로 재분류가 가능하다. 공공지원 임대주택은 무주택자나 청년, 신혼부부, 고령자를 대상으로 하며, 청약저축 가입자 대상의 공공임대주택, 저소득 대학생이나 신혼부부 등을 대상으로 45m^2 이하의 소규모 임대주택을 공급하는 행복주택, 소득 4분위 이하 가구를 대상으로 30년까지 임대하는 국민임대주택, 그리고 기초생활수급자 등 최저소득계층을 대상으로 40m^2 이하 규모의 임대주택을 50년까지 임대하는 영구임대주택이 있다. 이 중 노인에게 공급되는 공공분양 혹은 공공임대주택의 경우 다양한 방법으로 제공될 수 있는데, 보통 특별분양 및 임대, 노인 가구 및 부양 가구 우대 등의 정책이 활용되고 있으며, 입주나 분양에 관한 평가 방법은 크게 주택 소유 여부, 소득, 장애 여부, 부양가족 수, 신청자의 나이 등에 따라 결정된다.

2) 고령자 특화 주택

2017년 주거복지 로드맵에 포함된 고령자 특화 주택은 기본적으로 2018년부터 2022년까지 맞춤형 건설임대 3만 호, 매입·임차형 2만 호를 포함하여 5만 호를 고령자 전용 주택으로 공급하겠다는 계획을 가지고 있다. 이러한 주택 공급 계획은 특별히 주택 유형을 신규로 개발한 것은 아니고 기존의 영구임대주택이나 매입·선세임대주택 공급 제도를 활용하여 고령자에게 특화된 주택을 공급하는 것이다.

(1) 어르신 맞춤형 임대주택

어르신 맞춤형 공공임대주택은 고령 입주자의 특성을 반영하여 주택 내부 설계를 달리하고 단지 내에 서비스 시설을 공급하는 건설형 공공임대주택의 한 형태이다(강은나 외, 2019). 그중 고령자 복지주택은 주택의 저층부에는 복지관 등 편의 및 복지시설을 설치하고 중·고층부에는 고령자를 위한 거주공간을 제공하여 고령자에게 복지와 주거공간을 동시에 공급하는 공공임대주택을 말한다. 현재까지는 영구임대주택 단지 가운데 1개 동의 1층과 2층 등 저층부에는 복지관 등의 시설을 공급하고, 3층 이상은 주거시설로 공급하여 왔다(국토교통부, 2019). 특히 주택은 기존의 일반주택 공급 방식과는 달리 문턱을 제거하고, 높낮이 조절이 가능한 세면대를 설치하는 등 고령자가 편리하게 주거 생활을 할 수 있도록 설계하고 있다. 또한, 건물의 저층부에는 건강관리·생활지원·문화활동 시설이 포함된 복지관을 설치하도록 하고 있으며, 기타 고령자 관련 프로그램을 운영하도록 설계하는 것이 특징이다(국토교통부, 2019).

고령자 복지주택의 주요 공급 대상은 65세 이상이며 기초생활수급자 등 저소득층에게 공급하는 것이 기본이며 국가유공자나 독거노인에게 우선권을 부여한다. 또한, 지방자치단체 등이 원하는 경우 국민주택이나 행복주택 등을 함께 공급 가능하여 계층 및 세대 혼합이 가능하도록 계획하고 있다(국토교통부, 2019). 고령자 복지주택 건설은 2019년 현재까지 민간기부금과 정부 재정을 공동 활용하여 진행하였으며, 2016년 11개 단지 1,346호와 2017년 10개 단지 1,080호 등 총 21개 단지 2,426호를 공급하였다(국토교통부, 2019).

(2) 고령자용 매입임대주택 및 전세임대주택

고령자용 주택의 공급 방식은 건설형 임대주택의 공급 이외에 기존 주택을 활용한 방식으로 매입임대주택 및 전세임대주택이 있다. 주거복지로드맵에 따르면 노후주택 등을 매입 후 리모델링 또는 재건축하거나 고령자를 위한 전세임대주택을 확보하여 총 2만 호를 공급하기로 했다. 이는 매입임대주택 및 전세임대주택 방식을 활용한 것이다. 일반 공공리모델링 매입임대주택은 공공주택사업자가 기존 노후주택 등을 매입한 후 리모델링하여 주거비 부담이 높은 저소득층 청년, 고령자로 구성된 1~2인 가구에 낮은 수준의 보증금과 임대료로 거주할 수 있도록 공급되는 주택으로 정의할 수 있다. 입주 대상자는 주택을 소유하지 않은 청년(19~39세)이나 무주택세대 구성원인 65세 이상 고령자를 포함한 가구를 대상으로 하며, 고령자의 경우는 최장 20년, 청년은 최장 6년간 거주가 가능하다. 임대료는 주변 지역 시중 임대료 감정가의 50% 이내에서 공공주택사업자가 결정한다. 국토교통부(2019)에 2018년부터 2022년까지 5년간 총 2만 호를 공급할 계획인 것으로 나타났다.

2018년 11월에는 기존 주택 매입임대주택 입주자 기준의 1순위에는 고령자가 포함(기존 주택 매입임대 업무처리 지침)되는 것으로 변경되어 수급자 및 차상위계층 고령자도 매입임대주택에 우선 입주할 자격이 생겼다. 또한, 노후주택을 리모델링하여 재건축하는 경우 주변 여건에 따라 청년 임대주택과 함께 공급하여 세대 간 통합을 도모한다는 원칙도 세웠으며, 전세임대의 경우는 집주인이 8년 이상 장기 계약을 하는 경우 고령자 등을 위한 편의시설 설치 등 주택이 친고령자형으로 개조될 수 있도록 지원할 예정이다.

전세임대주택은 수요자가 원하는 주택에 입주할 수 있도록 기존 주택소유자와 사업시행자가 전세계약 후 입주자에게 저렴하게 재임대하는 것을 목적으로 한다. 입주 대상자는 무주택세대 구성원으로서 사업 대상 지역에 거주하는 사람으로 생계 및 의료급여 수급자, 보호 대상 한부모가족, 전년도 도시 근로자 가구당 월평균 소득의 70% 이하인 장애인 등이 1순위, 전년도 도시 근로자 가구당 월평균 소득의 50% 이하인 가구, 전년도 도시 근로자 가구당 월평균 소득 이하인 장애인이 2순위로 책정되어 있다. 국토교통부(2019)에 의하면 2018년부터 2022년까지 5년간 약 10만 호를 공급할 계획에 있다.

03 고령자 우대제도

현행 분양주택이나 임대주택의 공급 제도상으로는 고령자 가구에 직접적으로 공급하는 경우는 많지 않으며 고령자를 부양하는 경우 가점을 부여하거나 일부 우선순위를 주는 경우가 대부분이다.

1) 국민임대주택 제도

국민임대주택은 저소득층의 주거안정을 위해 정부 또는 비수도권 자치단체의 재정 및 국민주택기금 지원으로 한국토지주택공사와 지방자치단체가 건설·공급하여 30년 이상 임대하는 주택을 말한다. 국민임대주택의 공급에서 고령자에게 우선권을 부여하지는 않으며, 다만 가구주가 고령자이거나 가구원에 고령자가 포함된 경우 입주자 선발 시 가점을 부여하고 있다. 고령자와 관련된 사항으로는 총 가점 중 50세 이상의 가구주가 신청하는 경우 3점을 부여하고, 65세 이상의 직계존속을 부양하는 경우 3점의 추가 점수를 부여하고 있다. 하지만 국민임대주택은 특별히 고령자 가구를 위한 주택으로 분류할 수는 없는 실정이다.

2) 행복주택 중 고령자 부문

행복주택은 국가나 지방자치단체의 재정이나 주택도시기금의 자금을 지원받아 대학생, 사회초년생, 신혼부부·한부모가족 등 젊은 층의 주거안정을 목적으로 공급하는 공공임대주택을 말한다(강은나, 2019). 즉, 기본적으로 행복주택은 고령자를 위한 주택은 아니고 젊은 층을 위한 임대주택의 일종이지만 고령자에 대한 공급 기준 등도 포함되어 있다. 행복주택의 입지는 주로 공공용지, 도시재생용지, 공기업 보유 토지 등의 다양한 용지에 위치하여 직주근접이 가능하도록 하고, 활동량이 많은 신혼부부, 사회초년생, 대학생 등 주로 젊은 청년계층을 대상으로 주변 시세보다 저렴한 주택을 우선 공급한다(국토교통부, 2019). 입주자별 공급 대상 비율은 해당 대상에 따라 다른데 청년 및 신혼부부 등 젊은 계층이 주요 대상인 반면, 고령자 경우는 일반형 행복주택에서 주거급여 수급자와 합하여 20% 수준, 산업단지형의 경우 입주 가구의 10% 수준에서 입주 가능하다(국토교통부, 2019).

행복주택에 거주 가능한 기간은 대학생 및 청년 6년, 신혼부부 · 창업지원 주택 입주자 6년, 주거급여수급자 20년, 산업단지 근로자 6년이며, 고령자가 20년으로 가장 길다(국토교통부, 2019).

3) 집주인 임대주택사업

집주인 임대주택사업은 고령층에게 직접 주택을 지원하는 방법은 아니지만, 고령층 등 취약계층에게 주택을 공급하는 민간임대사업자에게 공공이 지원하고 임대료를 제한하는 등의 방법을 사용함으로써 결과적으로 입주하는 고령층 등 취약계층의 주거비 부담을 줄이고 주거환경을 개선하여 공공성을 확보하는 것이라 할 수 있다. 「민간임대주택에 관한 특별법」에서는 공공지원 민간임대주택의 임차인자격 및 공급(동법 제42조, 제44조) 내용에 임차인을 일반 대상자와 주거 지원 대상자(청년, 신혼부부, 고령자)로 구분하고 초기 임대료 및 입주 자격 제한 근거를 제시하고 있다(국토교통부, 2019). 이 중에는 청년, 신혼부부 외에 주거 지원 대상자로 고령자를 포함하고 있는데 고령자 가구주뿐만 아니라 무주택이면 세대 구성원이라도 지원대상에 포함하고 있다. 사실상 이 제도는 일반 대상자에게 80%까지 공급이 가능하기 때문에 주거 지원 대상자를 주요 대상으로 보기는 어렵지만 초기 임대료를 85% 이하로 규정함으로써 고령자 등 저소득 주거 지원 대상자에게 저렴한 임대주택을 공급하는 것이 목적이라 할 수 있다.

4) 기타 고령자 우대 주택정책

(1) 분양주택의 특별공급

특별공급에 관한 내용은 임대주택이 아닌 분양주택에 해당하는 내용이며 주로 공공주택 공급과 관련된 내용을 포함하였다. 분양주택의 특별공급은 주택을 소유하지 않은 장애인, 유공자 등 정책적 배려가 필요한 계층을 대상으로 일반인과 청약 경쟁 없이 주택을 분양받을 수 있도록 하는 제도이다. 이 제도는 가구당 평생 1회로 제한하고 있다(국토교통부, 2019). 사실상 이 제도는 고령자를 우대하는 제도는 아니나 노부모를 부양하는 가구를 대상으로 하고 있어 내용에 포함하였다.

(2) 노후 공공임대주택 시설개선사업

노후 공공임대주택 시설개선사업은 장기공공임대주택의 노후화된 시설물 유지 보수와 기능 개선으로 주거 취약계층의 주거안전과 주거복지 향상을 도모하기 위해 수행하는 프로그램이다(국토교통부, 2019). 이 또한 고령자 가구를 직접 지원한다고 볼 수는 없지만 장기공공임대주택 거주민의 다수가 고령자이고 고령자 혹은 장애인 등의 이동편의와 주거편의 사업이기 때문에 간접적인 고령자 주거지원사업이라 볼 수 있다. 노후 공공임대주택 시설개선사업은 「장기공공임대주택 입주자 삶의 질 향상 지원법」 제3조에 의해 수행되는 사업으로 건설된 후 15년 이상이 경과한 영구임대주택과 50년 공공임대주택 단지를 대상으로 하는 사업이다(국토교통부, 2019). 노후 공공임대주택 시설개선사업은 주로 주거약자를 위한 배리어 프리 시설 설치, 생활 안전 예방 사업, 전기시설 정비, 커뮤니티 지원 및 단지 환경 개선 사업으로 분류된다. 배리어 프리 시설 설치는 고령자에게 관련이 가장 많은 사업으로 주동 입구의 경사로 설치나 각종 주거약자 편의시설의 설치 등의 내용을 포함하고 있다. 하지만 주택 외부 시설의 개선을 목적으로 하는 경우가 대부분이어서 실제 거주하는 주택 내의 시설개선에는 큰 성과가 없는 실정이다. 또한, 장애인이나 노약자의 통행안전에 관한 생활안전 사업도 대상 사업의 일부이다. 이 사업은 공공임대주택만을 대상으로 하며 대부분은 아파트 시설에 집중되고 있어 민간 혹은 다세대, 다가구 등에 거주하는 경우는 그 혜택을 받기 어려운 실정이다.

04 노인주거지원 서비스

1) 주거급여

주거급여는 「주거급여법」에 근거하여 주거안정과 주거생활 향상을 위하여 일정 소득 이하의 국민에게 실제 임차료, 유지수선비 등을 지원하는 제도로써 주거가 불안한 취약계층의 주거비 부담을 덜고, 양질의 주거 수준을 확보하기 위한 정책 중 하나이다. 주거급여는 해당 가구의 가구원 수, 거주형태, 지역 여건 등을 감안하여 임차 수급자에게는 임차급여를 제공하고 자가 수급자에게는 주택이 노후된 경우 개보수가 가능하도록 수선유지 급여를 지급하고 있다(김혜승 외, 2019). 이 제도는 2015년 통합 급여 체계이던 것을 생계급여, 의료급여, 주거급여, 교육급여로 분리하여 맞춤형 기초생활보장체계로 개편한 것으로 기존 보건복지부에서 국토교통부로 소관기관이 변경되어 시행되고 있다(김혜승 외, 2019). 신청 가구의 소득평가액과 재산의 소득환산액을 종합적으로 반영한 소득인정액이 기준이 되며, 중위소득의 44% 이하를 충족하는 가구가 지원받을 수 있다(국토교통부, 2019). 또한, 2018년 10월부터는 기존의 부양의무자가 있는 가구에 대한 지급 제한 규정을 폐지하여 부양의무자의 소득이나 재산 규모와 관계없이 해당 가구의 소득 및 재산을 기준으로 평가하고 있다(김혜승 외, 2019).

지원 방법은 임차가구와 자기보유가구로 구분된다. 임차가구는 지역별, 가구원 수별 기준 임대료를 상한으로 수급자가 지불하는 실제 임차료 범위 안에서 주거급여 지원을 받을 수 있다. 자가가구는 임차료를 지불하지 않기 때문에 임차가구와는 별도로 구조 안전 · 설비 · 마감 등 주택의 노후도를 경 · 중 · 대보수 등의 기준으로 평가하여 주택개량을 지원받을 수 있도록 하고 있다. 이 경우 경 · 중 · 대에 따라 각각 최대 378만 원에서 1,026만 원까지 지원받을 수 있다.

주거급여는 신청인이 관할 읍·면사무소, 동주민센터 등에 신청하는 것을 기본으로 하며, 소득과 재산, 주택조사를 거쳐 지급 여부를 결정하고 지급한다. 현재 온라인 신청은 불가능하지만, 마이홈을 통해 정보 및 주거급여 대상자 여부 등은 확인할 수 있다(국토교통부, 2019). 고령자는 일정한 수입이 없거나 적은 비율이 높기 때문에 전체 주거급여 대상자 중 고령자가 수급받는 비율이 중요하다 할 수 있다. 2018년 12월 주택조사자료 85만 9129가구 중 결측치와 자가가구를 제외한 84만 4,094가구 중 38만 3,842가구(45.5%)가 65세 이상 고령자로, 주거급여 수급 가구의 상당수가 고령자 가구인 것으로 나타났다(한국토지주택공사, 2018).

2) 지역사회 노인주거지원사업

중앙정부 외에도 지방정부, 민간 영역 등 지역사회 내에서는 다양한 주거지원사업이 운영되고 있다. 주거지원사업은 주거환경 개선, 주택지원, 서비스 연계형 주택, 기타 주거서비스로 구분할 수 있다. 지역사회 노인주거지원사업은 노인층을 대상으로 특화하여 제공하는 서비스도 일부 운영되고 있으나, 주로 65세 이상의 노인, 장애인 등의 주거약자로 포괄되어 제공되고 있으며 지방정부, 비영리기관, 민간기업 등의 협력을 통해 이루어지고 있다.

(1) 주거환경 개선

주거환경 개선 서비스는 주거약자의 주거안정과 주거 수준 향상을 목적으로 지원되는 주택 개조 지원 서비스와 주택 개조 기준 마련을 들 수 있다.

주택 개조 지원 서비스국가 및 지방자치단체는 「장애인·고령자 등 주거약자 지원에 관한 법률」에 따라 주거약자의 활동능력에 적합하도록 주택을 개조하기 위해 필요한 비용을 지원할 수 있다. 주거약자가 거주하고 있는 노후·불량 주택에 대한 개보수 또는 개축 등을 현금 또는 현물 형태로 지원하는 서비스이다. 주요 주택 개조 지원 서비스로는 주거복지자활사업, 새뜰마을 사업, 민관협력형 노후주택 개선 사업, 사회취약계층 실내환경진단개선사업 등이 있다.

국토교통부에서는 주거약자의 안전하고 편리한 주거생활을 위하여 주거약자용 주택의 편의시설 설치 기준을 설정·공고하고 있다. 편의시설 설치 기준은 출입문, 출입문 손잡이, 바닥 등의 총 9개 공간에 대한 주거약자용 편의시설 기준이 제시되어 있으며, 이 중 65세 이상 고령자에 해당하는 기준은 침실을 제외한 8개 공간이다. 그러나 동체감지기 및 홈네트워크망, 비상연락장치 등은 우리나라 노인들의 주거환경을 고려했을 때 현실성이 다소 떨어져 실현에 어려움이 따르고 있다.

표 11-1 주거약자용 주택의 편의시설 설치 기준

순번	구분	내용
1	출입문	가. 통과 유효너비는 85센티미터(욕실 너비는 80센티미터) 이상 나. 출입문 옆에는 60센티미터 이상의 여유 공간 확보
2	출입문 손잡이	레버형 손잡이 등 잡기 쉽고 조작이 쉬운 것
3	바닥	가. 미끄럼을 방지할 수 있는 마감재를 사용 나. 바닥 높낮이 차는 없도록 하되 불가피한 경우 1.5~3센티미터
4	비상연락장치	가. 거실, 욕실 및 침실에 경비실 등 관리실과 연결될 수 있는 비상연락장치를 각각 설치할 것 나. 동체감지기 및 그 움직임 여부를 파악할 수 있는 장치 및 움직임 미감지 시 관리실에 자동 통보되는 홈네트워크망
5	현관	가. 동작감지센서가 부착된 등 나. 75~85센티미터 높이에 수직·수평 손잡이를 설치 다. 마루귀틀에는 경사로를 설치
6	거실	가. 1.2미터 높이에 현관 바깥을 볼 수 있는 비디오폰 설치

7	부엌	(휠체어 사용자 한정) 가. 좌식 싱크대를 설치할 것 나. 취사용 가스밸브는 바닥면에서 1.2미터 높이 내외
8	침실	(시각장애인 한정)
9	욕실	가. 1) 욕실 출입구에 동작감지센서 등 2) 욕조 높이는 45센티미터 이하 3) 위아래로 이동이 가능한 샤워기 4) 좌변기, 욕조, 세면대 및 샤워 공간 주위의 적절한 위치에 안전손잡이 5) 욕실 출입문은 밖여닫이, 미닫이 또는 미서기문 나. (휠체어 사용자 한정) 1) 좌변기 옆에 75센티미터 이상의 여유 공간을 확보할 것 2) 높낮이가 조절되는 세면기를 설치할 것

출처: 강은나 외(2019).

(2) 주택지원

주택지원사업은 세대융합형 홈셰어링과 빈집을 활용한 사회주택 제공이 있다.

세대융합형 홈셰어링은 세대 간 주거를 공유하는 형태로 서울시와 부산시 등에서는 60세 이상 주택을 소유한 노인 가구의 주거환경 개선 비용지원과 함께 대학생이나 취업준비생 등의 청년들이 주거비용을 절약할 수 있도록 지원하고 있다. 서울시의 한지붕 세대공감 사업은 방 1개 이상의 주택을 소유한 60세 이상 노인과 해당 지역 소재 대학(원)생이 생활공간을 공유하는 것으로 임대노인에게는 도배 및 장판 등 환경개선비(100만 원 이내)와 소득(월세)을 제공하고 학생에게는 무보증금으로 저렴한 월세(20만~30만 원 내외)로 거주 가능하도록 지원하고 있다. 기본 기간은 6개월(1학기)이나, 연장 가능한 형태이다.

빈집을 활용한 사회주택 제공은 전국적으로 빈집 증가에 따른 지역 슬럼화 문제가 대두되면서 지역재생 및 주거취약계층의 주거복지를 강화하기 위해 빈집을 활용하여 주거공간을 제공하는 사업이다. 서울시에서는 빈집 활용 도시재생 프로젝트를 본격화하여 6개월 이상 비어 있는 아파트, 단독주택 등을 신축 또는 리모델링하여 주거 취약계층에게 사회주택으로 공급하는 방안을 실행 중이다. 2018년 빈집실태 전수조사를 실시하였으며, 빈집정보시스템(빈집은행)을 구축하고, 빈집정비계획을 수립하고 있다. 현재는 청년층, 신혼부부를 중심으로 지원하고 있으나 추후 노인층까지 확대를 계획하고 있다.

(3) 서비스 연계형 주택서비스

연계형 주택이란 물리적인 주거공간을 제공할 뿐만 아니라 노인의 선상 및 자립생활 지원과 관련된 다양한 서비스 제공을 포함하는 지원 형태를 의미한다. 대표적으로 노인의 집과 공동체주택, 노인공공시설 기반의 공동거주가 있다.

노인의 집은 보건복지부에서 1995년 시행된 제도로 국고 지원 없이 지방자치단체 재정으로 운영되고 있으며, 현재는 서울시의 일부 자치구에서만 운영되고 있다. 서울시 어르신 공동생활주택이라는 사업명으로 만65세 이상의 기초생활 수급 노인 3~7명이 지역사회 내 일반 주거 지역에 15~25평 정도의 소규모 공동주택을 마련하여 주거공간 공유, 공동생활을 통해 공동 난방, 공동 취사에 따른 일상생활 경비를 절감하고 월세 부담을 해소하는 것을 목적으로 하고 있다.

공동체주택은 독립된 공동체 공간(커뮤니티 공간)을 설치한 주거공간으로 공동체 규약을 마련하여 입주자 간 소통·교류를 통해 생활 문제를 해결하거나 공동체 활동을 함께하는 새로운 형태의 주택을 의미한다. 이러한 소규모 공동주택 안에 독립된 공동체 공간을 갖추고 있고, 공동체주택 관리규약이 마련된 주택으로 셰어하우스(share house)와 코하우징(co-housing) 형태를 모두 포함하고 있다. 공동체주택은 공급 방식에 따라 자가소유형, 민관협력형, 민간임대형, 공공임대형으로 구분할 수 있으며, 입주자 특성에 따라서는 공동육아형, 1인 가구형, 어르신 공동체형, 세대혼합형으로 구분할 수 있다. 특히, 서울시에서는 공동체주택 시범사업 및 공동체플랫폼을 운영하고 있으며, 2019년부터는 서울형 공동체주택 인증제 및 금융지원사업을 실시하고 있다. 이 중 어르신 공동체형 공동체주택의 대표적 사례로는 불광동의 구름정원 사람들, 신내의료안심주택을 들 수 있다.

노인공공시설 기반의 공동거주는 지역사회 내 마을회관, 경로당 등의 노인공공시설을 활용하여 고령의 독거노인들이 공동생활을 하게 함으로써 고독사를 예방하고 열악한 삶의 질 개선을 도모하는 공동거주 형태이다. 대표적으로는 김제시 한울타리 행복의 집, 경기도 카네이션 하우스, 경북 독거노인 공동거주사업이 있다.

PART 04

노인복지실천

CHAPTER 12

포괄적 노인사정(査定)

01 포괄적 노인사정의 이해

1) 포괄적 노인사정의 개념

사정(査定)이란 신체적 기능, 심리적 상태, 공식적·비공식적 지원체계, 물리적 환경 등 클라이언트의 전체 상황을 파악한 것으로서 서비스 전달 혹은 치료에 선행하여 적절한 수준의 케어나 원조를 결정하기까지의 일련의 과정을 말한다. 포괄적 사정이란 복합적이고 상호 연관된 요인들을 종합적으로 고려하기 위해서 여러 전문분야의 전문인들이 팀을 이루어 사정을 행하는 다학제적(multi-disciplinary) 접근방식이다. 다학제적 사정의 경우 기본적 팀은 사회복지사, 간호사, 의사로 구성되지만, 심층적 이해를 위한 진단과정에는 신경정신과 의사, 심리치료사, 치과의사, 언어병리학자, 안과의사, 물리치료사 등이 포함될 수 있다.

루벤스타인 등(Rubenstein & Rubenstein, 2012)은 노인 사정은 다학제 및 영역 간 진단과정으로 노쇠노인이 의학, 심리-사회, 기능 능력과 문제점을 알아내어 진단한 후, 치료와 장기추적을 위한 계획을 수립하는 것에 목적이 있다고 요약하였고, 일반적인 의학적 진단과 다른 점은 노쇠노인의 복잡한 문제를 다루는 데 집중하는 과정이고, 특히 기능상태와 삶의 질을 중요시하며, 다학제 및 영역 간 팀과 등급 계량 방법(quantitative assessment scale)으로 접근하는 것이 다르다고 하였다. 노인평가사정은 1930년대 말 영국에서 마저리 워렌(Marjory Warren)이 런던시립병원의 책임자로 있으면서 개념이 시작되었다. 이 당시 시립병원은 제대로 된 의학적 진단이나 재활치료를 받은 적이 없는 만성적으로 병약하고 누워 있는 버려진 노인으로 가득 차 있었고, 남은 생애를 입소 상태로 지낼 것으로 생각되고 있었지만, 자세한 진단과정, 운동 및 재활치료로 장기와상 상태의 노인 대부분을 침대에서 나오게 하였고, 퇴원이 가능한 경우도 있었다. 그 경험을 바탕으로 워렌은 모든 노인환자는 요양원이나 요양병원에 입원하기 전 포괄적 노인사정을 받아야 한다고 주장하였다(권인순, 2014).

포괄적 노인사정의 접근은 일차진료의 혹은 사회 보건 종사자가 노인의 기능문제와 장애를 알아내기 위한 단순한 사정으로부터 종합병원 수준에서 노인의학 전문의와 다학제 팀이 문제점 파악뿐 아니라 치료계획까지 세우는 강도 높은 사정 방법이 있다. 평가장소도 개인의원, 종합병원의 외래, 입원, 전문클리닉, 요양원, 환자의 가정 등 목적에 따라 다양한 장소에서 시행될 수 있다(권인순, 2014). 포괄적 노인사정의 궁극적인 목표는 노인 삶의 질 향상이기 때문에 건강상태뿐 아니라 사회, 경제, 환경인자까지 다루어져야 하며, 건강상태는 증상과 징후, 신체검진, 검사소견 분석 등을 통한 의학적 질환 진단과 신체기능장애 여부, 일상생활 활동 가능 여부로 파악한 다음 요양계획을 세운다(Rubenstein & Rubenstein, 2012).

2) 포괄적 노인사정의 활용

노인복지 관점에서 포괄적 노인사정은 사례를 발견하고, 서비스 제공의 개입계획을 수립하고, 현재 제공되는 서비스의 지속적인 모니터링을 할 수 있는 유용한 방법이다.

포괄적 노인사정은 사례발견의 유용한 방법이다. 완전한 노인사정을 하기 전 간단한 사정인 스크리닝으로 특정한 서비스가 필요한 노인을 알아내는 사례발견을 할 수 있다. 또한, 스크리닝은 서비스 제공의 자격이나 수당의 자격을 결정하기 위한 조사방법으로 활용될 수 있다. 즉, 의료보호가 적용되는 요양시설에 입소하기 위해서는 노인의 기능상태가 법으로 규정된 숙련된 간호를 필요로 하는 상태여야 하며 의료보호 대상자이어야 하기 때문에 이를 스크리닝을 통해 판단할 수 있다. 사례발견을 위한 사정은 표적집단을 정확하게 선정하고 이후 사정에서 제외될 사람을 객관적으로 발견해야 한다.

포괄적 노인사정은 서비스 제공과 개입계획 수립의 기반이 된다. 서비스 제공과 개입계획의 근거가 될 정보들은 구체적으로 클라이언트의 강점과 약점에 대한 평가, 현재의 기능을 유지하는 평가, 현재의 기능을 유지하는 방법의 파악, 상실한 기능을 대처하는 방법의 파악 등이 있다. 강점과 장애에 대한 평가를 통해 개입 목표를 설정하고 이를 기반으로 장애를 극복하는 데 초점을 맞출 수 있다. 또한, 현재의 기능을 지지하고 유지하는 방법에 대한 파악이 가능하며, 상실한 기능을 회복시키는 서비스에 대한 파악이 가능하다.

노인사정은 현재 제공되고 있는 서비스의 효과를 지속적으로 모니터링하는 데 유용하다. 노인사정을 통해 서비스 제공 전과 후의 비교를 통해 서비스 제공의 효과를 판단할 수 있다. 모니터링을 위한 사정은 서비스 제공자, 특정한 서비스의 재원을 제공하는 정부 또는 기관에서 행할 수 있으며, 사정 결과를 바탕으로 서비스나 개입의 지속적 제공 여부, 변화와 종결 여부에 대해 결정할 수 있다.

02 노인사정의 종류

노인사정에는 예방적 사정, 초기 장애에 대한 대처로서의 사정, 실제적 와병에 대처하기 위한 사정, 장기요양보호에서의 정기적 사정으로 구분할 수 있다.

1) 예방적 사정

예방적 사정은 심사와 사례발견을 위한 사정으로 주로 일차 노인의료보호의 틀 안에서 이루어진다. 노인의료보호팀은 영미권의 대부분 나라에서 잘 발달되었지만 이러한 체계가 없는 곳에서는 지역의 담당 간호사나 사회복지사가 개입하지 않고 의사가 이를 담당한다. 건강상의 문제나 사회적 문제를 가진 노인들을 파악하는 사례발견은 완전한 사정을 위해 별도로 의뢰할 필요가 있는 노인을 대상으로 심사한다. 최근에 퇴원한 사람, 최근에 사별, 이사한 사람, 만성 질환상태에 있는 노인들이 사례발견을 위한 예방적 사정에 적합하다.

2) 초기 장애에 대한 대처로서의 사정

초기 장애에 대한 대처로서의 사정은 와병이 우려되어 노인이나 가족이 조언을 요청해 오는 경우 실시되는 사정으로 나라마다 다르겠지만 다학문적 방식으로 이루어진다. 영국은 환자의 집이나 요양시설, 혹은 병원에서 수행하기도 하는데, 이러한 사정은 일반적으로 일차 의료체계에서 의사나 사회복지사가 의뢰하여 이루어지며, 주간 보호소나 낮 병원에서 하는 경우도 있다. 캐나다는 노인이나 가족의 문의에 대응해 주는 독립적인 지역 사무소에 신청하면 간호사나 사회복지사가 노인의 집에서 일차 접촉을 하여 사정하고 필요할 경우 다른 기관으로 의뢰하는 과정을 통해 사정한다. 사정이 완료되면 사정 결과가 전문분야의 심사기관이나 팀으로 보내 앞으로 어떠한 원조가 필요한지 결정하게 된다.

3) 실제적 와병에 대처하기 위한 사정

실제적 와병에 대처하기 위한 사정은 장애가 발생하면 외래진료 형태로 사정을 받을 수 있지만, 입원하여 사정을 받는 경우 노인전문 의료사정 부서에서 담당한다. 입원환자에 대한 사정은 간호, 의료, 사회적·기능적 사정으로 구성된다는 점은 동일하다. 노인의 사례와 상황은 대개 여러 전문기로 구성된 팀에서 논의하여 치료 후 다른 병원이나 환자의 집 혹은 다른 적절한 시설로 이송한다.

4) 장기요양보호에서의 정기적 사정

요양원이나 장기입원병원에서는 간호사, 의사, 사회복지사, 치료사 등이 포함된 다학제적 사정팀이 정기적으로 사정을 실행한다. 노인장기요양보험은 신체기능 영역, 인지기능 영역, 행동변화 영역, 간호처치 영역, 재활영역, 복지용구 등 장기요양인정 요구사항으로 사정하고 있는데, 이는 장기적으로 점검될 필요가 있다. 일차적 보호에 있어 정기적 점검은 초기의 예방적 사정 이후에도 필요하며, 이러한 사정은 의사와 면담을 하는 동안 예방보호 프로그램의 일환으로 진행되거나 위험군에 속하는 환자들에 대해 정기적으로 사정을 시행할 수 있다.

03 노인사정의 절차

노인사정의 첫 단계에서는 클라이언트의 요청에 대한 이해이다. 클라이언트의 욕구를 충족시키기 위해서는 최초의 서비스 요청에 응하는 사람이 누구든 간에 첫 원조 요청에 대해서는 능동적으로 경청하여야 한다. 서비스 요청의 이유나 계기에 대한 이해가 필요하다. 정보나 서비스에 대한 요청을 받았을 경우 '왜 지금인가?'라는 질문을 함으로써 서비스 요청에 대한 명백한 계기나 환경에 대한 이해가 필요하다. 클라이언트(요청자)가 개입을 통하여 어떤 것을 얻고자 하는 것에 대해서도 이해하여야 한다. 이는 현실적이고 원조적인 개입계획의 근간이 된다.

노인사정의 중간 단계에서는 스크리닝을 통해 나온 사실들을 이해하고 노인과 가족, 그리고 문제 상황과 직접적인 관련이 있는 사람들을 대면하는 것으로 구성된다. 중간단계 사정의 목적은 클라이언트에 관한 정보를 수집하는 것으로 가정방문을 통해 클라이언트의 환경 주변 상황, 기능 등을 자세히 파악하여야 한다. 사회복지사의 임무는 면접장소와 상관없이 클라이언트와 가족의 선택사항들을 탐색하고 대안을 강구하도록 원조하여 가능한 개입계획과 선택할 수 있는 서비스들을 제시하는 것이다.

노인사정의 마지막 단계에서는 합리적이고 달성 가능한 목표 설정과 성장과 변화의 가능성 평가, 지속적 과정으로서의 사정과 재사정으로 구성된다. 동의된 목표는 치료관계의 핵심으로 이것이 없으면 양자가 서로 다른 목표를 추구하고 실망스러운 결과를 초래할 수 있으므로 사회복지사의 목표와 클라이언트의 목표가 일치해야 한다. 성장과 변화를 사정함에 있어 사회복지사의 목표를 클라이언트에게 부과하고자 하는 것과 클라이언트의 사정 가능성을 과소평가하는 경향을 피해야 한다. 사정결과 실제 서비스나 지속적인 사례관리 혹은 상담을 제공하게 되었다면 주기적인 재사정 과정을 계획 속에 포함하여 서비스의 업데이트, 효과의 검토와 조정이 필요하다. 이

때 클라이언트가 여러 기관을 방문하는 데 어려움이 있다면 사회복지사는 클라이언트를 위해 서비스가 연결되도록 촉진자의 역할을 해야 한다.

04 노인사정의 내용

포괄적 노인사정은 일반적으로 기능 부분, 정서 부분, 인지 부분, 환경 부분 등을 포함하는 다차원의 평가를 하는데, 사정을 하는 동기(임상적 평가 혹은 연구)에 따라, 평가하는 환경, 목적에 따라 평가하는 내용이 달라질 수 있다(박주성, 2005). 노인사정의 내용을 크게 분류하면 의학적 접근과 비의학적 접근으로 구분할 수 있다.

1) 의학적 접근

(1) 감각기능

시력장애는 노인에서 흔히 관찰되고 잘 보고되지 않는다. 백내장, 황반변성, 당뇨병성 망막증, 녹내장이 노화와 더불어 증가한다. 시력장애는 낙상, 기능, 인지장애, 와상, 우울증과 상관이 있다. 시력교정이 가능한 경우는 치료해 주도록 한다. 스넬렌(Snellen) 시력표가 시력 측정에 흔히 쓰인다. 청력 소실은 65세 이상 사회거주 노인의 30%, 요양원거주 노인의 75%로 보고되고 있다. 인지장애, 사회, 감성, 신체기능 감소와 관련이 있다.

(2) 인지기능

치매 빈도는 노화와 더불어 증가하고, 65세 이상 노인의 약 10%에서 보고되고 있다. 치매 조기발견은 가역적 질환에 의한 치료 가능한 치매의 완치도

가능하게 한다. 가장 흔히 쓰이는 스크리닝 도구는 Folstein MMSE(Mini-Mental State Examination) 30항목 검사이다. 검사시간이 길지 못한 외래에서는 1분이면 충분한 3항목 회상검사, 3항목 회상검사에 시계 그리기가 추가된 mini-Cog test가 쓰이고 있다.

(3) 정서

중증우울증은 젊은이에 비해 노인에서 더 많이 보고되고 있지는 않지만, 경도우울증과 다른 감성질환은 흔히 관찰되고 환자에게 상당한 질병영향을 준다. 노인의 우울증은 비전형적 증상으로 나타나고, 치매나 파킨슨병 등 신경계질환에서는 마스킹(masking)될 수 있으므로 주의를 요한다. 노인 우울 측정도구는 Yesavage GDS(Geriatric Depression Scale) 30항목과 단축형 15항목 검사가 흔히 쓰이고 있다. 지난 2주간 얼마나 자주 일에 흥미를 잃거나 일하는 것이 즐겁지 않았는가?, 가라앉거나, 우울하거나, 희망이 없었는가? 2개 항목 설문지 PHQ-9(Patient Health Questionnaire)가 스크리닝 도구로 쓰이기도 한다.

(4) 낙상, 균형능력과 이동능력

사회거주 노인의 경우 65세 이상의 1/3, 80세 이상 노인의 절반이 매년 넘어지고, 낙상 노인의 10%가 중증손상을 일으킨다. 낙상 전력 노인 혹은 균형과 보행 문제가 있는 노인이 고위험군이다. 기립성저혈압, 시력, 복용약물, 균형, 보행, 하지근력검사가 낙상평가를 위해 수행된다. 위험인자 교정이 낙상 발생을 30~40% 낮춘다. 모든 노인은 적어도 매년 낙상 설문을 하고, 노쇠노인의 경우는 매번 한다. TUG(timed “up-and-go” test)는 의자에서 일어나 3미터를 걸어서 다시 돌아와서 앉기까지 걸리는 시간을 측정하는 검사로 이동성과 균형을 함께 검사한다. 10초 이내가 정상이고 20초 이상 걸리는 경우는 정밀검사를 요한다.

(5) 영양상태

비만, 영양부족, 비타민결핍이 모두 영양실조에 포함된다. 비만은 신체질량지수가 30kg/m^2 이상인 경우로 당뇨병, 퇴행성골관절염, 고지혈증, 관상동맥질환, 수면무호흡증 등의 질환과 기능 저하와 관련이 있다. 최근 12개월간 5% 이상의 체중감소, 혈중 알부민, 프리-알부민, 콜레스테롤 저하가 영양부족을 나타내고 사망률 증가와 관련이 있다. 10항목 설문지인 Nutritional Screening Initiative와 Mini-Nutritional Assessment가 평가에 쓰인다.

(6) 대소변 조절기능

대소변 조절기능 검사는 요실금과 배변기능으로 검사한다. 요실금은 사회거주 여성 노인의 1/3에서 어느 정도 요실금이 있고, 3/4의 남성 노인에서 요로관계 이상 증상이 있다. 요실금의 합병증으로는 낙상, 욕창, 피부염, 불면증, 요로계 감염증 등이 있다. 행동요법 혹은 약물요법으로 조절가능하다는 것을 설득시키고, 증상이 심하거나, 일상생활에 지장이 많을수록 설문지 응답률이 높다. 요빈도, 야간 및 주간 실금빈도, 요정체를 기초 조사한 후, 지병, 약물복용, 분변매복 등 원인 인자 조사를 하여 교정가능하면 치료한다. 배변기능은 변비, 설사, 장 습관 변화, 분변 매복 등을 조사하고, 질병, 약물복용, 와상, 우울증 등 원인 인자 목록을 만들고 치료 가능한 정도에 따라 분류한다.

(7) 예방서비스

생활습관 교정과 예방주사, 스크리닝 검사 등은 비증상 질환이 있을 때 예방효과가 많다.

2) 비의학적 접근

(1) 환경평가

은행왕래, 마트나들이와 같은 사회서비스 접근능력, 신체환경 안전도, 노인의 기능 능력과 인지상태에 적합한 거주환경 여부 등 세 가지가 중요하다.

(2) 사회지지평가

사회적 유대는 노인의 건강에 매우 중요하다는 것이 오랫동안 알려져 왔다. 노인건강의 사회적 측면을 측정하는 도구는 많고, 11항목 Duke's Social Support Instrument는 한 예이다. 노쇠노인의 경우, 사회지지망의 적정 정도에 따라 집에 머무를 것인가, 시설에 갈 것인가가 결정된다. 노인이 질병에 걸렸을 때 돌보아줄 수 있는 사람 목록, 기능장애 환자의 경우 ADL 혹은 IADL을 도울 사람 명단 등 사회지지 평가를 한다. 갑작스런 질병 혹은 기능장애가 생겼을 때 도움이 된다. 가족 도우미도 우울증, 스트레스성 정신발작에 대한 스크리닝 검사를 주기적으로 시행하여 카운슬링이나 사회적 도움을 받도록 한다.

(3) 재정평가

소득에 따른 사회적 지지 연금, 의료보험 혹은 보호 상태를 아는 것이 도움이 된다. 장기요양보험, 보훈연금 상태 등도 입소 결정인자로 작용할 수 있다.

05 포괄적 노인사정 도구

1) 노인기능 선별평가

노인기능 선별평가(Functional Assessment Screening in the Elderly)는 Lachs 등(1990)이 노인에게 흔하지만 간과되기 쉬운 기능장애를 간단하게 선별하기 위해 개발한 도구이다. 이 도구는 기존의 도구가 너무 길고, 대부분의 환자에게 해당되지 않는 세밀한 검사를 포함하며, 질병에 집중된 계통별 검사를 중심으로 이루어지나 질병으로 인해 발생된 다양한 기능의 장애를 검사하지 못한다는 점을 고려하여 개발되었다. 이 도구는 시력, 청력, 상지 빛 하지의 기능, 요실금 유무, 영양상태, 인지상태, 우울, 일상생활 수행능력, 주거환경, 사회적 지지 항목으로 구성되어 있으며, 대상자의 행위 수행 여부와 현상 유무를 파악한다.

이 도구는 다른 기구를 사용할 필요가 없고 간단하면서도 쉽게 수행할 수 있다. 적용 과정이 위험하거나 비용의 부담이 없으며 평가에 소요시간이 길지 않아서 외래 환경에서 사용하기에는 편리하다. 입원 노인에게 적용하기 위해서는 질병에 대한 정보와 인지상태 파악을 위한 구체적인 정보의 추가적인 사정이 필요하다.

2) 신체기능수행 평가

신체기능수행 평가(The Physical Performance Test, PPT)는 루벤 등(Reuben et al., 1990)이 대상자의 신체기능을 측정하기 위해 개발한 도구이다. 대상자에게 상지기능과 균형, 이동, 조정력, 식사, 옷입기 등의 일상생활 동작 등을 수행하게 하고 직접 관찰한다. 구체적인 동작은 문장쓰기, 식사하기, 360°돌기, 옷 입고 벗기, 책 들고 내려놓기, 바닥의 동전 집기, 계단 오르기 등으로, 수행 시간을 0~4점으로 측정하여 대상자의 신체기능 정도를 정량화한다. 외래 환경에서 다른 기구의 사용 없이 10분 이내에 간단하게 적용할 수 있으며 숙련된 검사자가 대상자를 직접 관찰해야 한다. 사정의 내용은 신체기능에 집중되어 있고, 질병에 대한 정보나 인지기능, 사회적 기능에 대한 내용이 포함되어 있지 않다.

3) InterRAI(International Resident Assessment Instrument, RAI)

미국의 The Omnibus Budget Reconciliation Act of 1987(OBRA-87)가 제공한 장기 요양자의 기능상태를 평가하는 도구로(Hawes et al., 1997), 요양시설의 질을 평가하고 규정을 개선시키며 서비스 질 개선을 목적으로 한다. 적용대상이나 환경에 따라 요양시설, 가정간호, 급성기 관리, 정신건강, 아급성기 관리용이 있으며, 우리나라에서는 한국어판 번역본을 이용하고 있다. 이 도구는 노인을 비롯하여 기능저하가 의심되는 대상자들의 기능상태와 건강, 사회적 지원 자원, 서비스이용 등의 다양한 영역을 평가할 수 있는 최소한의 평가항목으로 이뤄진 최소정보군(Minimum Data Set, MDS)과 최소정보군을 근거로 대상자의 문제를 선정하고 문제에 대한 접근방법을 기술한 Clinical Assessment Protocol(CAPs)로 구성되어 있다(김선민 외, 2000). 최소정보군은 환자의 기본정보, 인지, 의사소통과 청력, 시력, 기분 및 행동 패턴, 정신·사회적 안녕 상태, 신체기능 및 구조적인 문제, 대소변 조절, 질병진단, 건강상태, 구강과 영양 상태, 치아상태, 피부상태, 활동양상, 투약, 특수치료와 처치, 퇴원 가능성 혹은 전반적 상태 등의 항목에서 해당되는 보기를 선택하여 표기하도록 구성되어 있다. InterRAI는 대상자의 다면적 평가가 가능하고, 대상자 중심의 정보를 제공하며 돌봄의 효능과 질, 연속성을 개선할 기회를 제공한다는 장점이 있다(Gray et al., 2009). 그러나 요양병원에서 사용하기에는 사정 항목이 많아 소요시간이 길고 입원 노인이 현재 가지고 있는 병력에 관한 구체적인 내용은 보충하여 기록해야 한다.

4) 한국형 외래용 포괄적 노인사정 도구

한국형 외래용 포괄적 노인사정 도구는 조비룡과 안은미(2013)가 락스 등(Lachs et al., 1990)의 노인기능 선별평가 방법과 대한노인병학회(2004), 조은정 등(2007)이 개발한 도구를 활용하여 외래진료환경에서 적절히 적용할 수 있는 한국형 외래용 포괄적 노인 평가도구를 개발하였다. 이 도구에는 현재의 병력, 생활습관, 수면, 배뇨장애, 구강건강과 예방접종, 일상생활 수행능력, 도구적 일상생활 수행능력, 노인 우울 척도, 낙상 위험과 주거환경, 사회경제적 요인 등의 내용을 파악하기 위한 자가기입식 설문과 신장, 체중, 인지기능, 시력과 청력, 상지 및 하지 기능과 균형을 측정하는 신체기능 평가로 구성된 표준형의 척도와 일상생활 수행능력과 우울 척도, 인지 등의 항목을 추출하여 개발한 단축형 척도의 두 가지 형태가 있다. 도구는 외래에서 적용하기에 적합하며 양성 소견에 대한 판정과 향후 진료에 대한 지침을 제공하는 데 도움이 될 수 있다(조비룡 · 안은미, 2013). 그러나 설문을 통한 대상자의 정보제공이 선행되어야 하고 설문에 답하거나 면담에 응할 정도의 인지 상태가 요구되므로 치매 환자가 많은 요양병원에서 활용하기에는 한계가 있다.

5) 성공노화를 위한 포괄적 노인평가 패키지

성공노화를 위한 포괄적 노인평가 패키지는 김선호와 오두남(2012)이 질병예방과 건강증진에 대한 간호 요구를 가진 노인에게 적용하기 위해 개발한 포괄적 노인사정도구이다. 사정의 내용은 기본평가, 정신기능평가, 신체기능평가, 생활습관평가, 주관적 건강수준평가, 환경평가로 구성된 6개 영역의 29개 항목이다. 각 항목은 기본 수준의 기초적 평가를 수행하여 기준을 초과하는 경우에 심층평가를 수행함으로써 보다 심도 있는 사정이 이루어질 수 있다. 사정 소요시간은 30~60분이며, 항목에 따라 수시 혹은 5년마다 사정한다. 사정은 간호사가 직접 수행하거나 면담 및 평가도구 설문 작성을 통해 이루어지며 도구의 사용지침과 활용에 대한 상세한 기술이 있어서 적용에 편의성이 있다. 그러나 일부 항목의 기준 점수가 요양병원에서 필수적으로 수행하고 있는 환자평가표의 표준 점수와 차이가 있고, 적용대상이 건강상태가 비교적 양호한 노인이라는 점에서 요양병원에서 활용하기에는 한계가 있다.

6) 요양병원 환자평가표

요양병원 환자평가표는 요양병원 일당정액수가 적용을 위한 환자 분류와 질 모니터링 지표의 산출을 위해 해당 환자의 의학적 상태나 의료서비스 제공 상황을 평가하기 위한 도구이다(이지윤 외, 2008). 요양병원에서는 해당 월의 환자평가표에 의해 정액수가를 적용하여 요양급여 비용을 청구하며, 폐렴이나 패혈증 등 특정 기간에 해당하는 경우에는 행위별 수가를 적용한다. 평가 내용은 일반적 사항, 의식상태, 인지기능, 신체기능, 배설기능, 질병진단, 건강상태, 구강 및 영양 상태, 피부상태, 투약, 특수 처치 및 치료의 영역이며 각 영역의 해당 부분을 선택 표기하여 시행한다. 환자평가표는 초기 문항의 86.5%에서 관찰자 간 신뢰도가 검증되었고, K-MBI와 준거타당도를 측정한 결과 일상생활 수행능력 영역의 타당도가 검증되었다(이지윤 외, 2008). 간호사는 입원 노인의 간호기록을 검토하여 입원 시 평가와 이후 매달 1회씩의 평가를 필수적으로 시행하며 일반적인 관찰 기간은 약 7일이다. 광범위한 영역에 대한 사정 내용을 포함하며, 간호사가 사용하기에 익숙하다. 그러나 이 정보들을 간호의 관점에서 활용하기 위해서는 병동의 간호환경에서 요구되는 환자 상태에 대한 자세한 설명과 순환 근무를 위한 정보의 연결성에 관한 내용이 필요하다.

CHAPTER 13

노인사례관리

01 사례관리의 개념

1) 사례관리의 정의

사례관리(case management)는 사회복지실천 분야에서 가장 많이 활용되는 대인 서비스 전달방식이지만, 아직도 용어에 대한 명확한 정의가 부족한 실정이다. 로스만(Rothman, 1991)은 사례관리를 지역사회에 거주하는 클라이언트를 대상으로 개별적인 조언, 상담과 치료와 옹호를 제공하며 서비스와 지지를 필요로 하는 클라이언트를 지역사회기관 및 비공식적인 지원망과 연결시키는 대인서비스의 실천방식이라 정의하였다. 이근홍(1998)은 다양하고 복합적인 욕구를 가진 클라이언트를 대상으로 클라이언트의 욕구를 충족시키고 사회적 기능을 향상시키기 위해 클라이언트와 사회자원과의 연결과 조정을 통해 클라이언트에 대한 보호를 관리하는 과정으로 정의하였으며, 정장호(2001)는 허약인, 장애인 등 복잡한 욕구를 가진 사람들이나 정신적 또는 신체적 장애 때문에 고도로 전문화된 서비스와 자원을 스스로 활용할 수 없는 사람들을 대상으로 하여 가능한 자원들을 받을 수 있게 하기 위한 일련의 원조, 서비스 네트워크에서 이루어지는 상호 협조 활동이라 하였다. 이권일(2007)은 사례관리자와 클라이언트의 협력을 통하여 장기보호의 욕구를 충족시키고, 지원망의 기능적 능력을 향상시키거나 극대화시키며, 연속적이고 포괄적인 서비스의 제공과 조정을 통해 효과적이고 효율적인 서비스를 전달하는 전문적 관계에 기초한 대인관계 서비스 과정으로 정의하였다.

이처럼 사례관리는 다양하고 복합적이며 장기적인 욕구와 문제를 가진 클라이언트를 대상으로 사례관리자가 클라이언트의 욕구를 충족시키고 문제를 해결하며 사회적 기능을 향상시키기 위해서 클라이언트와 사회자원과의 연결과 점검을 통하여 클라이언트에 대한 서비스를 개별적 · 연속적으로 관리하는 대인 서비스의 실천방법이다(이근홍, 2015). 즉, 사례관리는 사회복지실천의 전통적인 방법인 개별사회사업(case work), 집단사회사업(group work) 및 지역사회조직(community organization)의 다양한 측면을 바탕으로 클라이언트에게 서비스를 보다 효과적 · 효율적으로 전달하기 위해 개발한 사회복지실천의 한 방법인 것이다.

사례관리는 전통적인 사회복지실천 방법들에 근거하고 있지만, 전통적인 방법들과는 다양한 측면에서 독특한 특성을 지니고 있다. 첫째, 복합적이며 장기적인 욕구와 문제를 가진 클라이언트를 대상으로 한다. 둘째, 클라이언트의 욕구충족, 문제해결 및 서비스 제공에 초점을 둔다. 셋째, 클라이언트의 욕구를 충족하고 문제를 해결하며 사회적 기능을 향상시키기 위해 서비스의 연속성을 보장한다. 넷째, 서비스의 효과성(effectiveness)과 효율성(efficiency)을 높이기 위해 포괄적인 서비스를 제공하고 서비스의 조정과 점검(monitoring)을 한다. 다섯째, 비공식 · 공식 지원체계의 다양한 서비스를 활용하며, 지역사회자원의 개발 · 확보 · 동원 · 활용에 주안점을 둔다. 여섯째, 제공되는 서비스에 대한 사정, 점검 및 평가를 위해 경계범주접근방법(boundary spunning proachyl)을 활용한다(Greene et al., 1992).

이와 같이 사례관리는 전통적인 사회복지실천의 다양한 방법에 기반을 두고 있지만, 기존의 사회복지실천 방법들과는 여러 가지 측면에서 다른 특성을 지니고 있다. 실천과정에서 전통적인 사회복지실천의 가치, 지식 및 기술을 활용하고 있다.

2) 사례관리의 목적

사례관리는 서비스 전달 측면과 실천적 측면에서의 다양한 목적을 달성하기 위해 노력하는 사회사업적 접근방법이다(임지영 외, 2009). 따라서 사례관리 목적은 서비스전달체계와 사회복지실천으로 구분하여 설명할 수 있다.

서비스전달체계 측면에서 사례관리의 목적은 첫째, 포괄적인 서비스를 보장한다. 특정 시점에서 클라이언트가 가지고 있는 욕구와 문제를 해결하기 위해 포괄적인 서비스를 조정하여 제공한다. 둘째, 서비스의 연속성을 보장한다. 시간의 경과에 따라 변화하는 클라이언트의 욕구를 충족시킬 수 있도 록 즉각적이고 포괄적인 서비스를 지속적으로 제공해 주는 등 보호의 연속성을 보장한다. 셋째, 클라이언트의 접근가능성(accessibility) 역량을 강화한다. 클라이언트가 다양한 서비스 체계와 협상하는 것을 원조해 줌으로써 서비스를 쉽게 활용할 수 있는 능력을 배양한다. 넷째, 서비스의 책임성을 제고한다. 서비스의 단편화로 인한 서비스 접근의 장애들을 극복하고 클라이언트에 대해 전반적으로 책임을 지는 책임성(accountability)을 제고할 수 있다. 다섯째, 서비스의 적정성을 확보한다. 서비스가 클라이언트의 욕구에 적합하고, 적절한 방법으로 제공될 수 있도록 보장함으로써 서비스 계획의 효율성을 향상시킨다(Intagliata, 1992).

다음으로 사회복지실천 측면에서의 사례관리 목적은 첫째, 클라이언트의 잠재력을 최대화한다. 클라이언트의 강점을 강화하여 외부환경에 적응할 수 있도록 클라이언트의 잠재력을 최대화한다. 둘째, 클라이언트 및 가족 지원체계 접근능력을 배양한다. 클라이언트와 그의 가족들이 사회적 자원을 활용할 수 있는 능력을 습득하도록 한다. 셋째, 비공식 체계의 보호능력을 최대화한다. 가족, 이웃, 친구 등 비공식적 자원체계가 클라이언트를 보호할 수 있는 능력을 최대화시킨다. 넷째, 공식적 도움체계의 능력을 최대화한다. 클라이언트와 가족의 욕구를 충족시키는 데 있어 사회복지기관, 관공서, 종교기관 등의 공식적 도움체계의 능력을 최대화시킨다.

결과적으로 사례관리의 주요 목적은 가족, 친족, 친구 등의 비공식적 자원 체계와 국가 및 공공기관 등의 공식적 자원체계가 보유하는 각종 자원을 통합하는 기능을 하는 것이다(Nelson, 1982).

3) 노인사례관리의 필요성

노인 인구의 급속한 증가와 더불어 허약한 후기 고령노인 및 치매노인의 증가로 인하여 노인은 사례관리의 가장 많은 대상이 된다. 노인은 그들의 특성상 대부분 다양하고 복합적이며 장기적인 욕구를 가지고 있으며, 빈곤, 질병, 우울, 학대, 자살, 치매 등의 문제를 경험하고 있어 사례관리서비스가 필요하다. 노인은 일상생활 기능수준이 저하되어 신체적 수발을 포함한 장기요양서비스가 필요하며, 사회경제적 역할의 상실로 소득이 감소되어 빈곤하므로 생계유지를 위한 소득보장과 일자리가 그들에게 제공되어야 한다. 노인은 대부분 고혈압, 당뇨병, 뇌졸중, 노인성치매 등과 같은 만성질환을 가지고 있으므로 그들에게 지속적인 의료서비스가 필요하며, 가족과 지역사회로부터 소외되어 고독감을 느끼고 우울할 수 있으므로 그들에게 사회적 관계의 유지를 위한 다양한 프로그램이 제공되어야 한다(이근홍, 2020). 노인이 스스로 이러한 욕구를 충족시키고 문제를 해결하기 위한 서비스를 제공받기에는 신체적 허약성, 접근성의 결여, 정보와 인식능력의 부족, 경제적 어려움 등으로 상당히 어렵기 때문에 사례관리를 통하여 그들에게 다양한 서비스가 제공되어야 한다.

노인을 위한 사례관리는 사례관리의 그 어느 분야보다도 수요가 더욱 급속히 증가할 것으로 보인다. 이것은 많은 대상의 복합적인 욕구를 충족시키기 위해서 가족을 포함한 비공식 지원체계와 공식 지원체계의 다양한 자원에 대한 적극적인 개발과 확보를 통하여 이루어져야 하며, 단편적인 서비스 제공보다는 포괄적인 서비스의 제공이 필요하다. 노인의 욕구와 문제가 대부분 장기적이기 때문에 사례관리서비스가 단기간 제공되기보다는 연속적으로 제공되어야 하며, 철저한 점검과 평가를 통해서 지속적으로 관리되어야 한다. 특히 치매노인과 뇌졸중노인에게는 전문적인 사례관리 서비스가 계속적으로 제공되어야 한다(이근홍, 2020).

02 사례관리의 유형

사례관리 유형은 개념적 정의만큼이나 다양하다. 유형은 제공자 중심적 관점과 이용자 중심적 관점에 따라 구분되기도 하며, 사례관리자의 기능을 중심으로 다양한 모델로 유형화되기도 한다. 그리고 유형은 전문분야에 따라서도 상이하게 나타나는데, 특히 정신건강영역에서는 크게 3가지 유형의 모델이 대표적으로 작동되고 있다.

1) 제공자 관점 대 이용자 관점

사례관리유형의 일차적 구분은 사례관리 프로그램이 비용을 억제하고 효율성을 높이기 위해 서비스 체계를 관리하는 데 대한 관심에서 발달된 것인지, 혹은 클라이언트의 복합적인 욕구를 보다 효과적으로 충족시키기 위한 인본주의적 관심에서 발달된 것인지에 대한 것이다(김미숙 외, 2011). 오늘날 사례관리는 이 두 가지 목표가 동시에 실현될 수 있는 것으로 서비스 체계가 비용 효과적일 때 클라이언트가 더 높은 서비스를 제공받을 수 있다고 주장하기도 하지만, 문지기(gatekeeper) 역할을 강조하는 제공자 관점과 서비스 질의 향상에 초점을 두는 이용자 관점에서의 접근은 분명 차이가 있다.

제공자 관점 중심은 주로 의료비용을 억제하기 위한 건강 분야에서 시작되었으며, 이용자 중심적 관점은 사회복지서비스나 정신건강서비스 영역에서 추구되어 왔다. 제공자 중심적 프로그램의 대표적 예는 미국의 Health Maintenance Organization(HMO)에서 운영되는 사례관리를 들 수 있다. 이 모델에서 사례관리자의 역할은 값비싼 의료서비스 이용을 통제하는 문지기의 역할이 중요하다. 병원 내 사례관리자의 역할 또한 이와 유사한데, 비용을 통제하는 의료시스템을 통해 환자의 이동을 관리하고 결과적으로 비용 효율성을 높이는 것이다. 비용통제는 궁극적으로 사례관리자가 배정하는 서비스의 양과 다양성에 영향을 미칠 수 있다.

2) 지역사회 정신건강 분야의 유형

탈시설화 이후 등장한 지역사회 정신건강 프로그램은 오늘날 크게 3가지 사례관리 모델로 구분된다. 적극적 지역사회치료(Assertive Community Treatment, ACT), 집중적 사례관리(Intensive Case Management), 강점사례관리(Strength Case Management)가 있다(김미숙 외, 2011).

(1) 적극적 지역사회치료

이 모델은 위스콘신 매디슨의 Mendota 주립병원에 속한 아놀드 막스(Arnold Marx), 레오나르드 스타인(Leonard Stein)과 심리학자인 메리 앤 테스트(Mary Ann Test)에 의해 1960년대 후반에 개발되었으며, 현재 많은 나라에서 널리 사용될 정도로 일반화되었다. 이 모델은 10~12명의 전문가로 구성된 팀이 중증의 정신질환자들에게 포괄적, 지역 기반 치료를 제공하는 서비스 전달 모델로서 다른 서비스 제공자들에게 클라이언트를 연계시키기보다 클라이언트에게 실질적인 서비스를 직접 제공해 주는 것을 지향한다(김미숙 외, 2011). 중개모델과는 달리 이 모델은 오히려 매우 개별화된 서비스를 직접 제공하는 형태로서 클라이언트들은 다양한 분야의 직원으로부터 그들 자신의 집이나 지역사회에서 24시간 365일 서비스를 제공 받는다. 이 치료프로그램이 개발될 때의 전제는 병원의 24시간 케어가 환자의 증상을 경감시키는 데 도움이 되기 때문에 퇴원 후에도 이러한 형태의 지속적인 지지와 치료가 중요하다는 것이었다. 적극적 지역사회치료는 병원치료를 지역사회로 이동한 것이라 볼 수 있다. 병원치료와의 차별성은 초점이 치료보다는 재활로 이동되었다는 점으로, 가족개입 및 교육, 환자에 대한 사회기술훈련 등 지역사회에서 독립적으로 살아갈 수 있는 훈련이나 교육이 강조되고 있다는 점을 들 수 있다.

적극적 지역사회치료의 기본 원칙은 다음과 같다(김미숙 외, 2011).

첫째, 다양한 분야의 전문가들로 구성된 팀 접근이다. 사회복지, 재활, 상담, 간호, 정신과 등 다양한 전문가팀이 적극적 서비스를 직접 제공한다.

둘째, 직원 1인당 사례 수가 적다. 24시간 내내 많은 서비스를 직접 제공해야 하기 때문에 클라이언트 비율이 최소한이어야 한다.

셋째, 서비스는 지역사회 내에서, 즉 환자의 집이나 이웃, 지역 식당, 공원, 가게 등에서 제공된다

넷째, 개개인에게 맞는 개별화된 서비스를 제공한다. 치료계획은 개인의 강점, 욕구, 희망, 소망 등에 기반하여 개발되며, 지속적인 사정을 통해 계획이 수정되기도 한다.

다섯째, 개입이 적극적이다. 클라이언트가 치료에 계속 참여할 수 있도록, 독립적으로 생활할 수 있도록, 장애를 회복할 수 있도록 적극적으로 지원한다.

여섯째, 장기적 프로그램이다. 이 서비스는 회복과정이 수년이 걸릴 수 있는 중증의 정신질환자에게 제공되는 것이기 때문에 장기적인 프로그램으로 디자인되어 있다.

(2) 집중적 사례관리

집중적 사례관리 모델의 핵심은 표적대상층의 특성에 놓여 있다. 집중적 사례관리는 전형적으로 서비스 욕구가 가장 큰 개인, 예를 들어 입원경력이 잦거나 약물남용 등의 문제가 함께 진단된, 범죄나 홈리스와 연관된 중증의 정신질환자들에게 포괄적인 서비스를 집중적으로 연계하는 특징이 있다. 찰리스 등(Challis et al., 2001)은 집중적 사례관리를 고도의 욕구를 갖는 혹은 높은 위기 수준에 있는 사람들에게 제공되는 전문적 서비스로서 소수의 사례를 담당하는 사례관리자에 의해 수행되는 것으로 규정했다. 담당하는 사례 수가 적음은 적절한 케어 플랜과 재검토를 위한 충분한 접촉을 가능하게 하기 때문에 매우 중요한 요소이다.

집중적 사례관리는 적극적 지역사회 치료프로그램과 유사한 특성을 공유하지만, 근본적으로 중요한 차이가 있다. 팀접근과 개인적 접근의 차이로서 적극적 지역사회치료 모델이 팀접근에 의존하는 반면, 집중적 사례관리는 1인 사례관리자에 의해 주도되는 경향이 많다. 따라서 집중적 사례관리자는 직접적으로 서비스를 제공하는 사람이라기보다 치료와 재활서비스에 클라이언트를 연계시키는 중개자의 역할에 더 가깝다. 집중적 사례관리의 또 다른 특징은 클라이언트의 강점에 초점을 두며, 모든 치료 결정에 클라이언트를 완전히 참여시키는 데 초점을 둔다.

(3) 강점 사례관리

1980년대 캔자스 대학의 찰스 라프(Charles Rapp)에 의해 개발된 강점 사례관리는 당시 클라이언트가 원하는 것을 성취하도록 하는 데 있어 사례관리가 비효과적이라는 인식에서 비롯되었다(김미숙 외, 2011). 이 모델은 클라이언트 병리나 결함에 기초하여 욕구를 사정하기보다 전적으로 클라이언트 강점에 기초하여 사정하는 것을 강조한다. 다른 모델과의 차별성은 바로 사정 단계가 강점 사정(strength assessment)으로 특성화되어 있다는 점이다.

사례관리 과정은 클라이언트 주도적이며, 사례관리 과정에 클라이언트의 적극적 참여가 강조된다. 사례관리자는 단지 클라이언트의 자기 결정과 클라이언트의 특정 목표를 달성할 수 있도록 클라이언트를 지원하는 데 주된 역할이 있다.

강점 관점은 모든 개인은 인생에서의 어떤 도전에도 효과적으로 대처할 수 있는 능력과 내적 자원을 보유하고 있다는 신념에 기반한다. 심지어 무력하고 도움에 저항적인 사람들조차도 자신들의 능력을 재발견하도록 격려될 때 도전에 직면해서 의미 있는 발전을 보일 수 있다고 전제된다(Brun & Rapp, 2001). 이 모델은 사례관리자와 클라이언트의 관계에 강한 강조점을 두고 있다. 강점 접근의 기본 전제는 다음과 같다.

- 모든 사람은 능력, 재능, 역량을 갖고 있다.
- 사람들에게는 성장과 변화 능력이 내재되어 있다.
- 삶에서의 트라우마들은 그 사람의 삶에 부정적인 영향을 미칠 수도 있지만, 성장의 출처로서 기여할 수도 있다.
- 성장과 역경 극복의 능력은 그 상한선이 없다.
- 문제는 사람 내부에 있는 것이 아니라 외부 환경과의 상호교류에 있다.
- 사람들은 모두 그 자신의 삶에 대해서는 전문가들이다.
- 친구와 가족, 지역사회는 주요한 자원의 보고이다.
- 사람들은 그들이 직면한 도전을 극복하는 데 있어 무엇이 도움이 되고 무엇이 도움이 되지 않는지를 잘 안다.
- 클라이언트는 유능하며, 서비스 계획 수립과정에 참여할 수 있다.

- 클라이언트 스스로 선택하고 선택한 것에 대해 함께 협력할 때, 새로운 자신감과 독립심이 경험된다.
- 질병과 장애가 반복되는 삶일지라도, 꿈과 열망을 실현할 내재적인 능력을 갖고 있다.

강점에 관한 이러한 관점을 견지하면서 라프(Rapp, 1988)는 강점사례관리모델이 다음과 같은 6가지 원칙에 기반함을 제안했다.

① 초점은 병리가 아닌 개인의 강점에 있다.
② 지역사회는 자원의 오아시스이다.
③ 개입은 클라이언트 자기결정에 기초한다.
④ 사례관리자와 클라이언트 관계가 주요하며 필수적이다.
⑤ 공격적 아웃리치가 선호된다.
⑥ 사람들은 배우고, 성장하고 변화될 수 있다.

3) 역할에 따른 사례관리 유형

사례관리모델은 사례관리자가 수행하는 역할에 따라 구분되기도 한다(김미숙 외, 2011). 대체로 사례관리자들은 전반적 기능을 골고루 수행하는 일반주의자 유형에 해당되지만, 특정 역할만을 더 비중 있게 수행하는 경우도 있다. 예를 들어, 중개자 유형, 치료자 유형, 비용 절감자 유형이 그것이다. 비용 절감자 유형은 일반적이지 않으며, 주로 관리 의료와 같은 병원 세팅에서 발견되며, 치료자 유형은 정신건강영역에서 이루어지고 있다.

중개자의 역할은 클라이언트와 서비스와의 연결에 초점을 둔다. 할당된 케이스 비율은 대개 높은 수준이며, 한 명의 사례관리자가 클라이언트 욕구사정과 치료계획 수행에 대한 책임을 진다. 사정절차와 연계활동에 연관된 증가된 업무량은 사례관리에 대한 보다 행정적인 접근을 초래했다는 비판이 있다. 중개역할은 정서적 지지와 상담에 대한 접근을 줄일 수 있으며,

상담활동의 상실에 관한 관심은 퇴원계획 수립을 주로 하는 병원사회사업 세팅에서 특히 명백한 것으로 나타났다(Weinberg et al., 2003). 이 모델은 사례관리자와 클라이언트 관계적 측면에 제한이 있으며, 중개역할이 완수되면 사례관리자로서의 기능도 종결된다. 그리고 사례관리자의 사정 능력, 지역사회자원에 대한 지식에 의존하며, 클라이언트에 대한 최소한의 관여, 사후 추적 결여 등으로 인해 가장 효과성이 낮은 모델로 제시되고 있다.

이에 반해 치료자 유형은 상담과 치료 등 보다 전문적 기술을 갖추고 있으며, 클라이언트와의 관계를 중요시한다. 그리고 때로 사례관리자의 역할이 비용절감에 맞춰져 있는 경우도 있다. 이 경우, 사례관리자들은 최저의 비용으로 최상의 질을 갖춘 서비스를 제공하는 것이 주된 임무가 된다(Woodside & McClam, 1998).

03 사례관리의 구성

사례관리란 다양하고 복합적이며 장기적인 욕구와 문제를 가진 클라이언트를 대상으로 사례관리자가 클라이언트의 욕구를 충족시키고 문제를 해결하며 사회적 기능을 향상시키기 위해서 클라이언트와 사회자원과의 연결과 점검을 통하여 클라이언트에 대한 서비스를 개별적·연속적으로 관리하는 대인서비스의 실천방법이라고 할 수 있다. 따라서 사례관리는 복합적이며 장기적인 욕구와 문제를 가진 클라이언트, 사례관리에 관한 전문적 지식과 기술을 가지고 사례관리를 실천하는 사례관리 전문가, 클라이언트에게 서비스를 제공하는 사회자원, 그리고 클라이언트에 대한 서비스를 개별적·연속적으로 관리하는 사례관리 실천방법으로 구성되어 있다(이근홍, 2020).

1) 클라이언트

사례관리의 클라이언트는 복합적이며 장기적인 욕구와 문제를 가지고 있으면서 사회적 기능상의 심각한 문제로 인하여 자신의 욕구를 충족시키거나 문제를 해결하지 못하여 정상적인 인간다운 삶을 영위하지 못하는 사람들이다. 사례관리의 클라이언트는 대개 허약한 노인·뇌졸중노인·치매노인, 중복신체장애인·만성정신장애인, 발달장애아동·학대받는 아동·소년소녀가정 아동, 빈곤가족·한부모가족·조손가족·다문화가족 등이다.

사례관리의 가장 많은 대상 중의 하나는 노인이다. 노인들은 그들의 특성상 대부분 복합적이며 장기적인 욕구와 문제를 가지고 있으면서도 신체적 허약성, 일상생활 기능수준의 저하, 정보와 인식능력의 부족, 의존성의 증가, 사회경제적 역할상실, 소득의 감소, 자기보호 능력의 상실 등으로 인하여 자신들의 욕구를 충족시키거나 문제를 해결하지 못하는 경우가 많다. 그 결과 노인들은 사례관리의 주요 대상이 되고 있다.

2) 사례관리전문가

사례관리전문가는 사례관리에 관한 전문적 가치, 지식 및 기술을 소유하고 클라이언트와 사회자원과의 연결과 점검을 통해 포괄적·연속적으로 서비스를 제공하여 클라이언트로 하여금 복합적이며 장기적인 욕구를 충족시키고 문제를 해결하며 사회적 기능을 향상시키는 사람이다. 사례관리전문가는 대개 사례관리자를 말한다.

사례관리자는 클라이언트의 욕구충족, 문제해결 및 사회적 기능 향상을 위해 클라이언트와 필요한 서비스를 연결하고 조정과 점검을 통해 서비스의 연속성을 보장하는 전문가이다. 사례관리자는 사례관리의 목적을 달성하기 위해 다양한 역할을 수행하며, 대개 사례발견자, 사정자, 계획자, 중개자, 조정자, 점검자, 평가자, 옹호자, 문제해결자 등의 역할을 수행한다. 그 외에도 사례관리자는 사례발견자, 자원개발자, 분쟁조정자, 상담자, 자문가, 교육자, 서비스조직가, 지도감독자, 경계범주자 등의 역할을 수행한다(이근홍, 2020).

이러한 역할을 수행하기 위해서 사례관리자는 기관 간의 정책과 프로토콜에 대한 지식을 포함한 중개(brokerage) 능력, 클라이언트의 권리를 주장하기 위한 옹호와 서비스 체계의 경직성을 극복하기 위한 능력인 정치적 기술, 비공식적 원조망 등과 같은 자원체계를 찾아내고, 증대시키거나, 연구하고, 이러한 체계에 클라이언트를 연계시키는 능력을 포함한 지역사회 업무 능력, 진단의 치밀함은 물론 치료적 지식과 기술을 포함한 임상적 기술, 클라이언트들의 기본적인 생활기술의 매우 작고, 단순한 변화를 성취하기 위한 노력에 대한 인내심을 발휘할 수 있는 재활에 대한 신념 등이 요구된다.

미국의 사회복지사협회(National Association of Social Workers, 1992)에서는 사회복지 분야에서 사례관리자가 갖추어야 10가지 전문성에 대한 기준을 설정하여 제시하고 있다(김미숙 외, 2011).

① 사회복지 사례관리자는 사회복지교육협의회의 인준을 받은 사회사업 프로그램의 학부나 대학원에서 받은 학위를 가지고 있어야 한다. 그리고 사회복지 사례관리자는 사례관리 실천을 능숙하게 수행하는 데 필요한 지식, 기술, 경험을 가지고 있어야 한다.

② 사회복지 사례관리자는 클라이언트의 이익에 최우선의 관심을 갖고 클라이언트에게 서비스를 제공하기 위해 자신의 기술과 숙련성을 사용해야 한다.

③ 사회복지 사례관리자는 클라이언트가 사례관리의 전 과정에서 가능한 한 최대로 관계하고 있음을 확신해야 한다.

④ 사회복지 사례관리자는 타인에게 클라이언트에 관한 정보가 제공될 때 비밀보장의 원칙을 지켜야 하며, 사생활에 대한 클라이언트의 권리를 존중해 주어야 한다.

⑤ 사회복지 사례관리자는 클라이언트 수준에서 직접적 서비스를 제공하기 위해 개입하고 클라이언트와 그의 가족에 대한 직접적 서비스의 전달을 조정해야 한다.

⑥ 사회복지 사례관리자는 서비스 체계 수준에서 현존하는 사례관리 서비스를 지지하고, 필요한 서비스에 대한 공급 확장과 접근 개선을 위해 개입해야 한다.

⑦ 사회복지 사례관리자는 자원의 이용 가능성, 서비스 가격, 예산에 관련된 모수(parameters)에 대한 지식을 가지고 있어야 하며, 모든 사례관리 기능과 실천을 수행함에 있어 재정적 책임감을 가지고 있어야 한다.

⑧ 사회복지 사례관리자는 사례관리가 진행되고 있는 서비스 전달체계는 물론 사례관리자 자신의 사례관리서비스에 대한 적절성과 효과성을 점검하기 위해 계획된 평가적이고 품질 보장적인 활동에 참여해야 한다. 그리고 이러한 과정에 대한 전문적 책임감을 가지고 있어야 한다.

⑨ 사회복지 사례관리자는 자신이 클라이언트나 체계 개입과 관련된 사례관리 과제를 효과적으로 계획・제공하고, 평가할 수 있을 정도의 합리적인 사례 수를 가지고 있어야 한다.

⑩ 사회복지 사례관리자는 친절과 존경을 가지고 동료를 대하며, 클라이언트를 위한 전문가 간, 전문가 내적, 기관 간 협력을 촉진하기 위해 노력해야 한다.

3) 사회자원

사회자원은 사례관리의 가장 중요한 구성요소이며, 클라이언트의 복합적이고 장기적인 욕구를 충족시키고 문제를 해결하는 기반이다. 사회자원이란 인간의 사회적 욕구를 충족시키기 위해서 동원되는 시설, 설비, 자금이나 물자 또는 개인이나 집단의 지식과 기능 등을 총칭하는 것이다(이근홍, 2020). 사회자원은 자발적이며 비조직적이고 상호부조적인 측면에서 서비스를 제공하는 비공식 지원체계와 공식적인 기구나 조직을 통하여 체계적으로 서비스를 제공하는 공식 지원체계로 나눌 수 있다.

비공식 지원체계는 명확하게 제도화되지 않은 형태를 띠고 있으면서 클라이언트에게 개별적이면서 유연성 있고 융통성 있는 서비스를 제공하는 서비스 공급 주체이다. 여기에는 가족, 친척, 친구, 이웃, 동료, 종교단체, 자조집단(self-help groups), 자원봉사자 등이 있다. 공식 지원체계는 공식적인 기구나 조직을 통하여 클라이언트에게 체계적으로 서비스를 제공하는 국가, 지방자치단체, 공공기관, 공공법인, 민간기관과 시설, 공식협의체, 사회단체, 회원조직 등이 있다. 국가기관은 보건복지부, 고용노동부, 국토교통부, 교육부, 국공립병원, 보건소 등이 있다. 지방자치단체는 사회복지담당공무원, 복지재단, 지역 사회보장협의체, 희망복지지원단, 건강가정지원센터, 다문화가족지원센터, 지역자활센터 등을 통하여 다양한 서비스를 제공하고 있다.

4) 사례관리 실천방법

사례관리는 클라이언트, 사례관리전문가 및 사회자원이 있다 하더라도 사례관리 실천방법이 없다면 사례관리가 이루어질 수 없으므로 사례관리 실천방법은 사례관리의 중요한 구성요소 중 하나이다. 사례관리를 실천하기 위해서는 다양한 방법이 존재할 수 있지만, 대개 사례관리의 실천과정, 실천모형, 실무원칙 등을 통하여 실천할 수 있을 것이다. 사례관리 과정은 그림 13-1과 같이 사례발견, 사전적격심사 및 계약을 하는 접수, 클라이언트의 욕구·문제·능력 및 사회자원에 관한 자료를 수집·분석·종합하는 사정, 결과목표를 설정하고 세부목표의 우선순위를 결정하며 서비스 계획을 수립하는 기획, 클라이언트와 서비스를 연결하고 서비스를 이행하며 서비스를 조정하는 실행, 서비스의 전달을 점검하고 재사정하는 점검, 결과평가, 종결 및 사후관리를 실시하는 평가로 나눌 수 있다.

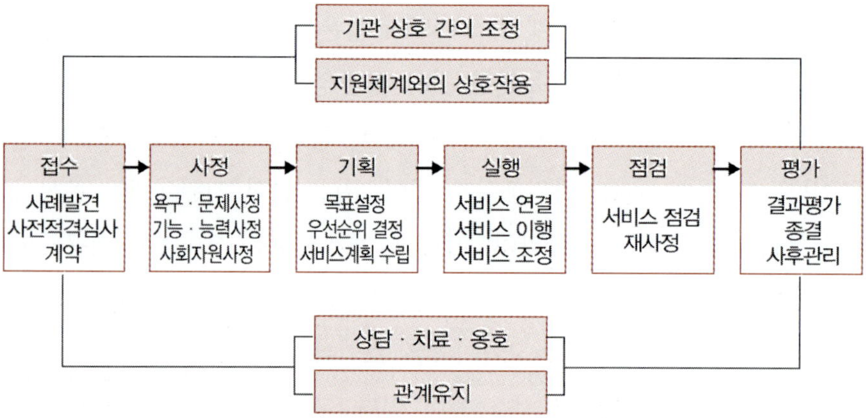

그림 13-1 사례관리 실천과정

출처: 이근홍(2020). p.146.

사례관리의 실천모형은 상당히 다양하게 존재할 수 있으며, 대개 제공자(주체), 클라이언트(대상), 기능(방법), 목적(목표), 사례관리자의 역할 등에 따라 분류할 수 있다. 사례관리의 모형은 사례관리의 제공자에 따라 가족보호모형, 지역사회지지모형, 포괄모형 등으로 나눌 수 있으며(이근홍, 2020), 서비스의 포괄성에 따라 최소모형, 조정모형, 포괄모형 등으로 구분할 수 있다(Rose, 1980), 사례관리 실천모형은 사례관리의 목적에 따라 사회적 모형, 일차적 보호모형, 의료사회적 모형 등으로 구분할 수 있으며(Loomis, 19922),

사례관리자의 역할에 따라 중개모형, 2 개발모형, 판매모형 등으로 구분할 수 있다(이근홍, 2020), 사례관리 실천에서 중심초점에 따라 클라이언트 중심모형과 제공자 중심모형으로 나눌 수 있으며(Rose & Moore, 1995), 최근의 사례관리 모형으로는 역할기반모형, 조직기반모형, 책임기반모형 등이 있다(Woockside & MeClam, 2006). 이러한 다양한 모형들을 중심으로 우리나라의 실정에 맞는 모형을 정리해 보면, 가족모형, 중개모형, 재활모형, 관리모형 등으로 구분할 수 있을 것이다. 사례관리의 근본적인 목적은 클라이언트의 욕구충족, 문제해결 및 사회적 기능 향상이며, 그와 동시에 서비스 제공의 연속성 보장 및 서비스 전달의 비용효과성 증진도 포함할 수 있을 것이다. 사례관리의 이러한 목적을 달성하기 위해서는 무엇보다도 사례관리실천에서 근간을 이루는 철학이 있어야 하며, 실무원칙에 기반을 두고 실천되어야 할 것이다. 사례관리의 철학은 다양하게 제기될 수 있지만 사례관리의 근본적인 가치와 원리를 기반으로 대개 인권존중, 정상화, 통합화 등으로 제시할 수 있다(이근홍, 2020). 이러한 철학을 바탕으로 사례관리 실천에서 반드시 필요한 실무원칙을 제시하면, 서비스의 개별화, 잠재능력의 극대화, 클라이언트의 자기결정, 서비스의 연속성・포괄성, 사회자원의 개발・동원・확보, 클라이언트의 권리와 비밀보장 등이라 할 수 있다.

04 사례관리 과정

1) 접수

접수는 사례관리의 첫 단계로 사례관리를 통해 도움을 받을 수 있는 가장 적절한 클라이언트를 확인하고 등록하는 것이다. 이 과정에서 사례관리자의 과업은 원조를 필요로 하는 클라이언트의 장애나 욕구를 개략적으로 파악하고, 또 사례관리를 통해 제공해 줄 수 있는 원조의 내용을 클라이언트에게 상세히 설명하여 클라이언트가 그러한 원조를 받을 것인지를 확인하고 동의를 얻는 일이 중심이 된다. 현재 욕구 상태에 있거나 잠재적 욕구 상태에 있는 자를 확인하는 방법으로는 의뢰, 클라이언트의 자발적 기관방문, 아웃리치 등의 여러 통로가 있을 수 있지만, 사례관리에서는 지역사회 아웃리치를 중요시한다. 아웃리치는 잠재적인 자격이 될 수 있는 개인이나 가족에 관한 정보를 획득하는 것이다.

2) 사정

개인과 관련된 상황에 대한 평가로서 정의되는 사정은 클라이언트의 욕구와 강점을 결정짓는 과정으로, 클라이언트의 적극적 참여와 협력으로 이루어지는 과정이다. 사정은 클라이언트가 자신의 얘기를 하도록 함으로써 시작되고, 그들의 경험을 탐색하고, 변화를 끌어내는 데 장애가 무엇인지 등에 대해 함께 논의하는 과정이다. 사정은 일반적으로 총체적 사정이라고도 불리는데, 이는 클라이언트 삶의 전반에 걸쳐 탐구하는 과정임을 의미한다. 사정 단계에서 인터뷰 기술은 중요한 정보를 수집하고 편안한 관계를 형성하는 데 매우 중요하다.

3) 기획

기획은 사정과 서비스 전달 간의 연결지점이다. 이것은 클라이언트의 문제나 욕구를 다루기 위해 취해지는 행동들로서, 사정에서 나온 자료를 케어 계획으로 전환할 때 전문가의 판단과 실천적 경험이 주요하게 작용한다. 욕구가 사정되고 나면 실천가는 그러한 욕구에 이용 가능한 자원을 연결시키기 위해 일련의 케어 계획을 수립하게 된다. 사정에 의해 욕구가 확인되고 나면 욕구의 우선순위와 목표가 설정된다. 욕구가 변할 수 있음을 감안하여 계획은 충분히 융통성 있게 세워져야 한다.

4) 실행

실행은 서비스 계획을 완전하게 수행하는 단계로서 클라이언트와 필요하고 유용한 서비스를 연결하며, 개입을 통하여 서비스의 획득과 활용에서의 장애를 극복하고 서비스를 이행하며, 적절하게 서비스를 배열하고 조정하는 과정이다. 실행과정은 직접실천과 간접실천의 두 가지 유형으로 구분할 수 있으며, 직접실천은 상담, 문제해결, 위기개입 등이며, 간접실천은 서비스의 연결, 서비스의 이행 및 서비스의 조정이다. 사례관리의 실행과정은 대부분 간접실천을 통하여 수행된다(이근홍, 2020).

5) 점검

점검은 서비스가 클라이언트에게 적시에, 적당하게, 적절하게 그리고 연속적으로 제공되고 있는가를 추적하고 재사정을 실시하는 과정이다. 즉, 이것은 클라이언트가 필요한 서비스를 제대로 제공받고 있는가, 서비스 계획이 적절하게 실행되고 있는가, 그리고 클라이언트에게 제공되는 서비스가 적절한 것인가를 추적하는 과정이다(이근홍, 2020). 따라서 점검과정은 서비스의 점검 및 재사정의 두 가지 주요 요소로 구성된다. 점검과정에서 가장 중요한 요소는 클라이언트에게 제공되는 서비스를 점검하는 것이다. 클라이언트에게 제공되는 서비스에 대한 점검은 클라이언트 수준과 서비스 제공자의 수준의 두 가지 차원에서 이루어지며, 매개 1일 1회, 주 1회, 월 1회 등으로 구분하여 실시할 수 있다. 클라이언트 수준에서의 점검은 목표달성 노력, 서비스의 적합성, 새로운 욕구와 문제의 발생 등을 확인한다. 서비스 제공자 수준에서의 점검은 서비스 계획의 이행 정도, 서비스의 적당성·적시성·연속성, 서비스 제공자 사이의 갈등 등을 확인한다. 점검을 수행하기 위해서 사례관리자는 클라이언트 및 서비스 제공자와 지속적으로 접촉할 필요가 있다. 이것은 적절하고 효과적인 서비스가 적시에 제공될 수 있도록 보장한다.

재사정은 클라이언트의 상태와 현재 서비스 계획의 적합성을 판단하는 과정이며, 서비스의 연속성을 기본으로 하여 서비스가 어떤 방식으로 변화될 필요가 있는가를 결정하는 것이다(Steinberg & Carter, 1983). 즉, 이것은 서비스 계획의 수행 중에 주기적인 사정을 통하여 클라이언트에게 제공되는 서비스가 적합한가, 서비스 계획의 변화가 필요한가, 그리고 서비스 계획은 어떠한 방식으로 변화될 필요가 있는가를 결정하는 과정이다(이근홍, 2020). 재사정이 평가와 비슷한 용어로 쓰이는 경우가 있지만, 재사정과 평가는 구분된다. 재사정은 클라이언트의 서비스 계획 적합성을 판단하는 것이며, 판단 여부에 따라 서비스에 대한 변화의 필요성을 결정하는 과정이다. 그 반면에 평가는 서비스의 결과, 종결, 사후관리 등을 포함하는 개념으로 서비스 계획이 클라이언트의 삶에 어떠한 변화를 가져왔으며, 서비스 계획은 얼마나 효율적인가를 판단하는 효과성과 효율성에 초점을 두는 과정이다.

6) 평가

평가는 클라이언트의 진척과 만족, 사례관리 과정의 효율성 및 서비스의 질적 수준과 결과를 사정하는 과정이다(Wooutside & McClam, 2006). 이것은 사례관리 과정을 통한 목표달성, 클라이언트의 진척사항, 클라이언트에게 제공된 서비스의 효과성 및 서비스 계획과 서비스 체계의 효율성을 종합적으로 판단하며, 사례관리자의 전문적인 판단에 근거하여 사례를 종결하고 사후관리를 하는 과정이다(이근홍, 2020). 따라서 평가과정은 결과평가, 종결 및 사후관리의 세 가지 주요 요소로 구성된다. 결과평가는 클라이언트 수준과 서비스 제공자 수준에서 이루어지며, 다양한 평가척도를 통해 이루어진다(Steinberg & Carter, 1983). 클라이언트 수준에서 평가는 결과목표의 달성, 서비스의 효과성, 서비스의 만족도, 비공식 지원체계의 활용, 서비스의 접근성 등을 분석한다. 서비스 제공자 수준에서의 평가는 서비스 계획의 적절성, 서비스의 효율성, 서비스의 신뢰성과 연속성, 서비스의 지속적인 개선추구, 자원활용의 적절성 등을 분석한다. 종결은 사례관리 과정을 통하여 사례의 목표가 달성되었거나, 서비스가 이미 클라이언트의 복지를 위해 필요하지 않거나, 사망, 이사, 시설입소 등과 같은 클라이언트의 중대한 변화로 인하여 사례관리 과정을 계속 수행할 수 없을 경우에 서비스의 제공을 중단하는 과정이다(이근홍, 2008: 228). 사후관리는 사례가 종결된 이후 사례관리자와 클라이언트 간의 지속적인 의사소통을 통하여 관계를 지속하는 것을 말한다. 이것은 사례가 종결된 이후 사례관리서비스가 다시 필요할 때면 언제나 이전의 클라이언트에게 서비스를 이용할 기회를 제공하며, 이전의 클라이언트를 통하여 새로운 클라이언트의 의뢰를 촉진하고, 클라이언트에게 계속적인 관심과 우호의 태도를 보임으로써 지속적인 정서적 지지를 제공하며, 불행한 변화가 발생했을 때 클라이언트가 쉽게 접근할 수 있도록 한다(이근홍, 2020).

CHAPTER 14

노인상담

01 노인상담의 이해

1) 노인상담의 정의와 필요성

일반적으로 상담은 대화와는 달리 전문적 훈련을 받은 상담자와 문제를 지닌 내담자 간에 이루어지는 전문적 협력 관계라는 특징이 있다. 상담은 일상적인 대화나 일상적인 인간관계와는 다르며, 주로 직접적 대면을 통한 전문적 조력 관계이다(이장호 · 김영경, 2006). 사회복지 관점에서 상담은 스스로 해결할 수 없는 욕구나 문제를 가진 개인들에게 상호 대화를 통해 스스로 문제나 욕구를 해결할 수 있도록 지원하는 적극적인 대인 복지서비스로 정의된다. 따라서 노인상담이란 도움을 필요로 하는 노인이 전문적 훈련을 받은 상담자와 대면 관계에서 은퇴 전 문제, 개인적 · 가족적 · 경제적 및 신체적 문제를 해결하고 감정, 사고, 행동 측면의 인간적 성장을 가져옴으로써 성공적인 노후생활을 영위하기 위해 노력하는 과정으로 정의된다. 을 말한다(김태현, 1985). 즉, 노인상담은 노인이 접하는 모든 사회관계 중에서 그 중요성이 새롭게 인정될 필요가 있는 노인복지 과제의 한 측면으로 은퇴로 인한 역할상실이나 재취업 등의 외부적 · 환경적 상황과 노인의 정서적 불안정, 소외, 죽음 등의 내적 심리상태에서 오는 불안과 긴장을 완화시키기 위해 제공되는 지적·정서적인 도움을 뜻한다.

전통사회에서의 가족관계는 긴밀하고 친지들과의 친밀한 관계에 의한 물리적 지지와 정신적 지원으로 모든 문제들이 해결되었으나, 가족 간의 유대관계가 약화되고 친족관계망이 축소되면서 다양한 노인 문제가 발생하고 있다(양경순, 2004). 또한, 가족과 친구, 친척, 이웃과 같은 1차 집단의 비공식적 관계망으로는 다양하게 발생하는 노인 문제에 적절히 대응하는 것이 이제 불가능하게 됨으로써 노인 문제에 대한 전문적 지식이나 기술 그리고 공식적인 관계망을 통한 지지와 지원이 요구되고 있다(권육상·이명재, 2002).

따라서 노인상담은 산업화, 도시화, 핵가족화와 같은 사회적 변화 속에서 소외와 가치갈등, 그리고 세대차이, 욕구좌절감 등을 느끼면서 불안하게 살아갈 수밖에 없는 노인들과의 적절한 공적관계를 모색하는 것으로 가족과 사회의 변화에 따라 그 필요성이 점점 증대되고 있으며, 다음과 같은 역할을 통하여 노인상담의 필요성을 이해할 수 있다(최혜지 외, 2020).

첫째, 상담을 통하여 표출되지 못한 욕구를 표현하게 하여 문제의 근원을 파악할 수 있고, 이러한 상담과정은 고립되고 소외된 노인들에게 제1차적 사회관계망 역할을 해 준다.

둘째, 노인의 욕구를 사실에 근거하여 정확하게 파악함으로써 노인을 이해할 수 있고, 노인욕구 충족을 위한 가족적·사회적 노력을 기울이게 되는데, 이는 상담과정을 통하여 실천될 수 있다.

셋째, 상담을 통하여 문화적 정체감을 느끼는 노인에게 변화하는 사회에 적극적으로 대처할 수 있도록 정보를 제공할 수 있다.

넷째, 문제를 가지고 있는 가족과 노인을 상담함으로써 욕구를 파악할 수 있고, 적절한 대처를 해 줌으로써 정서적 지지를 해 줄 수 있다.

2) 노인상담의 목적과 원칙

노인상담은 몇 가지 목적을 가지고 있다. 첫째, 노인이 필요로 하는 의료적·사회적·정서적 지원을 효과적으로 동원하고 이용하도록 원조하는 것이다. 둘째, 신체적인 강점을 강화하고 건강악화에 적응하도록 원조하는 것이다. 셋째, 보호와 주거에 대한 욕구가 충족되도록 돕는 것이다. 넷째, 지역사회에서 새로운 역할을 가질 수 있도록 원조하는 것이다. 다섯째, 성인자녀, 손자녀, 친척 및 지역사회와의 관계를 수정하도록 원조하는 것이다. 여섯째, 배우자나 친구 등 중요한 사람들의 상실에 적응하도록 원조하는 것이다. 일곱째, 삶의 통제력을 유지할 수 있도록 원조하는 것이다(서혜경 외, 2006).

이러한 목적을 달성하기 위한 노인상담의 원칙은 다음과 같다(이효선, 2008).

첫째, 노인상담에서 상담자는 노인의 인권을 존중하고 그들의 권리와 가치를 강화하는 데 많은 노력을 기울여야 한다. 노인들은 상대적으로 신체적·경제적·사회적 능력이 부족하고 사회적 약자로 취급될 수 있어 상담과정에서 인간으로서의 기본적 권리를 보장하고 존중해야 한다.

둘째, 노인이 편안하고 안락한 마음으로 상담을 제공받을 수 있도록 적절한 물리적 환경이 조성되어야 한다. 노인의 특성을 고려하여 편안한 의자, 적당한 온도와 조명, 이안된 분위기, 방음장치, 적절한 방의 크기와 실내장치, 비교적 짧은 상담시간 등이 제공되어야 한다.

셋째, 노인상담은 노인이 의존성을 줄이고 독립성을 증대시키며, 노인의 강점, 장점, 잠재능력 등을 강화하는 방향으로 이루어져야 한다. 노인상담은 주로 강점 관점과 권한부여 관점에서 이루어져야 하지만, 노인의 생활사도 고려하여 상담에 도움이 될 수 있도록 해야 한다.

넷째, 노인상담에서 상담자는 노인의 특성을 고려하여 사정해야 하며,

노인들 간의 개인차를 인정하고 상담자와 노인 간의 차이점도 고려해야 한다. 노인을 대상으로 상담에 필요한 자료를 수집하고 분석할 경우 노인의 다양한 특성을 고려해야 하며, 노인상담의 기법과 상담자의 역할도 개별적으로 다르게 적용되어야 한다.

다섯째, 노인상담에 대한 노인들의 인식과 관심을 고려하여 상담이 활성화될 수 있도록 노인상담의 긍정적 효과를 증명하고 적극적으로 홍보해야 한다. 노인들은 상담을 받는다는 것에 대해 자신의 약함과 부족함을 드러내는 것으로 보는 부정적 인식을 가질 수 있으므로 노인들에게 상담을 통하여 긍정적 결과를 얻을 수 있다는 확신을 부여하며, 상담자는 상담과정에서 획득한 긍정적인 효과를 노인들에게 알리는 데 많은 노력을 기울여야 한다.

02 노인상담의 종류

1) 면접(대면)상담

면접상담이란 내담자가 직접 상담자와 대면하여 자신의 문제를 내어놓고 함께 풀어가는 상담과정이다(이효선, 2008). 면접상담은 내담자가 직접 자신의 문제를 상담자의 앞에서 노출해야 하는 부담이 있고, 상담자는 내담자의 기대에 대한 만족할만한 상담을 해야 한다는 부담이 있다. 그러나 상담자로서는 면접상담은 내담자의 언어적 표현뿐 아니라 비언어적 메시지와 그 밖의 상황에 대한 직접적인 관찰을 가능케 하므로 가장 효율적으로 상담을 이끌어 갈 기회가 된다. 특히 노인들은 언어적 표현능력이 부족하고 문제의 핵심을 놓치기 쉬운 경우가 많으며, 노인의 당면한 문제에 대한 효율적 대처방법은 가족원들의 도움이 필요한 경우가 많다. 그러므로 노인들은 면접상담을 통하여 상담자에게 자신의 문제를 더욱 분명하고 용이하게 전달할 수 있다. 따라서 면접상담은 내담자와 더불어 다양한 기법들을 사용하여 내담자의 문제에 접근하기 때문에 내담자와 상담자 간에 깊은 이해관계가 형성되고, 이는 내담자를 위한 상담 서비스 제공을 위한 기초가 된다(이효선, 2008). 그러나 노인들의 경우, 상담자를 스스로 찾아오기가 쉽지 않고, 특히 우리 사회의 고정 관념상 노인들의 내방면접상담은 그렇게 보편적이지 않다.

2) 집단상담

집단상담은 정상적인 사람들로 하여금 그들의 문제가 더 심각해지기 전에 발견, 해결하도록 도와주는 상담의 집단적 접근으로 상담의 예방적 역할이 강조된다. 집단상담은 전문의를 찾아야 할 만큼 심각하지는 않으나, 인간성의 결핍, 세대 간의 가치관의 갈등, 정서적 미숙이나 혼란 등을 경험하는 많은 현대인들에게 도움을 줄 수 있는 유용한 방법이다. 노인집단상담에 참여하는 노인들은 대부분 적극적이고 능동적인 경우가 많다(이효선, 2008). 혹은 초기의 정신질환을 앓고 있는 노인들에 대해서는 임상적 목적으로 집단상담을 실시한다. 어느 경우이든 노인들은 집단의 다른 구성원의 이야기를 듣고 자신이 집단이 공통 목적을 향하여 함께 나아감으로써 서로에 대한 지지와 치료자 역할을 하고, 자신도 치료되고 안정감을 얻게 되는 것이 목적이다.

3) 전화상담

우리나라는 노인의 사회적 서비스 프로그램의 일환으로 전화방문 서비스를 시작하였으며, 정부의 재정 지원이 민간사회복지기관으로 이양되어 주로 저소득층 노인을 대상으로 실시되고 있다(최성재, 1999). 전화상담은 전화매체를 활용하여 신속하고도 신뢰에 찬 관계를 통하여 인간의 위기에 개입하는 상담의 한 형태이다. 전화상담의 특징으로서는 단기상담, 익명성, 신속성, 내담자의 선택 용이성을 들 수 있다(이효선, 2008). 즉, 전화는 공간적으로 떨어진 사람과의 물리적인 거리를 초월하여 연결시켜주는 기능을 갖고 있어 도움을 청하는 내담자가 번거롭게 상담자를 찾아가야 하거나, 상담 수속절차를 기다려야 하는 복잡함이 없이 즉시로 도움을 청하고 도움을 받을 수 있는 장점이 있다.

4) 사이버(인터넷) 상담

우리나라에서 인터넷 상담은 주로 청소년을 대상으로 발전해 왔으며, 노인을 대상으로 하는 인터넷 상담은 소수에 불과하다. 그러나 현대의 컴퓨터 기술은 사람들의 슬픔 이슈를 토론하고, 상실에 대해 다른 사람들과 정보를 교환하고, 자원을 교환하는 것을 가능하게 하고 있다. 온라인 지지집단은 통제, 안전, 익명성을 보장하고 그들의 이야기, 고통을 공유하고, 치료방법을 가르쳐 준다. 또한, 이메일을 통해서도 가능하게 되었다(서혜경 외, 2006). 최근 노인종합사회복지관에서 가장 인기 있는 프로그램이 컴퓨터이고, 노인을 대상으로 인터넷 교육이 확산되면서 인터넷 상담 또한 활성화될 수 있는 상담영역이 될 것으로 전망된다(서혜경 외, 2006).

03 노인상담 기법과 기술

1) 노인상담 기법

(1) 회상기법

회상기법(reminiscing technique)은 개인적으로 의미 있는 과거 경험을 생각하거나 그 경험을 현실의 문제와 연관시키는 것으로, 말로 진술하는 구술 방법, 글로 적어 내려가는 서술 방법, 혹은 혼자서 과거를 되돌아보는 명상법 등이 이에 해당한다(이효선, 2008). 회상기법은 친구들이나 인생의 중요한 사람들을 만나보면서 자신을 돌아볼 수 있는 기회를 가질 수 있으며, 가족 역사의 연속성을 느끼게 해 주고 가족구성원의 사망에 대해 알아가면서 죽음의 두려움을 완화할 수 있다. 내담자가 세상에 기여했다고 여기는 일을 정리함으로써 세상에 의미 있게 참여하였음을 깨닫게 하는 효과가 있다.

(2) 가족조각기법

가족조각기법은 가족관계를 조각 작품으로 나타내는 기법이다. 이것은 전략적 가족 치료이론에 쓰이는 한 기법으로 가족들이 어떤 특정한 사건이나 가족 간의 관계, 의사소통 유형을 언어로 설명하는 대신 시각적·공간적으로 묘사하는 기법이다(이효선, 2008). 즉, 가족들이 실제로 가상의 위치와 자세를 형성해 봄으로써 가족 간의 관계를 경험하는 비언어적 치료방법으로 가족 내의 관계가 분명해지고 갈등이 시각화·명료화되는 장점이 있으며, 가족 내에 내담자의 위치와 상황을 새롭게 느끼면서 보다 나은 가족관계 형성을 위해 협력할 수 있다.

(3) 문장완성기법

문장완성기법은 개인상담이나 집단상담에서 전체 내담자에 대한 사전 정보를 수집하기 위해 사용하는 기법으로 미완성의 문장에 적절한 말을 추가하여 완전한 문장을 만들게 하여 내담자가 사용한 단어를 통해 내담자의 특성을 이해하는 방식이다. 일반적인 투사적 기법 중 하나로 분류된다(이효선, 2008). 문장완성기법은 내담자의 가치관, 고민과 해결방식, 여성관, 남성관, 가족관계, 내담자 스스로 의식하지 못한 자아상에 대한 간접적인 정보를 제공해 준다.

(4) 심리극기법

심리극기법은 내담자에게 현실 문제를 직면하게 하고, 다양한 역할을 연기해 봄으로써 내적 갈등과 경험을 표현하게 하여 통찰을 얻고, 새로운 역할을 학습하는 효과가 있다(이효선, 2008). 심리극기법의 독백은 말이 없는 내담자 혹은 상담 중에 침묵이 발생할 경우 사용하는 기법으로 내담자 혼자 말하도록 하는 기법이다. 거울기법은 자존감이 낮거나 대인관계가 어려운 내담자, 비협조적인 대상자, 우울증상이 있는 내담자에게 유용한 기법이며, 빈의자기법 빈의자를 이용해서 내담자의 상상력을 자극하거나 역할연기를 시도하게 하여 내담자 자신에 대한 이해나 내면이 답변을 찾아내도록 하는 기법이다.

2) 노인상담 기술

(1) 질문

질문은 노인의 문제를 이야기하도록 노인에게 물어서 스스로 밝히도록 하는 것으로 가장 빈번히 사용되는 상담의 방법이다. 질문은 노인이 그의 문제를 이야기하도록 격려하는 데 사용되어야 하며, 문제해결의 사고와 감정을 북돋우기 위해 사용되어야 한다. 질문은 개방적 질문과 폐쇄적 질문, 직접질문과 간접질문, 이중질문과 단일질문 등으로 구분할 수 있으며, 문제의 특성에 따라, 노인의 인지적·심리적 상태에 따라 적절한 질문의 형태를 활용해야 한다.

(2) 경청

경청은 노인이 말하는 것에 능동적으로 세심하게 주의를 기울이는 것으로서 노인에게 이야기할 기회를 많이 주고 감수성이 예민하게 노인의 마음속을 파악해 나가는 것이다. 경청은 단순한 신체적 과정인 청취가 아닌 정신적·정서적 과정으로서 훌륭한 상담자는 곧 훌륭한 경청자라고 말할 수 있을 정도로 상담의 중요한 방법 중 하나이다. 내담자는 상담자가 자신의 문제에 대해 관심을 가지고 수용해 주며 자신의 말을 잘 들어주기를 바라며, 이러한 경청은 문제를 해결하는 중요한 요소가 된다.

(3) 명료화

명료화는 노인이 말하고자 하는 의미가 무엇인지 분명하게 하도록 하는 것이다. 즉, 이것은 노인의 진술 중에서 모호하거나 이해가 되지 않는 점을 노인이 스스로 확실히 하도록 상담자가 촉구하거나 격려하는 방법이다. 명료화는 내담자와 신뢰관계를 형성하는 데 필수적이며, 내담자의 문제를 이해하기를 원한다는 것을 전달하고 오해와 편견을 최소화하는 데 기여할 수 있다. 명료화는 대개 내담자의 말을 상담자가 완전하게 듣지 못했거나, 그가 말하고자 하는 의미를 제대로 이해하지 못했거나, 그가 모호하거나 익숙하지 않은 용어를 사용할 때 활용해야 한다(Hepworth et al., 2010). 명료화는 내담자가 자신의 의사를 분명하게 표현할 수 있도록 하며, 상담자가 그의 이야기를 주의 깊게 경청하고 있으며, 이야기에 대해 중요성을 부여하고 있음을 보여줄 수 있는 장점을 지니고 있다(엄명용 외, 2008).

(4) 해석

해석은 노인으로 하여금 자신의 문제를 새로운 각도에서 이해하도록 상담자가 문제의 의미를 설명하는 것이다. 이것은 노인이 상담자의 설명을 통해 자신의 문제나 상황을 보다 잘 이해하고 환경에 능동적으로 대처할 수 있도록 하기 위한 것이다. 성공적인 상담을 수행하기 위해서는 상담자가 여러 수준의 의미와 다양한 표현으로 노인의 문제를 해석할 수 있어야 하며, 이러한 해석은 노인 문제를 해결할 수 있는 요소가 된다.

(5) 요약

요약은 상담자가 그동안 상담해 온 문제를 간단하게 재검토하여 의사소통의 범위를 확대시키고, 내담자 이야기의 요점을 잡아주며, 다루지 못한 부분을 지적하고, 상담의 방향을 제시하고 상담의 현재 위치를 파악하고자 하는 것이다. 효과적인 요약을 위해서는 노인의 말 중에서 중요한 내용, 말할 때의 감정, 말의 목적, 말한 시기 등에 대해 주의를 기울여야 한다.

(6) 자기노출

자기노출은 상담자가 상담상황에서 자신의 신변에 관한 내용을 내담자와 나누는 장면을 말한다. 이것은 상담자가 내담자와의 공감을 높이고 관계를 더욱 공고히 하기 위하여 내담자의 삶이나 문제에 자신의 의견이나 경험을 결부시키는 것이다. 그러나 자기노출은 상담에서 부정적인 영향을 미칠 수 있다. 예를 들면, 내담자가 자신의 경험이 상담자에 비해 너무나 작고 초라하다고 느끼면 자신의 감정을 솔직하게 드러내지 못하고 상담을 받을 의지를 유지하기 어렵게 할 수 있으며, 내담자의 문제보다는 상담자의 경험이 상담의 주요 내용이 될 수도 있다. 따라서 상담자의 자기노출은 조심스럽게 이루어져야 하며, 정도는 다를지라도 되도록 자제하는 것이 좋다(김미령 외, 2013).

(7) 직면

직면은 상담 중에 내담자가 어떤 상황이나 문제를 지속적으로 회피하려고 할 때 그 상황이나 문제에 직접 부딪히게 하는 것이다. 이것은 내담자의 자기인식을 고양시키고 변화를 촉신하는 기술로서 내담자가 자신의 문제들에 기여하거나 유지하도록 하는 사고, 감정, 행동 등과 직접적으로 대면하게 하는 것을 말한다(Hepworth et al., 2010). 직면은 내담자가 자신의 문제에 대해 스스로 모순과 불일치를 인식하고 자신의 사고와 행동에 변화가 필요하다는 새로운 자기인식을 갖도록 상담자가 내담자를 직접적으로 사고와 행동에 대면시키는 것이다.

04 노인상담의 영역

1) 경제문제

노인 문제 중에서 빈곤은 노인들이 직면하고 있는 최고 문제 중의 하나이다. 노인이 직업생활에서 은퇴하여 연금을 제대로 받지 못하거나, 노후생활을 유지할 만한 재산이나 저축이 없거나, 의료비의 과도한 지출로 인하여 생활이 어렵거나, 자녀들로부터 생활비를 제대로 지원받지 못할 경우 그들의 경제적 어려움은 더욱 가중된다. 빈곤은 노인의 삶의 질을 저하시키고, 생활의 만족도를 낮추며, 질병을 제대로 치료받을 수 없게 하고, 여가생활을 즐기는 데에도 도움이 되지 못하며, 심지어 자살 생각을 할 수 있게 하므로 노인상담의 주요한 영역이 된다.

2) 건강문제

노인이 되어 신체적 허약성으로 인해 만성질환에 시달리는 경우가 많으므로 건강문제는 노인들에게 가장 심각한 문제이다. 노인의 대부분이 한 가지 이상의 만성질환을 가지고 있으며, 그 질병이 장기적인 치료가 필요하거나 다른 질병들과 복합적으로 발생하기 때문에 치료가 더욱 어렵고 비용도 많이 들게 된다. 그러나 만성질환의 특성상 제대로 질병의 호전이 되지 않고 더욱 악화되는 경향이 있어 치료비의 과중한 부담, 이로 인한 생활비의 부족, 만성적인 우울증, 알코올 중독, 자살 생각 등을 갖게 되어 건강문제는 노인상담의 중요한 영역이 된다.

3) 정서문제

노인은 핵가족화로 인하여 가족 내의 역할이 상실되고 가족과의 관계가 멀어지면서 가족과 지역사회에서 소외되는 경향이 있으며, 직업생활에서 은퇴하면서 직업적 역할과 사회적 역할이 상실되어 상대적 박탈감 속에 고독하게 노후생활을 보내는 경우가 많다. 자녀들이 노인을 제대로 부양하지 않거나, 고부갈등 등과 같은 자녀들과 갈등관계에 있거나, 유산상속 등과 같은 재산분배로 인한 불화가 있거나, 노인부부 사이의 이혼, 별거 등과 같은 문제에 직면하거나, 여러 가지 문제들로 인하여 우울증이 있거나, 심지어 자녀나 배우자로부터 학대를 받을 경우 이러한 문제들은 노인상담의 중요한 영역이 된다.

4) 법률문제

노인이 되어 성인자녀들과의 관계에서 유산의 분배는 어려운 과제 중의 하나이다. 이러한 문제가 노인과 자녀들과 원만한 합의가 이루어질 경우 별다른 문제가 되지 않으나, 서로 간에 합의점을 찾지 못할 경우 법적 문제로 진행되는 경우가 많다. 노인부부 간의 불화는 황혼이혼에 이르기도 하므로 이혼과 관련된 법적 문제는 상담의 영역이 될 수 있다. 그 외에도 노인이 인식능력의 부족으로 타인으로부터 사기를 당하거나, 타인이나 동료로부터 갑작스러운 폭행 등과 같은 신체적 위해를 당하거나, 자녀들로부터 심각한 학대를 당하거나, 노인이 범죄와 직접 관련될 경우 이러한 일들은 노인상담의 영역이 된다.

5) 일자리문제

노인이 되어 직업에서 은퇴하였지만 신체적 건강을 유지하고 있어 일을 하고자 할 경우 그들에게 일자리가 마련된다면 빈곤의 문제를 해결할 수 있으며, 고독, 소외감, 역할상실 등에서 벗어나 노후생활의 만족을 추구할 수 있을 것이다. 그러나 노인이 전문적 지식과 기술의 부족 및 신체적 허약성으로 인하여 산업현장에서 자신의 역할을 제대로 할 수 없으며, 노인에게 적합한 일자리가 부족하기 때문에 일을 할 기회가 점점 감소하고 있다. 이러한 현실에서 노인들이 적합한 일자리를 구하고자 하는 욕구가 크기 때문에 일자리문제는 노인상담의 주요 영역이 된다.

05 노인상담과정

1) 초기과정

노인상담을 시작하기 전에 상담실이 쾌적하고 안락하며 비밀유지가 되도록 분위기를 조성하며, 기록에 필요한 도구를 준비하고 녹음이나 녹화가 필요할 경우에는 내담자의 동의를 받기 위한 서류를 준비해야 한다. 초기과정에서는 상담의 신청과 접수, 내담자와의 관계형성과 구조화, 상담목표의 합의 및 계약이 진행된다(김미령 외, 2013). 노인상담은 내담자 본인이 상담기관에 직접 찾아와 상담신청을 하기도 하지만, 가족이나 의사, 간호사, 사회복지사 등 전문가가 의뢰하여 이루어지기도 한다. 상담의 신청은 직접 방문하여 신청하거나 전화로 신청할 수 있으며, 접수 시에는 성명, 주소, 전화번호, 가족관계, 당면한 문제 등의 기본적인 사항 및 문제의 특성, 지속기간, 대처능력, 해결방안 등도 확인한다. 접수 이후에는 내담자에 대한 상담자의 이해, 수용, 존중, 배려, 신뢰, 경청 등을 통한 신뢰관계의 형성이 무엇보다도 중요하며, 상담을 보다 안정적이면서도 체계적으로 실시하기 위해 해결 가능한 범위와 제한점을 교육시키는 구조화가 필요하다. 그 다음에는 내담자의 문제를 명료화하고 내담자와 상담자 상호 간에 합의를 통하여 상담목표를 설정하며 계약하는 것이다.

2) 사정과정

사정과정은 노인의 문제와 관련된 자료를 수집하고 분석하며, 문제의 규정, 문제의 심각성, 문제로 인한 결과 등도 검토하며, 문제해결에 필요한 노인의 강점, 장점, 잠재능력, 제한점 등을 파악하고 구체적이면서도 체계적인 개입계획을 수립하는 것이다. 사정과정에서는 노인의 신체적・심리적

·사회적 기능이 전반적으로 고려되어야 한다. 사정과정에서 구체적으로 파악할 사항은 노인의 건강상태, 일상생활기능수준, 성격특성, 인지기능, 정서기능, 문제해결능력, 치매 여부, 가족관계, 재정상태, 사회활동 참여수준, 주거환경, 공식·비공식 지원체계 등이다. 초기과정에서 문제의 명료화와 내담자와 상담자와의 합의에 의해 설정된 상담목표를 바탕으로 하위목표를 설정하고 우선순위를 결정하며, 사정과정에서 수집하여 분석한 자료를 통하여 상담에서 제기된 문제를 해결하기 위한 개입계획을 수립해야 한다(권중돈, 2010).

3) 개입과정

개입과정은 문제해결을 위해 수립한 개입계획을 구체적으로 실천하며, 내담자의 문제해결을 위해 상담자가 적절한 정보, 이론, 기법 등을 선택하고 적용하는 단계이다. 개입과정에서 적절하고 효과적인 개입을 위해 상담자는 궁극적으로 달성하고자 하는 목표와 관련된 지식, 경험 및 기술을 소유하고 있어야 하며(변용만 외, 2011), 노인의 입장을 고려하여 친절하고 우호적인 분위기를 조성하며, 노인의 변화 동기를 고취시키는 방향으로 문제해결 노력을 기울여야 한다(권중돈, 2010). 개입과정에서는 내담자가 자신의 문제를 자각할 수 있도록 돕고, 문제해결을 위한 동기부여가 되도록 하며, 긍정적인 변화를 자각하고 자율적인 문제해결 능력을 습득하도록 돕는 것이다. 만일 상담자가 해결하기 어려운 문제가 발생할 경우 문제에 따라 전문적인 다른 기관에 의뢰하여 해결하는 것도 효과적일 것이다(김미령 외, 2013).

4) 종결과정

종결과정은 개입에 대한 결과를 평가하고 상담자와 내담자인 노인 간의 전문적 원조관계를 종결하며 사후관리를 하는 단계이다. 종결과정에서는 개입목표의 달성, 노인의 변화와 만족, 서비스의 효율성 등에 대해 종합적으로 평가하며, 상담자의 전문적인 판단에 근거하여 상담을 종결하고 종결에 따른 노인의 정서적인 문제를 해결하며, 종결 이후 노인과의 지속적인 의사소통을 통해 관계를 지속하고 정서적 지지를 제공하며, 필요할 때에 서비스에 쉽게 접근하여 이용할 수 있도록 한다. 노인이 상담자의 도움 없이도 스스로 자신의 문제를 해결할 수 있을까 하는 걱정과 의구심이 생기고 관계의 종결에 대한 불안감이 나타날 수 있으므로 개입과정에서 일어나 변화를 재음미하고 요약하는 과정을 통해 종결에 대한 노인의 불안을 비롯한 부정적 정서반응을 최소화할 수 있도록 하는 것이 필요하다. 그와 동시에 노인의 자율적 판단과 결정을 허용하고 격려하는 상담자의 태도와 자세가 중요하며, 이러한 과정을 통해 노인은 상담자의 도움 없이도 독자적으로 자신의 문제를 해결하고 만족스러운 삶을 영위할 수 있게 될 것이다(권중돈, 2010).

06 노인상담의 과제

1) 노인상담의 인식제고

노인 인구가 급속히 증가하고 노인 문제가 다양화·복합화·장기화되면서 노인상담은 더욱 필요할 것으로 보이며, 특히 노인자살률이 높고 노인학대가 지속적으로 증가하고 있어서 그 필요성은 더욱 증대되고 있다. 그러나 노인상담에 대한 국가적 관심과 노인의 인식은 아직도 낮은 편이며, 노인상담기관을 통하여 상담을 받는 노인들이 적고 노인상담과 관련된 홍보도 활성화되지 못하고 있다.

노인상담을 활성화하기 위해서는 무엇보다도 노인들이 자신의 문제를 해결하기 위해서는 노인상담이 필요하다는 인식을 갖도록 해야 하며, 적극적인 홍보를 통하여 노인상담에 대한 인식을 높여야 한다(박차상 외, 2008). 노인상담은 노인자살과 노인학대 예방, 가족과 지역사회의 적응, 노인치매의 예방, 재혼과 성문제의 해결, 사회적 지지의 제공 등과 관련된 훌륭한 방안이므로 노인상담에 대한 인식을 제고하여 보다 많은 노인들이 상담을 받도록 해야 할 것이다.

2) 노인상담기관 운영의 활성화

노인 인구의 급속한 증가와 더불어 노인 문제의 심각성은 노인상담기관의 필요성을 더욱 증대시키는 요인이 되고 있다. 노인상담기관으로는 노인상담 센터, 노인의 전화, 노인자살예방센터, 노인보호전문기관, 치매상담센터, 노인성상담센터, 대한노인회 취업지원센터 등 다양한 분야에서 노인상담이 이루어지고 있다. 이러한 기관들마다 상담의 분야와 내용에는 차이가 있지만, 노인 문제를 상담하고 해결한다는 공통적인 목적을 가지고 있다. 노인상담이 다양한 분야에서 이루어지고 있으며 다양한 상담기관이 존재하고 있지만, 정보와 인식능력이 부족한 노인들이 상담기관을 이용하는 데 어려움이 있으며, 아직도 노인상담기관의 운영이 제대로 활성화되지 못하고 있는 실정이다. 앞으로 노인 인구의 급증과 노인 문제의 심각성에 대비하여 노인상담기관의 확충과 더불어 운영의 활성화를 위해 국가와 지방자치단체의 적극적인 지원 및 노인상담기관의 체계적인 정비가 필요하다.

3) 노인복지상담원 기능의 강화

노인복지상담원은 노인의 복지를 담당하게 하기 위하여 특별자치도와

시·군·구에 두도록 「노인복지법」에 명시하고 있다. 노인복지상담원의 직무는 「노인복지법 시행령」에서 노인 및 그 가족 또는 관계인에 대한 상담 및 지도, 노인복지에 필요한 가정환경 및 생활실태에 관한 조사, 자택에서 보호받기 어려운 노인의 노인복지시설 입소에 필요한 상담 및 지도, 노인의 단체활동 및 취업의 상담 등과 관련된 업무로 규정하고 있다. 노인복지상담원은 별도로 두거나 아동복지전담공무원, 장애인복지상담원 또는 사회복지에 관한 업무를 담당하는 공무원이 겸직할 수 있도록 하고 있으며, 대개 노인복지 업무를 담당하는 공무원이 겸직하도록 하고 있다. 앞으로 노인 문제의 심각성에 대비하여 노인상담과 관련된 업무를 체계화하고 노인복지상담원의 기능을 더욱 강화해야 할 것이다.

4) 노인상담 전문인력의 양성

노인상담이 활성화되기 위해서는 전문인력을 체계적으로 양성하여 노인상담기관에 배치하고 수준 높은 서비스를 제공받을 수 있도록 해야 하며, 노인상담 프로그램을 다양화하고 노인상담과 관련된 이론도 더욱 체계화해야 할 것이다. 노인상담 전문인력은 가칭 '노인복지상담사'로 정하고 「노인복지법」에 관련 규정을 명시해야 할 것이다(현외성, 2016). 가칭 '노인복지상담사'는 국가자격증으로 규정하는 것이 바람직할 것이며, 건강가정사처럼 일정한 학력을 갖추고 자격증에 필요한 과목을 이수하면 자격을 부여하거나, 정신보건사회복지사처럼 사회복지분야 전문자격증으로 하는 것도 하나의 방안이 될 수 있다. 그러나 이것은 사회복지에 대한 학문적 기반이 있어야 하기에 사회복지사 2급 자격을 가지고 있는 자 중에서 필요한 과목이나 과정을 이수하게 되면 자격증을 부여하고 적절한 처우가 이루어지도록 해야 할 것이다.

CHAPTER 15

노인인권

01 노인인권의 이해

1) 인권의 개념

인권(human rights)이라는 개념은 봉건사회의 몰락과 근대 자본주의 사회의 형성이라는 역사적 측면과 17~18세기 유럽의 자유주의 정치사상에 입각한 자연법사상에서 비롯되었다. 그러나 인권은 인간이기에 갖는 천부적 권리라는 선험적이고 절대적인 최고 선으로만 기술되는 정태적 개념이 아니며, 시대 상황과 사람들 사이의 의사소통과 상호작용을 통해 구성되고 진화하는 역동적 개념이다(Ife, 2000).

인권을 인간이기 때문에 당연히 갖는 천부적 권리로서 인간의 존엄성을 보장받을 권리로 보는 관점이 있는가 하면, 평등할 권리 또는 차별받지 않을 권리로 보고 시대와 국가의 상황에 따라 강조되는 인권의 내용과 실천이 다양해질 수 있다고 보는 관점도 있다(이창수 외, 2005). 또 다른 인권에 대한 관점은 자연법적 전통에 따른 천부적 권리로서의 인권 개념이 지니는 모호함을 비판하면서, 인권 관련 헌장, 선언, 국제규약, 헌법 등에 의해 구체적으로 규정된 권리로만 보아야 한다는 관점도 있다(Sweet, 2003). 이와 같이 인권 개념은 학자마다 그리고 시대와 사회·문화적 맥락에 따라 달라지기도 하므로, 그 개념을 명확하게 정의한다는 것은 쉬운 일이 아니다.

인권은 사람이 사람답게 살기 위해 필요한 것으로서 당연히 인정된 기본적 권리 또는 인간이 자연인으로서 누려야 할 당연한 권리를 의미한다. 그러나 세계인권선언에서는 인권의 개념을 보다 적극적으로 해석해 인간이 지닌 권리라는 의미를 넘어 인간이 존엄한 존재가 되기 위해 가져야 할 당연한 권리로 보고 있다(국가인권위원회, 2004). 세계인권선언에서는 인권을 인간이 누구이고 무엇을 하든지 간에 하나의 존엄한 존재로서 존중받을 권리를 규정하고 있으며, UN 인권센터(2005)에서는 인간의 타고난 천성에 내재되어 있는 것으로, 이것 없이는 인간으로 살 수 없는 권리라 정의하고 있다. 또한, 우리나라의 「국가인권위원회법」에서는 「헌법」 및 법률에서 보장하거나 대한민국이 가입·비준한 국제인권조약 및 국제관습법에서 인정하는 인간으로서의 존엄과 가치 및 자유와 권리라고 규정하고 있다.

이러한 인권에 대한 개념 정의를 종합하면, 인권을 인간이기에 갖는 본질적이고 선천적인 권리로서, 인간이 그 자체로서 존엄성을 인정받고, 인간답게 살아가는 데 필요한 모든 권리라고 정의할 수 있다(권중돈 외, 2014).

이와 같은 인권은 다음과 같은 몇 가지 중요한 특성을 지닌다(염형국, 2004; 국가인권위원회, 2004 Reighert, 2003).

첫째, 모든 인간이 인간답게 살 권리이다. 인권은 모든 사람이 갖는 권리이며, 인간이기에 갖는 천부적·생래적 권리이고, 인간다운 삶을 영위하는데 필요한 권리이다. 즉, 인간의 권리(right of man)라기보다는 인간답게 살 권리(human rights)이다.

둘째, 인간이 갖는 보편적 권리이다. 성, 연령, 종교, 사회적 신분 등에 관계없이 모든 인간이 인간이기 때문에 가질 수 있는 권리이다. 이때 보편성이란 모든 사람이 비슷해져야 한다거나 동일한 존재로 인정하고 동일하게 처우받아야 한다는 의미는 아니며, 개인과 집단 사이에 존재하는 모든 다양성과 차이를 인정하고 자신의 존재에 합당한 권리를 누릴 수 있어야 한다는 것이다.

셋째, 인권은 불가분(indivisibility)의 권리이다. 개인의 인권을 인정하되, 선별적으로 어떤 인권을 부인하거나, 인권 영역의 중요성에 서열을 매겨 특정 영역의 인권을 보다 더 중요하게 또는 소홀하게 취급해서는 안 되며, 모든 권리를 인정하고 보호해야 한다.

넷째, 약자를 위한 권리이다. 사회적 약자는 당연히 누려야 할 권리를 침해 또는 박탈당하는 경우가 많으므로, 이들을 위해 반드시 지켜지고 확보되어야 하는 권리이다.

다섯째, 책임을 동반한 권리이다. 인권은 사회적 관계를 전제로 하므로 개인은 권리의 향유에 따르는 의무를 반드시 수반하며, 타인의 권리를 무시한 채 개인적 이익 즉, 사익(私益)만을 주장해서는 안 되며 모두가 서로 존중해 주어야 하는 권리이다.

여섯째, 인권은 도덕적 권리로서 실정법상의 권리 이상의 것이다. 즉, 인권은 도덕적 특성이 갖는 구속력을 가지므로 법에서 보장하고 있는 기본권에만 한정되지 않으며, 현행법이 보장하고 있지 않더라도 인간의 존엄성을 보장하는 데에 반드시 필요한 제도와 법을 초월한 권리이다. 그러므로 인권의 기준에 부합하는 정치사회 제도와 법 제도는 정당화되는 반면 인권 기준에 반하는 제도를 개혁할 수 있는 근거와 명분을 인권이 제공해 준다.

일곱째, 인권은 다양한 권리를 포괄하며 이러한 권리의 최상위 권리이다. 인간이 누리는 권리에는 실정법에 근거를 둔 법적 권리, 정치사회적 제도와 그 내적 규칙에 근거한 제도적 권리, 도덕적 원칙에 근거한 도덕적 권리 등 다양한 권리가 있다. 인권은 이러한 권리 중의 하나가 아니며 이러한 권리의 상층부에 자리 잡고, 이러한 권리에 인권의 기본 정신이 반영되거나 실행되도록 하는 권리이다.

2) 노인인권의 개념과 영역

노년기라는 특정 연령대에 속해 있는 노인은 다른 연령집단과 다름없이 인간이 누리는 모든 권리를 향유할 수 있는 인권의 주체이다. 그러므로 인권의 개념과 노인인권의 개념은 다르지 않고, 다만 그 대상이 노인으로 국한될 뿐이다. 따라서 노인의 인권은 노인이 존엄한 존재로 존중받고, 인간다운 노후생활을 영위하는 데 필요한 모든 권리(권중돈 외, 2014)이다. 그러나 인간다운 생활을 할 수 있는 권리라는 노인인권에 대한 개념 정의는 매우 추상적이며, 노인의 특성과 사회적 환경을 충분히 반영하지 못하고 있으므로, 노인의 인권을 보다 구체적으로 개념화할 필요가 있다.

노인을 위한 국제인권규약은 채택되지 않고 있지만, 노인인권에 관한 국제원칙과 계획, 법률 그리고 노인 인권에 관한 기존 연구를 살펴보면, 노인인권의 영역과 세부 권리 내용을 추론할 수는 있다. 1969년 백악관 노인회의에서 채택된 미국의 노인헌장에서는 노인의 권리를 9가지로 명기하고 있다.

미국 노인헌장에서는 노인이

① 인간으로서의 역할을 수행할 수 있는 권리

② 각자의 능력에 따라 취업을 할 수 있는 권리

③ 노후생활의 궁핍을 면할 수 있는 권리

④ 여가·교육 및 의료에 대한 지역사회의 자원을 공평하게 향유할 수 있는 권리

⑤ 노후의 필요를 충족시킬 수 있는 주거에 거주할 수 있는 권리

⑥ 가족의 최선의 이익에 반하지 않는 한 정신적·경제적 원조를 받을 수 있는 권리

⑦ 본인이 원하는 경우에는 독립해 생활할 수 있는 권리

⑧ 생존이나 사망 시에도 인간으로서 존엄성을 잃지 않을 권리

⑨ 노후를 풍부하게 보내는 데 필요한 모든 지식에 접근할 수 있는 권리를 지닌다고 규정하고 있다(권중돈 외, 2014).

우리나라의 「노인복지법」 제2조에서는 노인은 존경받으며 건전하고 안정된 생활을 할 권리와 능력에 따른 경제활동 및 사회활동 참여 권리를 지님과 동시에 심신의 건강유지와 사회발전에 기여할 의무를 규정하고 있다. 국가인권위원회의 국가인권정책기본 계획(2006)에서는 노인의 주거권, 건강권, 사회복지권이라는 세 가지 권리보장을 노인인권증진의 목표로 규정하고 있다. <밝은 노후>(2004)는 권리의 주체로서의 노인, 자기결정의 원칙, 잔존 능력의 존중과 활용, 노인의 가치와 존엄의 확보라는 인권 사상을 기반으로 하여, 노인의 권리 영역을 주거권, 고용보장의 권리, 건강권, 교육권, 소득보장권, 기타의 권리라는 6개 영역으로 구분하고 있다. 김미혜(1999) 역시 인권 사상을 기반으로 하여

① 의식주 등을 보장받을 권리
② 수발을 요구하고 받을 권리(수발청구권)
③ 적절하고 충분한 의료를 보장받을 권리
④ 적절한 노동과 이에 상응하는 소득을 보장받을 권리
⑤ 재산상의 관리, 보호를 보장받을 권리
⑥ 정치 및 정책에 참여할 권리
⑦ 문화적 생활을 누릴 권리
⑧ 권리 구제를 요구할 권리를 노인 인권의 영역으로 규정하고 있다.

이상의 노인 인권에 관한 국제 원칙, 법률, 선행연구에서 제시한 노인 인권의 영역과 내용이 각기 상이하긴 하지만, 노인의 인권 역시 인간존엄권, 자유권, 사회권 그리고 법 절차적 권리를 포함하는 것으로 볼 수 있다. 따라서 노인인권의 영역은 인간존엄권, 자유권, 사회권, 청구권으로 구분할 수 있다. 인간존엄권은 행복추구권과 평등권이, 자유권에는 신체자유권, 사

생활자유권, 정신적 자유권, 경제적 자유권, 정치적 자유권이, 사회권은 경제권, 노동권, 주거권, 건강권, 평생교육권, 문화생활권, 사회참여권, 가족유지권, 소통권이 청구권은 법 절차적 권리가 있다. 노인을 대상으로 하는 사회복지사는 노인이 사회권을 보장 받을 수 있도록 주의를 기울여야 한다.

표 15-1 노인의 인권영역과 세부적 권리

영역	인권항목	세부적 권리
인간 존엄권	행복추구권과 평등권	• 천부적 자유와 존엄, 생명권, 신체의 자유와 안전, 강제노동과 노예제도의 금지, 고문 금지, 법 앞에서의 평등, 차별 금지
자유권	신체자유권	• 불법 체포 및 구속으로부터의 자유, 불법 강제 노역으로부터의 자유
	사생활자유권	• 사생활의 비밀과 자유, 주거의 불가침, 거주 및 이전의 자유, 통신의 자유
	정신적 자유권	• 양심의 자유, 종교의 자유, 학문과 예술의 자유, 개인적 및 집단적 표현의 자유
	경제적 자유권	• 재산권의 보장, 직업 선택의 자유
	정치적 자유권	• 정보접근권, 정치활동의 자유, 참정권
사회권	경제권	• 연금수급권, 기초생활보장권, 노후경제생활 교육받을 권리 등
	노동권	• 은퇴 준비 교육권, 경제활동 참여권(기업체 취업, 창업, 노인일자리 사업), 적정 보수를 받을 권리, 적정 노동환경 요구권(산재보험 등) 등
	주거권	• 주거환경보장권(주택소유, 주거환경 개선, 임대보증금지원 등)
	건강권	• 건강증진권(건강교육, 건강상담, 건강교실 등) • 위생 및 영양권(이미용, 목욕, 세탁서비스, 경로 식당(중식서비스), 밑반찬·도시락 배달, 푸드뱅크 등) • 건강급여권(의료이용, 건강보험과 의료급여 등) • 재활서비스 이용권(양·한방진료, 재활문제해결(물리치료, 작업치료, 운동재활, ADL 훈련 등)) • 요양보호권(방문요양, 노인돌봄서비스, 주간·야간·단기보호, 장제서비스), 시설입소권(노인요양시설 등) 등
	평생교육권	• 노인교실, 노인복지관 등의 교육프로그램 참여권(한글교실, 외국어교실, 교양교실, 정보화교육, 역사교실, 예능교실, 전통문화교실 등)

영역	인권항목	세부적 권리
	문화생활권	• 경로당, 노인복지관 등의 여가프로그램 참여권(음악, 미술, 원예교실, 다도교실, 문화교실, 운동, 바둑 · 장기 등)
	사회참여권	• 자원봉사활동 참여권, 동아리 · 클럽 활동 참여권, 교통편의서비스 이용권 등
	가족유지권	• 가족과의 교류, 가족의 부양을 받을 권리 등
	소통권	• 가족, 이웃, 친구, 비노인층 등 관계망과의 교류권
청구권	법 절차적 권리	• 청원권, 재판의 청구권, 형사보상 청구권, 국가배상 청구권, 범죄 피해자의 구조 청구권

출처: 권중돈 외(2014). p.43-44.

02 인권과 노인복지실천

1) 인권과 노인복지 분야의 융합

인권이 추상적이고 형식적 수준의 담론에 그친다면, 인권은 공허한 메아리에 불과할 수 있다는 인권 분야 내부의 비판이 일면서, 인권을 현실에서 보장하고 실현할 수 있는 실질적인 기제(mechanism)가 만들어져야 한다는 주장이 강력하게 제기되고 있다(조효제, 2007). 이에 인권 분야에서는 법률적 · 제도적 접근 이외에 실제로 인권 문제를 효과적으로 다룰 방안에 대한 논쟁이 진행되고 있다(Ife, 2006). 인권을 현실에서 구현하기 위한 각종 사회제도가 있지만, 인권이 삶을 영위하는 데 필요한 자유와 욕구의 충족을 목적으로 한다는 점에서 노인복지정책이나 실천과 더욱 깊은 연관성을 가져야 한다(Gewirth, 1982).

노인복지 분야에서도 노인복지정책과 실천을 통해 노인의 욕구충족과 문제해결을 위한 서비스 제공에는 헌신적이었지만, 노인복지가 추구해야 할 가치와 이념적 지향점, 궁극적으로 도달하고자 하는 목적에 대해서는 비교적 소홀했다는 비판이 제기되고 있다. 한 국가의 사회문화적 상황이 상이하기는 하지만, 노인복지제도의 발달단계는 첫째, 자선과 구제, 둘째 노인 문제의 해결, 셋째 노인의 욕구충족 단계를 거치게 되며, 마지막 단계로는 노인의 권리보장 또는 인권보호 단계로 진행된다(권중돈 외, 2014).

우리나라는 2011년 6월 노인복지법 개정을 통해 노인보호전문기관이 노인인권 보호 관련 사업을 전개하도록 공식화함으로써 노인복지정책과 실천에서 인권 관점을 기반으로 한 노인복지실천(Right-Based Approach, RBA)에 대한 관심이 증가하고 있다(권중돈 외, 2014). 실제로 국제사회사업가협회(IFSW, 2002)는 인권이 노인복지의 심장부라고 보고 노인복지의 가치, 윤리, 이론 및 서비스 과정 전체에서 인권을 고려하지 않으면 안 되며, 인간의 욕구에 반응하는 인권은 노인복지실천에서 반드시 옹호되어야 한다는 점을 강조하고 있다.

이처럼 인권 분야와 노인복지 분야는 상호 융합하고 협력하려는 노력을 통해 각각의 분야가 지닌 한계를 보완하고, 노인의 인권 보호와 복지증진을 도모하기 위한 실천적 행동에서 시너지 효과를 거둘 수 있다.

2) 인권과 노인복지실천의 연관성

인권과 노인복지는 서로 다른 길을 걸어왔지만, 두 분야는 많은 연관성을 지니고 있다(Ife, 2000). 인권의 발달단계를 기준으로 살펴보면, 1세대의 인권이 주로 법률가들이 관심을 갖고 자유를 쟁취하기 위한 노력의 장이었는데, 사회복지 분야에서도 보호가 필요한 계층과 소수자의 권리를 옹호하는 활동과 인권을 보장하기 위한 노력을 전개해왔다. 2세대 더 나아가 3세대 인권은 사회복지전문가의 역할이 중요한 영역이다. 2세대 인권의 발달과정에서는 교육권, 주거권, 건강권, 직업권, 사회보장권 등을 보장하는 노인복지제도가 확충되었으며, 공공과 민간에 의한 직접적 서비스 제공 과정을 인권 보장의 한 과정으로 이해했다. 3세대 인권의 발달과정에서는 사회복지실천에서 지역사회 개발의 측면이 강조되고 있으며(Ife, 2000), 최근에는 상생발전을 도모할 방안을 모색하는 과정에서 더욱 깊은 연관성을 지니게 되었다. 이러한 인권과 노인복지의 관계를 좀 더 구체적으로 살펴보면 다음과 같다(권중돈 외, 2014).

첫째, 노인복지가 뿌리를 두고 있는 가치는 인권 사상과 유사하다. 인간의 존엄성, 자유, 평등, 민주, 정의, 사회적 책임과 연대 같은 노인복지의 기본 가치는 인권에 함축된 기본 가치와 동일하다.

둘째, 인권과 노인복지의 목적이 유사하다. 인권은 인간이 그 자체로서 존엄성을 인정받고 인간답게 살아가는 데 필요한 모든 권리이며, 노인복지의 목적은 인간다운 노후생활의 영위로서, 인권과 동일한 목적을 추구하고 있다.

셋째, 노인복지의 원칙은 인권의 원칙과 유사하다. 노인복지의 원칙은 자립, 보호, 참여, 자기실현, 존엄은 인권의 인간 존엄권을 바탕으로 한 자유권과 사회권의 보장이라는 인권의 원칙과 동일하다.

넷째, 노인복지정책과 실천의 다양한 급여와 서비스, 원조 행위는 결국 인권을 현실에서 구현해 내는 방법이다. 노인복지는 목적과 목표를 달성하기 위해 노인복지정책과 노인복지실천이라는 두 가지 방법을 활용한다. 그러나 두 가지 방법 모두 인간존엄권을 기반으로 하여 노인의 자유권과 사회권을 보장하기 위한 급여와 서비스로 구성되어 있다.

다섯째, 노인복지실천의 다양한 이론과 모델, 개입 활동은 인권 관점에 근거를 두고 있다. 미국사회복지사협회(2000)는 정책 선언에 의하면 사회복지사는 사회적 약자 및 취약계층의 권리 옹호, 취약 집단의 건강과 복지증진에 기여 등과 같은 모든 개입 영역에서 인권 관점을 기반으로 한 실천을 요구하고 있다. 또한, 노인복지실천의 욕구 모델, 사회정의 모델, 시민권 모델, 역량 강화 모델은 노인복지 수급권자의 인권을 증진하는 데 강조점을 두고 있는 것으로 인권 관점을 채택하고 있다(조효제, 2007).

03 노인인권 보호제도 실천

1) 성년후견제도

가장 인간다운 삶은 다른 누군가의 도움이나 복지제도를 이용하지 않고 삶을 스스로 꾸려나가는 것이라 할 수 있다. 그러나 치매 등으로 인해 올바른 판단이나 어떤 행위에 관한 의무나 책임을 이행하는 데 어려움을 겪는 경우 자립적 삶을 영위하기가 어려워진다. 이전의 「민법」에서는 자기 판단 능력이 부족하거나 미약해 자립적인 생활이 불가능하다고 판단되는 사람을 금치산자, 한정치산자로 규정해 친족 중심의 후견인이 법적 행위를 대리하게 했다. 그러나 이러한 과정에 본인의 의사가 반영될 수 없었기 때문에 인권침해 요소가 많았으며 개인의 복지증진에 크게 관심을 기울이지 못한 문제점이 있었다(한국장애인개발원, 2012). 이에 「민법」을 개정해(2011. 3. 7.) 2013년 7월부터 판단 능력이 부족한 사람의 인권을 보호하고 잔존 능력을 인정하면서 그의 복리를 위해 판단을 대리하거나 도와주는 성년후견제도를 도입해 시행하고 있다(권중돈 외, 2014).

2) 노인복지 옴부즈맨제도

성년후견제도와 아울러 도입을 긍정적으로 검토할 필요가 있는 제도는 노인복지 옴부즈맨(ombudsman)제도이다. 옴부즈맨은 시민의 이익을 위해 정부 활동을 점검하고 부적절한 정부 활동으로 인해 발생한 시민의 불만, 불평, 고충, 인권침해 사례를 조사하고 보고 하며, 고충의 해결을 돕는 법적 신분이 보장되는 독립적 공무원이다(Gottehrer & Hostina, 1998). 현재 노인복지 분야에서 질 높은 서비스를 담보해내고 부당 서비스를 방지할 수 있는 장치는 사회복지시설 평가와 공공부문의 감사, 행정지도 감독과 현장

점검 등이 전부이다(권중돈 외, 2014). 이러한 제도는 서비스 공급자에 대한 감독·감시 체계로서, 서비스 소비자인 노인이 경험하는 부당 서비스, 불법 서비스, 차별적 서비스 등을 찾아내는 데 한계가 있으며, 공무원이 직접 노인복지 현장을 자주 방문해 점검하고 감독한다는 것도 현실적으로 한계가 있다. 노인복지 옴부즈맨제도는 이러한 문제를 보완하고 노인의 인권침해를 예방하면서, 발생한 인권침해 사례에 대해서 공정한 구제 활동을 전개할 수 있기 때문에 도입할 필요성이 매우 높다고 하겠다.

04 인권 관점 노인복지정책과 실천 과제

노인복지정책이나 실천이 노인 문제나 노인의 욕구를 해결하고 충족시키는 데 강조점을 두기보다는 노인의 인권을 보장하기 위한 인권 관점 접근(right-based approach)으로 전환될 때만이 노인 문제의 예방과 기초 욕구뿐 아니라 높은 수준의 욕구까지도 충족시킬 수 있으며, 노인이 당연히 누려야 할 권리를 보호받을 수 있는 진정한 의미의 노인복지제도로 발전할 수 있을 것이다. 이에 다음에서는 노인복지 분야에 인권 관점 실천을 도입하고 더욱 확산해나가기 위해서 현시점에서 노력해야 할 과제는 다음과 같다(권중돈 외, 2014).

첫째, 노인 인권 증신과 인권 관점 노인복지실천의 강화를 위해 가장 우선적으로 추진해야 할 과제는 노인 인권의 영역과 세부적 권리에 대한 사회적 합의를 도출하는 것이다. 이러한 합의를 도출하기 위해서 선행되어야 할 것은 노인 인권의 영역과 세부 권리를 규정하기 위한 공개적 논의의 장을 마련하는 것이다. 따라서 보건복지부와 국가인권위원회가 중심이 되어 '노인인권포럼' 같은 논의 구조를 마련하고, 학계·행정부·법조계·실천

현장·노인 당사자 집단이 함께 참여해 노인 인권의 개념, 범위와 영역, 세부적 권리 조항에 대한 합의된 시안을 마련하여 '노인권리선언'과 같은 하나의 선언문 형태로 정리해 공식적으로 공포하고, 세부적인 행동 원칙 또는 지침을 마련할 필요가 있다.

둘째, 법 및 제도적 기반 구축이다. 노인의 인권을 증진하기 위한 복지 급여나 서비스는 법에 기반을 두고 이루어지며, 인권을 서비스로 구현하기 위해서는 법의 제정, 개정, 이행, 준수가 전제되어야 한다(조효제, 2007). 따라서 노인복지실천에서 인권 관점을 기반으로 한 급여나 서비스가 제공되기 위해서는 노인 인권 보호를 위한 법률이 제정되고 정비되어야 한다. 즉, 「노인복지법」을 개정해 권리로서의 복지 성격을 보다 분명히 하고, 「장애인차별금지법」과 같은 수준의 구체적 조항을 담은 「노인차별금지법」을 제정하거나, 아니면 「노인복지법」에 노인차별 금지와 인권보호에 관한 구체적 조항을 신설해 노인의 인권을 보호하기 위한 법적 및 제도적 기반을 구축해야 한다.

셋째, 노인의 인권 의식 전환과 주체적 참여이다. 인권의 실현을 위해서는 당사자 스스로 자신의 권리를 주장하는 것이 필수적이다(조효제, 2007). 그러나 현세대의 노인들은 자신의 개인적 권리를 주장하는 것을 점잖치 못한 행동으로 간주하는 경향이 있어, 권리를 요구해야 하는 상황에도 이를 자제하는 경향이 강하다(권중돈 외, 2014). 이와 아울러 현세대의 노인들은 노인의 인권에 대해 교육을 받을 기회가 없었기 때문에 자신의 권리가 무엇인지도 모르는 경우가 많다. 따라서 노인을 대상으로 한 인권교육 프로그램을 개발해 적극적으로 실시하고, 노인 스스로 권리를 주장할 수 있는 역량을 개발하고, 노인의 권리를 향유하기 위해 활용 가능한 지역자원이나 복지 정보가 상세히 담긴 노인 인권 안내서를 발행해 보급함으로써 노인의 인권 의식을 강화할 수 있을 것이며, 자연스럽게 노인 스스로 자신의 권리 찾기 운동을 전개할 수 있을 것이다.

넷째, 노인복지 종사자와 시민의 인권에 대한 인식 전환이다. 노인의 인권 보호는 노인의 인권 의식을 강화한다고 해서 저절로 이루어지는 것이 아니다. 그러므로 인권 관점에 근거한 노인복지실천을 위해서는 노인복지 종사자와 일반 시민의 노인 인권에 대한 인식 증진이 필요하다. 그러므로 노인복지 종사자와 예비 사회복지사에 대한 노인 인권교육이 선행되어야 한다. 따라서 노인복지 기관과 시설 종사자를 대상으로 한 노인 인권교육이 강화되어야 한다.

다섯째, 노인 권익 옹호와 인권 네트워크 구축이다. 노인복지제도에서 희소한 자원의 효율적 배분과 효용의 극대화 원칙, 즉 공리주의 원칙을 무시할 수는 없다. 그러나 노인복지정책과 실천에서 효율성과 효용성의 가치만을 주장하기보다는 효용과 효율의 대원칙은 수용하되 복지에 인권의 가치가 포함되도록 최대한 폭넓게 규정하고, 이러한 인권을 침해하지 않는 범위 내에서 제한된 자원을 효율적으로 사용해 효용의 최적화를 시도하는 것이 바람직하다(조효제, 2007). 그러나 노인은 자신의 권리를 주장할 권력과 기회, 자원이 제한되어 있으며, 노인복지정책이 확대됨에도 자신의 권리를 충족시키지 못하는 사회적 취약 집단에 속한다. 그러므로 노인이 자신의 권리를 충족하는 데 필요한 자원을 통제할 수 있도록 적극적으로 옹호 해야 하며, 그 집단이 역량을 강화하기 전까지는 그 집단에 대해 자원 배분의 우선순위를 배분하는 조건의 평등이 이루어질 수 있도록 옹호해나가야 한다(조효제, 2007).

참고문헌

[제1장]

국민생활체육협의회(1993). 국민생활체육실태.

권중돈(2010). 노인복지론. 서울: 학지사.

김대훈(2005). 노인의 생활체육활동이 생활만족도에 미치는 영향. 한국스포츠학회지, 3(1), 39-55.

김미옥(1987). 노인의 소외감과 신체적 노화에 관한 연구. 이화여자대학교 대학원 석사학위논문.

김정균(1984). 노인보건과 건강관리. 월간간호, 8(2). 35.

김정은(2009). 노인의 정기적 신체활동과 정신건강에 관한 연구. 서울시립대학교 대학원 석사학위논문.

나항진(2002). 성공적 노화를 위한 노인의 여가에 관한 연구. 노인복지연구, 18, 131-163.

박종한(2006). 성공적 노화에 영향을 미치는 사회적, 심리적, 생물학적 결정요인들. 영남대학교 대학원 박사학위논문.

백진호 · 현승권(2005). 노인의 건강행동과 삶에 대한 고찰. 코칭능력개발지, 7(2), 13-24.

설은주(2005). 특집/저출산, 고령화시대의 목회: 평생교육의 장을 만들자. 기독교사상, 49(5), 46-59.

성수용(2005). 노인체육생활화를 위한 체육정책의 발전방안 연구. 연세대학교 대학원 석사학위논문.

손유림 · 김재룡(2017). 우리는 다시 젊어질 수 있는가? 생물학적 노화 연구의 시사점. Yeungnam University Journal of Medicine, 34(1), 1-10.

송정선(1996). 노인의 여기활동이 생활만족도에 미치는 영향. 과학논집, 23(1), 25-44.

신종대(2000). 노인의 심리사회적 문제에 따른 사회복지서비스 방안에 관한 연구. 대수대학교 대학원 석사학위논문.

안나영(2002). 노인의 생활체육 참여와 여가생활 만족에 미치는 영향. 경기대학교 대학원 석사학위논문.

이영분 외(2004). 고령화사회와 노인 인구의 보건복지. 서울: 건국대학교출판부.

엄현목(2019). 고령화 시대 노인 문제 유형과 노인 목회를 통한 교회 성장 방안. 총신

대학교 대학원 박사학위논문.

장세철(2006). 노인복지. 경기: 교문사.

정경희 외(2013). 중・노년층의 삶의 질과 정책과제. 한국보건사회연구원.

정계순(2008). 운동프로그램 참가 노인의 신체적 자기개념이 심리적 행복감 및 생활만족에 미치는 영향. 명지대학교 대학원 박사학위논문.

정수경(2003). 일부도시 노인들의 생활체육활동과 시설만족도에 관한 연구. 경희대학교 대학원 석사학위논문.

조유향(1992). 노인간호. 서울: 현문사.

조추용・김양이・윤은경(2019). 노인복지론. 서울: 창지사.

진영선(2014). 노년: 인생 제2막의 삶. 대구: 경북대학교 출판부.

최성재・장인협(2010). 노인복지학. 서울: 서울대학교출판문화원.

한국임상사회사업학회(2006). 노인복지론. 경기: 양서원.

한림대학교 고령사회연구소(2017). 고령사회의 이해. 서울: 소화.

한영희(2003). 노인들의 생활체육 참여에 따른 생활만족 및 정신건강과의 관계. 한국체육대학교 대학원 석사학위논문.

홍숙자(1999). 노년학 개론. 서울: 하우.

황홍경(2008). 노인운동이 우울, 자아존중감 및 생활만족도에 미치는 효과. 경남대학교 대학원 석사학위논문.

Atchley, R. C.(1971). Retirement and leisure participation: Continuity or Crisis?. The Gerontologist, 11(1_Part_1), 13-17.

Atchley, R. C.(1989). A continuity theory of normal aging. The gerontologist, 29(2), 183-190.

Beaver, M. L.(1983). Human Service Practice with the Elderly. Englewood Cliffs, NJ; Prentice-Hall.

Beaver, M. L. & Miller, D.(1985). Clinical Social Work Practice with the Elderly: primary, Secondary and Tertiary Interventions. Homewood, IL: Dorsey Press.

Bee, H. L.(2000). The Journey of Adulthood(4th ed). Englewood Cliffs, NJ; Prentice-Hall.

Bengtson, V. L.(1973). The social psychology of aging. Bobbs-Merrill Company.

Breen, L. Z.(1960). Handbook of social gerontology. Cicago, Read Mcnally.

Cottrell Jr. L. S.(1942). The adjustment of the individual to his age and sex roles.

American Sociological Review, 617-620.

Cowgill, D. O., & Holmes, L. D.(1972). Aging and modernization. Appleton-Century-Crofts and Fleschner Publishing Company.

Dowd, J. J.(1980). Exchange rates and old people. Journal of Gerontology, 35(4), 596-602.

Erikson, E. H.(1963). Childhood and society(2nd ed.). New York: Norton.

Hagestad, G. O., & Neugarten, B.(1985). Age and the life course'. Handbook of Aging and the Social Sciences, New York: Van Nostrand and Reinhold.

Havighurst, R. J.(1972). Developmental tasks and education . New York: David McKay Company. Inc.

Homans, G. C.(1961). Social behaviour: Its elementary forms. New York, NY: Harcourt, Brace & World.

Lemon, B. W., Bengtson, V. L., & Peterson, J. A.(1972). An exploration of the activity theory of aging: Activity types and life satisfaction among in-movers to a retirement community. Journal of gerontology, 27(4), 511-523.

Selye, H.(1976). Forty years of stress research: principal remaining problems and misconceptions. Canadian Medical Association Journal, 115(1), 53-65.

[제2장]

국민건강보험공단(2017). 고령사회를 대비한 노인의료비 효율적 관리방안. 건강복지정책연구원.

김동건 · 원윤희(2012). 현대재정학(제6판). 서울: 박영사.

노용구(1995). 한국사회의 노령화 현상과 사회정책적 대응 방안 연구. 고려대학교 대학원 박사학위논문.

박종한(2006). 성공적 노화에 영향을 미치는 사회적, 심리적, 생물학적 결정요인들. 영남대학교 대학원 박사학위논문.

오정숙(2019). 노인의 사회복지서비스가 사회활동과 자아통합감을 매개하여 삶의 만족도에 미치는 영향. 사회과학연구, 30(1), 87-111.

이연호 · 김광민(2015). 인구변화가 지역경제 성장에 미치는 영향: 충북의 경우. 산업경제연구, 28(4), 1493-1513.

이은경(2018). 건강보험 재정의 현황과 정책과제. 보건복지포럼, 2018(2), 51-64.

이현승 · 김현진(2003). 늙어가는 대한민국: 저출산 고령화의 시한폭탄. 삼성경제연구소.

임희섭(2003). 지역사회 공동체 증진방안, 영남대학교 대학원 석사논문.

조성남(2004). 에이지붐 시대: 고령화 사회의 미래와 도전. Ewha Womans University Press.

조성남(2009). 에이지붐 시대: 고령화 사회의 미래와 도전. Ewha Womans University Press.

최순남(2005). 인간의 행동과 사회환경, 경기: 한신대학교출판부.

최재헌 · 윤현위(2012). 한국 인구고령화의 지역적 전개 양상. 대한지리학회지, 47(3), 359-374.

통계청(2020). 2020 고령자 통계. 통계청.

현외성 외(2001). 노인케어론. 경기: 양서원.

Dowd, J. J.(1980). Exchange rates and old people. Journal of Gerontology, 35(4), 596-602.

Kohn, N. A., & Blumenthal, J. A.(2014). A critical assessment of supported decision-making for persons aging with intellectual disabilities. Disability and health journal, 7(1), S40-S43.

Morgan D. L.(1988) Focus groups as qualitative research. London: Sage.

OECD data. https://data.oecd.org/

[제3장]

강성호 · 이태열(2020). 가구분화에 따른 노인빈곤과 시사점. KIRI고령화 리뷰, 36, 1-9.

강현욱 · 박경민(2012). 도시와 농촌 노인의 우울에 미치는 영향요인 비교. Journal of the Korean Gerontological Society, 32(1), 129-143.

국가법령정보센터(2020). 국가법령정보센터 www.law.go.kr

국가인권위원회(2019). 노노돌봄 현황 실태조사. 국가인권위원회.

국토교통부(2018). 2018 주거실태조사. 국토교통부.

권중돈(2015). 노인복지론.

김동배 · 손의성(2005). 한국노인의 우울 관련변인에 관한 메타분석. 한국노년학, 25(4), 167-187.

김미령 외(2013). 노인복지상담. 서울: 한국노년학포럼.

김신미(1993). 치매노인 환자가족에 대한 간호접근. 중앙의학, 58(6), 361-367.

김태완・이주미(2020). 코로나 시대의 소득불균형 심화와 정책적 대응. 보건복지포럼, 2020(12), 20-33.

김형수(2000). 노인자살의 이해와 일차적 예방. 한국인구학, 23(2), 167-187.

대한노인정신의학회(2018). 치매의 진단. 대한노인정신의학회.

박경원(2001). 도시 가버넌스와 협력적 계획모형. 국토계획, 36(5), 195-209.

박봉길・송인석(2014). 독거노인의 스트레스와 자살 생각 간의 관계. 한국사회복지학, 66(2), 51-74.

박수경(2018). 노인복지법과 입법평가－노인복지법상의 노인학대 예방사업 관련 조항을 중심으로-. 입법평가연구, 13, 137-200.

박순미・김유진・박소정(2017). 국내 노인주거복지서비스 현황 및 특성 분석. 노인복지연구, 72(3), 395-428.

박은지(2018). 원예치료가 장애인의 자아존중감과 우울에 미치는 영향. 목포대학교 대학원 박사학위논문.

박재간(1995). 고령화사회의 위기와 도전. 경기: 나남.

박재산・이정찬・김귀현・문재우(2009). 우리나라 노인의 자살충동에 영향을 주는 관련요인 연구, 보건과 사회과학, 26, 115-136.

박희숙・장원태・오정희(2016). NSC 노인복지론. 경기: 공동체.

배재남(2002). 노년기 우울증. 대한내과학회지, 63(5), 602-608.

배진희・엄기욱(2009). 노인의 자살시도에 영향을 미치는 요인. 한국노년학, 29(4), 1427-1444.

보건복지부(2008). 2008년 지역사회건강조사. 보건복지부.

보건복지부(2016). 2006-2015 손상 유형 및 원인 통계, 응급실 손상환자 심층조사. 보건복지부.

보건복지부(2019). 노인복지사업안내. 보건복지부.

서인균・이연실(2016). 독거노인의 사회적 자원과 자살 생각간의 관계에 대한 우울의 매개효과. 노인복지연구, 71(2), 219-247.

서홍란・정윤경・김희년(2013). 신체적 질환이 노인 우울에 미치는 영향과 자기돌봄행위의 조절효과. 노인복지연구, 61, 57-83.

안지숙(2018). 한국 노인의 건강관련 삶의 질과 영향요인 추이. 한국보건간호학회지, 32(2), 275-287.

안지혜・이지연・장보형・한창수(2014). 사망원인으로 분석한 우리나라 노인 자살자의 특성. 근거와 가치, 3(1), 18-31.

양옥경・주소희(2011). 독거노인 자살사고에 영향을 미치는 요인에 관한 탐색적 연구. 정신보건과 사회사업, 37(4), 321-347.

여유진(2019). 한국의 노인빈곤과 노후소득보장. 보건・복지 Issue & Focus, 364, 1-8.

오병훈(2006). 노인 우울증의 진단과 치료. 대한임상노인의학회지, 7, 83-92.

오인근(2008). 노인자살 생각에 대한 경로 분석. 연세대학교 대학원 박사학위논문.

유영직(2014). 시・군지역의 노인자살률에 영향을 미치는 요인에 관한 연구. 목포대학교 대학원 박사학위논문.

유지웅(2011). 노인학대 조기발견 대책과 경찰의 역할. 치안정책연구, 25(1), 87-114.

이동규(2017). 장기요양보험이 장기요양서비스와 의료이용에 미치는 영향. 서울대학교 대학원 석사학위논문.

이주미・김태완(2020). 노인빈곤 원인에 대한 고찰: 노동시장 경험과 가족구조 변화를 중심으로. 보건사회연구, 40(2), 193-221.

임병우・김은주・임중철・주경희(2015). 노인복지론. 경기: 공동체.

장규원・박호현・김종호(2018). 노인복지법 개정논의에 관한 고찰-노인학대를 중심으로. 법과정책, 24(2), 275-297.

정경희 외(2017). 2017년도 노인실태조사. 보건복지부.

중앙노인보호전문기관(2019). 2019 노인학대현황보고서. 중앙노인보호전문기관.

중앙자살예방센터(2019). 2019년 자살예방백서. 중앙자살예발센터.

통계청(2009). 사만원인통계결과. 통계청.

통계청(2019). 2019년 사망원인 조사. 통계청.

한국보건사회연구원(2015). 한국복지패널 9차년도 조사자료 User's Guide. 세종: 한국보건사회연구원.

황정우・이강욱・김정유・이동하・김두명(2017). 동거 및 독거노인의 우울이 자살사고에 미치는 영향과 대인관계의 조절효과. 정신건강과 사회복지, 45(1), 36-62.

Ashmore, R.(2006). Why People Die By Suicide. Mental Health Practice, 10(2), 26-27.

Balte, P. B., & Mayer, K. U.(1999). The berlin aging study: Aging from 70-100. Cambridge press: New York.

Beck, A. T., Kovacs, M., & Weissman, A.(1979). Assessment of suicidal intention: the Scale for Suicide Ideation. Journal of consulting and clinical psychology,

47(2), 343.

Berk, M., Dodd, S., & Henry, M.(2006). The effect of macroeconomic variables on suicide. Psychological medicine, 36(2), 181-189.

BITS(2012). Protecting the Elderly from Financial Fraud and Exploitation. A Publication of BITS, 1001 Pennsylvania Avenue NW Suite 500 South Washington DC20004(202), 289-4322.

Blazer, D. G.(2007). Essentials of geriatric psychiatry. American Psychiatric Publishing, Inc..

Brown, S. L., & Vinokur, A. D.(2003). The interplay among risk factors for suicidal ideation and suicide: The role of depression, poor health, and loved ones' messages of support and criticism. American Journal of Community Psychology, 32(1-2), 131-141.

Dai, J., H. F. K. Chiu, K. R. Conner, S. S. M. Chan, Z. J. Hou, X. Yu, E. D. Caine(2011). Suicidal ideation and attempts among rural Chinese aged 16-34years－Socio-demographic correlates in the context of a transforming China, Journal of Affective Disorders, 130(3), 438-446.

Durkheim, E.(1987). 자살론. 황보종우(역)(2008). 서울: 청아출판사 : La division del trabajo social. Ediciones Akal.

Garre-Olmo, J., Plana-Pujol, X., López-Pousa, S., Juvinya, D., Vila, A. & Vilalta-Franch, J.(2009). Prevalence and risk factors of suspected elder abuse subtypes in people aged 75 and older. Journal of American Geriatrics Society, 57, 815-822.

Hersen, M., & Van Hasselt, V. B. (Eds.) (2013). Basic interviewing: A practical guide for counselors and clinicians. Routledge.

Kumar, G. and Steer, R.(1995). Psychosocial correlation of suicidal in adolescent psychiatric inpatients. Adolescence, 25(3), 213-247.

Lachs, M. S., & Pillemer, K.(2004). Elder abuse. Lancet, 364, 1263-1272.

Paykel, E. S., Myers, J. K., Lindenthal, J. J., & Tanner, J.(1974). Suicidal feelings in the general population: a prevalence study. The British Journal of Psychiatry, 124(582), 460-469.

Rudd, M. D.(1990). An integrative model of suicidal ideation. Suicide and Life-Threatening Behavior, 20(1), 16-30.

Simons, R. L., & Murphy, P. I.(1985). Sex differences in the causes of adolescent suicide ideation. Journal of Youth and Adolescence, 14(5), 423-434.

Tatara, T.(1990). NARCEA's suggested state guidelines for gathering and reporting domestic elder abuse statistics for compiling national data. Washington, DC; NARCEA.

WHO.(2018). World health statistics 2018: monitoring health for the SDGs sustainable development goals. World Health Organization.

Zastrow, C., & Bremner, J.(2004). Understanding human behavior and the social environment. Thomson Learning.

[제4장]

김정화(2020). 사회보험을 통한 노인복지의 개선방향에 관한 헌법적 연구. 고려대학교 대학원 박사학위논문.

김주현(2009). 연령주의(Ageism) 관점을 통한 노년의 이해. 사회와 역사(구 한국사회사학회논문집), 82, 361-391.

보건복지부(2000). 고령화 관련 국제행동계획과 노인을 위한 유엔 원칙.

보건복지부(2002). 마드리드 고령화국제행동계획.

양옥남 외(2016). 노인복지론. 경기: 공동체.

이근홍(2018). 노인복지론. 경기: 지식공동체.

이세주(2019). 사회적 약자의 기본권과 실질적 보장의 실현-노인의 권리 보장 실현을 위한 유럽에서의 논의를 중심으로. 공법학연구, 20(3), 145-172.

조성백 · 최민호(1996). 농업생산력의 변화에 따른 농업생산조직의 발전과정. 한국농촌지도학회지, 3(1), 1-16.

최성재 · 장인협(2006). 노인 복지학. 서울대학교출판부.

최성재 · 장인협(2011). 고령사회와 노인 복지학. 서울대학교출판부.

Brandon, D.(1991). The Implications of Normalisation Work for Professional Skills. In S Ramon(Ed.), Beyond Cowanity Care: Normalisation and Integration Work. Houndmills: Macmillan.

Nirje, B.(1969). The Normalization Principle and Its Human Management Implications. Changing Patterns in Residential Services for the Mentally Retarded. Washington: President's Commitee on Mental Retardation.

Ramon, S.(1991). Beyond Community Care Normalisation and Integration Work. Houndmills: MacMillan Press Ltd.

Wolfensberger, W.(1983). Social role valorization: A proposed new term for the principle of normalization. Mental retardation, 21(6), 234.

Wolfensberger, W.(1972). The Principle of Nonalization in Human Services. Toronto: National Institute on Mental Retardation

[제5장]

박선권(2012). 사회노년학 이론의 갈래, 추세, 정책적 함의. 민주사회와 정책연구, (22), 73-101.

정경희(2017). 노인복지정책 진단과 미래 발전 방향. 보건복지포럼, 254, 18-36.

조형(1980). 과학혁명의 구조. 서울: 이화여자대학교 출판부.

최희경(2006). 우리나라 노인복지연구의 노년학 이론 활용에 관한 분석. 노인복지연구, 34, 7-29.

Achenbaum, W. A., & Bengtson, V. L.(1994). Re-engaging the disengagement theory of aging: On the history and assessment of theory development in gerontology. The gerontologist, 34(6), 756-763.

Adams, D. L.(1971). Correlates of satisfaction among the elderly. The Gerontologist, 11(4 Pt 2), 64-68.

Bengtson, V. L., Burgess, E. O., & Parrott, T. M.(1997). Theory, explanation, and a third generation of theoretical development in social gerontology. The Journals of Gerontology Series B. Psychological Sciences and Social Sciences, 52(2), S72-S88.

Cavan, R. S.(1962). Self and role in adjustment during old age. Human behavior and social processes, 526-536.

Cumming, E., & Henry, W. E.(1961). Growing old, the process of disengagement. Basic books.

Elder, G. H. Jr.(1974). Children of the Great Depression, Chicago: University of Chicago Press.

Estes, C. L.(2001). Crisis, the Welfare State, and Aging," Estes C. L. eds., Social Policy and Aging: A Critical Perspective, Sage.

Estes, C. L., Gerard, L. & Clarke A.(1984). Women and the Economics of Aging. International Journal of Health Services, 14(1), 55-68.

Estes, C. L., Wallace, S. P., Linkins, K. W., & Binney, E. A.(2001). The medicalization and commodification of aging and the privatization and rationalization of old age policy. Social policy & aging: A critical perspective, 45-60.

Foner, A.(1974). Age stratification and age conflict in political life. American Sociological Review, 187-196.

Guillemard, A. M.(1983). Old age and the welfare state. Sage.

Hooyman, N. R., & Kiyak, H. A.(2005). Social Gerontologist: A Multidisciplinary Perspective.

Howe, D.(1987). An introduction to social work theory: Making sense in practice (Vol. 24). Ashgate Publishing, Ltd.

Kaye, L. W., Butler, S. S. & Webster, N. M.(2003). Toward a productive ageing paradigm for geriatric practice. Ageing International, 28(2), 200-213.

Lynott, R. J. & Lynott, P. P.(1996). Tracing the Course of Theoretical Development in the Sociology of Aging. Gerontologist, 36, 749~760.

Marshall, V. W.(1996). The State of Theory in Aging and Social sciences. In R. H. Bibstock and I. K. George(Eds.). Handbook of aging and the Social Sciences(4th ed.). Sandiego: Academic Press.

Passuth, P. P. & Bengtson, V. L.(1996). Sociological Theories of Aging: Current Perspective and Future Directions. Quadagno, J. & Street, D. ed., Aging For The Twenty-first Century, St. Martin's Press.

Payne, M.(2005). The origins of social work: Continuity and change. Red Globe Press.

Phillipson, C. & Barrs, J.(2007). Social theory and social aging. Ageing in Society: European Perspective on Gerontology, SAGE.

Thomas, K.(1962). The structure of scientific revolutions.

Townsend, P.(1981). Structured Dependency of the Elderly: A Creation of Social Policy in the Twentieth Century. Ageing and Society, 1, 5~28.

Walker, A.(1980). Towards a Political Economy of Old Age," Revised version of a paper presented at the British Society of Gerontology Annual Conference, Aberdeen.

[제6장]

김태한・고준기(2013). 고령화에 따른 노인복지관련법의 문제점 및 향후 개선 과제. 법학연구, 16(1), 167-198.

변재관・전영섭・이철희・최현수・고연분(2002). 고령화 사회에 대비한 재정정책 방향: 사회보장과 성장지속가능성의 균형. 한국보건사회연구원.

보건복지부(2015). 보건복지 70년사: 가난의 시대에서 복지사회로. 보건복지부.

보건복지부(2018). 보건복지통계연보. 보건복지부.

손미정(2010). 노후소득보장수단으로서의 기초노령연금에 관한 연구. 법학연구, 37, 345-361.

이상윤(2008). 노인 사회복지제도에 관한 현행 법체계의 재정립. 노동법논총, 14, 281-308.

이호용(2011). 우리나라 노인복지법제의 현황과 과제. 법학논총, 35(2), 3-34.

조욱환(2014). 고령사회에서의 노인복지관련법에 관한 연구. 호서대학교 대학원 박사학위논문.

[제7장]

김동하・양예슬・이혜원・이수미・김도영・김용진・유승현(2019). 도시 취약계층 노인의 건강 관련 생활상에 대한 다각적 이해. 보건과 사회과학, 52(1), 93-122.

위키백과. ko.wikipedia.org

장원순(2004). 사회문화교육방법으로서의 '일상생활' 분석. 사회과교육, 43(4), 167-187.

정경희(2017). 한국 노인복지제도의 좌표와 패러다임 진단. 한국노인복지학회 학술대회, 7(1), 5-28.

Levasseur, M., Tribble, D. S. C., & Desrosiers, J.(2009). Meaning of quality of life for older adults: Importance of human functioning components. Archives of gerontology and geriatrics, 49(2), e91-e100.

[제8장]

공무원연금공단(2010). 2009 공무원연금 기금운용 연차보고서.

김연명(2004). 국민연금법 개정과 언론의 보도 성향. 월간 복지동향, (64), 39-41.

김영모(1995). 한국사회보장개혁론. 중앙대학교 출판부.

김정화(2019). 고령화시대 국민연금의 문제점과 개선방안. 법학연구, 27(3), 97-122.

김진수・이윤진・김치완(2015). 주택연금제도의 사회보장적 성격에 관한 연구. 사회보장연구, 31(1), 55-81.

박찬용・김연명・김태완(2000). 사회안전망 확충을 위한 소득보장체계 개편방안-소득보장의 사각지대 해소를 중심으로. 보건사회연구원.

보건복지가족부(2009). 공적연금연계제도란 무엇인가요?. 보건복지부

보건복지부(2020). 2020년 국민기초생활보장 사업안내. 보건복지부.

석재은(1998). 경로연금제도의 현황과 발전방안. 보건복지포럼, 1998(10), 36-48.

석재은(2005). 노후생활보장의 강화. 보건복지포럼. 58-62. 한국보건사회연구원.

이태진(2011). 2011 년도 기초생활보장정책의 변화와 전망. 보건복지포럼, 2011(1), 42-49.

최윤영(2017). 한국의 공적노후소득보장체계는 중산층에게 적정한가?. 고려대학교 대학원 박사학위논문.

황남희(2016). 노후소득보장정책의 현황과 과제. 보건복지포럼, 2016(9), 21-33.

[제9장]

강신옥・방혜선(2010). 농촌노인과 도시노인의 성공적 노화에 관한 비교연구-충북 노인일자리 사업 참여자를 중심으로. 노인복지연구, 49(1), 287-309.

김양건(2019). 한국 중장년 일자리정책의 노동시장 성과 연구. 성균관대학교 대학원 박사학위논문.

김원철(2015). 건강의 사회적 결정요인이 근골격계 희귀난치성질환자의 건강수준에 미치는 영향: 건강불평등 모형을 중심으로. 고려대학교 대학원 박사학위논문.

김정희(2018). 노인의 지역사회 역량과 활동적 노화(Active Aging)의 관계. 연세대학교 대학원 박사학위논문.

보건복지부(2020). 2020년도 노인일자리 및 사회활동 지원사업 운영안내.

김영범・이승훈(2008). 한국 노인의 사회활동과 주관적 안녕감: 서울 및 춘천 노인을 대상으로. 한국노년학, 28(1), 1-18.

이석원(2010). 노인일자리 사업 참여자의 시간활용 변화와 적극적 노년생활. 노인복지연구, 49, 51-79.

이인수(2001). 한국 노인의 정치 및 사회활동을 위한 과제. 노인복지연구, 14, 35-66.

이재원 외(2017). 노인일자리 전달체계 개선방안 연구. 보건복지부.

이주현(2019). 노인일자리 사업 정책효과 분석. 성균관대학교 대학원 석사학위논문.

이지혜・황남희(2019). 노인일자리사업이 노인가구의 경제적 생활수준에 미치는 영향 분석: 소득과 소비 변화를 중심으로. 보건사회연구, 39(1), 11-38.

임수경(2020). 사회적 네트워크와 고령장애인의 건강에 대한 다층모형 분석. 중앙대학교 대학원 박사학위논문.

정경희(2014, April). 성공적인 시니어 일자리 창출을 위한 지원정책 모색. In 고령사회, 행복한 일자리 상상. 미래포럼.

통계청(2009). 2009년 생활시간조사. 통계청.

최혜지 외(2020). 노인복지론. 서울: 사회평론아카데미.

Atchley, R. C., & Baruch, A. S.(2004). Social forces and aging: An introduction to social gerontology Belmont, CA: Wadsworth. HK Bak, 610.

Avramov, D., & Maskova, M.(2003). Active ageing in Europe (Vol. 2). Council of Europe.

Bowling, A.(2008). Enhancing later life: how older people perceive active ageing?. Aging and Mental Health, 12(3), 293-301.

Godbey, G., & Biazey, M.(1981). Old people in urban parks. Journal of Leisure Research, 15, 229-244.

Holstein, M. B., & Minkler, M.(2003). Self, society, and the "new gerontology". The Gerontologist, 43(6), 787-796.

Kelly, E. L., & Conley, J. J.(1987). Personality and compatibility: A prospective analysis of marital stability and marital satisfaction. Journal of personality and social psychology, 52(1), 27.

Levasseur, M., Richard, L., Gauvin, L., & Raymond, É.(2010). Inventory and analysis of definitions of social participation found in the aging literature: Proposed taxonomy of social activities. Social science & medicine, 71(12), 2141-2149.

McGuire, F. A., Boyd, R. K., & Tedrick, R. T.(1996). The importance of leisure. Leisure and aging, 115-141.

Morrow-Howell, N., Hinterlong, J., & Sherraden, M. (Eds.).(2001). Productive aging: Concepts and challenges. JHU Press.

Solar, O., & Irwin, A.(2010). A conceptual framework for action on the social determinants of health. WHO Document Production Services.

[제10장]

김명옥(1984). 중년기 이후의 노화현상에 관한 분석적 연구. 이화여자대학교 대학원 석사학위논문.

김민주・황준용(2019). 초고령화 사회를 대비한 노인장기요양보험제도에 관한 연구. 한국산학기술학회 논문지, 20(10), 395-405.

김석준(2012). 노인의 신체적 건강, 정신적 건강, 사회적 건강에 관한 연구. 한서대학교 대학원 석사학위논문.

김수린・김주현・정순둘(2018). 고령층의 주관적 건강상태, 고독이 우울에 미치는 영향: 고령친화환경의 조절된 매개효과. 노인복지연구, 73(2), 9-47.

김정희(1994). 건강과 신체적 건강의 개념 및 측정에 관한 고찰. 보건환경연구소논총, 4(2), 82-97.

남상권・심옥수(2011). 만성질환노인의 삶의 질 영향요인 연구: 만성질환유형을 중심으로. 노인복지연구, 53, 239-259.

보건복지부(2017). 2017년 노인실태조사보고서. 보건복지부.

선우덕 외(2016). 사회보장제도 노인건강 분야 기본평가. 보건사회연구원.

염동문・정정숙(2014). 노인의 주관적 건강상태와 삶의 만족에 관한 연구: 우울의 매개효과와 사회적 관계망의 조절효과를 중심으로. 사회과학연구, 30(4), 27-50.

유재남(2015). 중고령자 주관적 건강상태와 삶의 만족도의 종단분석. 노인복지연구, 68, 331-356.

이수현(2017). 청년 여가정책의 필요성 연구: 청년세대의 여가자원 분포 특성 검토를 통하여. 여가학연구, 15, 71-93.

이영란(2019). 우리나라 노인장기요양보험제도의 개선방안에 관한 연구. 송원대학교 대학원 석사학위논문.

이영자(1989). 노인의 자기 간호. 대한간호, 28(5), 13-17.

이정숙・이인수(2005). 노년기 건강관리 행동과 사회 경제 요인이 건강 상태에 미치는 영향. 노인복지연구, 27, 231-253.

이지선(2013). 주관적 건강 인식이 의료이용에 미치는 영향. 서울대학교 대학원 박사학위논문.

임광빈・강동훈(2018). 주거의 경제 및 지역적 특성이 노인의 삶의 만족도에 미치는 영향: 자아존중감의 매개효과를 중심으로. 한국콘텐츠학회논문지, 18(4), 467-479.

조미란(2009). 국민건강보험제도의 변화에 따른 병원경영전략에 관한 연구. 경상대학교 대학원 석사학위논문.

조추용・정미경(2016). 농촌노인의 일상생활수행능력과 생활의 어려움이정신건강에 미치는 영향요인에 관한 연구: 사회적 지지 매개효과를 중심으로. 노인복지연구, 71(1), 331-353.

Campbell, A., Converse, P. E., & Rodgers, W. L.(1976). The quality of American life: Perceptions, evaluations, and satisfactions. Russell Sage Foundation.

Hansluwka, H. E.(1985). Measuring the health of populations, indicators and interpretations. Social Science & Medicine, 20(12), 1207-1224.

Liang, J.(1986). Self-reported physical health among aged adults. Journal of Gerontology, 41(2), 248-260.

Mossey, J. M., & Shapiro, E.(1982). Self-rated health: a predictor of mortality among the elderly. American journal of public health, 72(8), 800-808.

Nelson, E. A., & Dannefer, D.(1992). Aged heterogeneity: Fact or fiction? The fate of diversity in gerontological research. The Gerontologist, 32(1), 17-23.

Nesman, T. M., Batsche, C., & Hernandez, M.(2007). Theory-based evaluation of a comprehensive Latino education initiative: An interactive evaluation approach. Evaluation and Program Planning, 30(3), 267-281.

Rowe, J. W., & Kahn, R. L.(1997). Successful aging. The gerontologist, 37(4), 433-440.

Vaillant, G. E., & Western, R. J.(2001). Healthy aging among inner-city men. International Psychogeriatrics, 13(4), 425.

[제11장]

강은나 외(2019). 초고령사회 대응을 위한 노인주거정책 개편 방안. 한국보건사회연구원.

강은나(2019, October). 노인주거실태와 대안적 지원방안. In 한국사회정책연합학술대회. 한국사회보장학회.

김수욱・구용근(2014). 노인의 주거요인이 삶의 만족도에 미치는 영향에 관한 연구. 부동산학보, 한국부동산학회, 56.

김혜승 외(2019). 사회보장제도 수급 적격성 제고 및 사각지대 축소를 위한 모니터링-주거복지 (주거급여 중심) 분야를 중심으로. 보건사회연구원.

박신영(2003). 고령화 시대 노인주거정책, 밝은 노후 모임 창립 5 주년 기념 세미나.

최성재(2003). 한국의 노인주거보장 정책의 문제점과 개선방향. 건축, 47(6), 16-20.

[제12장]

권인순(2014). 노인 포괄평가의 개념과 필요성. Journal of the Korean Medical Association, 57(9), 749-755.

김선민 외(2000). 건강보험 재정설계 연구. 국민건강보험공단.

김선호・오두남(2012). 성공노화를 위한 포괄적 노인평가 패키지 개발. 한국콘텐츠학회논문지, 12(9), 257-269.

박주성(2005). 포괄적 노인평가와 접근법. 대한임상노인의학회지, 6, 277-291.

이지윤・장사랑・윤주영(2008). 요양병원 입원환자 평가도구의 타당도와 신뢰도. 노인간호학회지, 10(1), 7-19.

조비룡・안은미(2013). 건강검진 현황과 과제. 보건복지포럼, 198, 48-54.

Hawes, C., Mor, V., Phillips, C. D., Fries, B. E., Morris, J. N., Steele-Friedlob, E., & Nennstiel, M.(1997). The OBRA-87 nursing home regulations and implementation of the Resident Assessment Instrument: Effects on process quality. Journal of the American Geriatrics Society, 45(8), 977-985.

Reuben, D. B., Laliberte, L., Hiris, J., & Mor, V.(1990). A hierarchical exercise scale to measure function at the advanced activities of daily living (AADL) level. Journal of the American Geriatrics Society, 38(8), 855-861.

Rubenstein, L. Z. & Rubenstein, L. V.(2012). Multidimensional geriatric assessment. In: Fillit H. M., Rockwood K., Woodhouse K., editors. Brocklehurst's textbook of geriatric medicine and gerontology. 7th ed. Philadelphia: Saunders, p. 211-217.

[제13장]

김미숙 외(2011). 선진국의 아동 사례관리체계 비교연구. 보건사회연구원.

이권일(2007). 사례관리의 이론과 실천. 서울: 창지사.

이근홍(1998). 케이스 매니지먼트. 서울: 대학출판사.

이근홍(2015). 사례관리 (개정판). 파주: 양서원.

임지영 외(2009). 사례관리 실천 매뉴얼. 서울시복지재단.

Challis, D., Darton, R., Hughes, J., Stewart, K., & Weiner, K.(2001). Intensive care management at home: an alternative to institutional care?. Age and Ageing, 30(5), 409-413.

Greene, S. B., McKoon, G., & Ratcliff, R.(1992). Pronoun resolution and discourse models. Journal of Experimental Psychology: Learning, Memory, and Cognition, 18(2), 266.

Intagliata, J.(1992). Social support and quality of life of community support clients. Community Mental Health Journal, 28(5), 397-411.

Rapp, R.(1988). Chromosomes and communication: the discourse of genetic counseling. Medical anthropology quarterly, 2(2), 143-157.

Rose, M.(1980). A test of evolutionary theories of senescence. Nature, 287(5778), 141-142.

Rose, M. M., & Moore, B. C.(1995). Perceptual grouping of tone sequences by normally hearing and hearing-impaired listeners. The Journal of the Acoustical Society of America, 102(3), 1768-1778.

Steinberg, R. M., & Carter, G. W.(1983). Case management and the elderly: A handbook for planning and administering programs. Lexington Books.

Weinberg, A., Williamson, J., Challis, D., & Hughes, J.(2003). What do Care Managers do?—A Study of Working Practice in Older Peoples' Services. British Journal of Social Work, 33(7), 901-919.

Woodside, M., & McClam, T.(1998). An Introduction to Human Services, 3rd edn, Brooks.

Woodside, M., & McClam, T.(2006). An Introduction to Human Services, 3rd edn, Brooks.

[제14장]

권육상·이명재(2002). 인간행동과 사회환경. 서울: 대영문화사.

김태현(1985). 노인상담의 기초적 연구. 한국노년학, 5, 14-26.

박차상 외(2008). 한국노인복지론. 서울: 학지사.

서혜경 외(2006). 노인상담: 기본 기술과 과정. 서울: 학지사.

양경순(2004). 뇌졸중 환자를 위한 아침체조가 우울과 재활동기에 미치는 효과. 경희대학교 행정대학원 석사학위논문.

엄명용・노충래・김용석(2008). 사회복지실천기술의 이해. 서울: 학지사.

이장호・김영경(2006). 노인상담: 경험적 접근. 서울: 시그마프레스.

이효선(2008). 노인상담과 연구. 서울: 신정.

Hepworth, Dean H., et al.(2010). Direct Social Work Practice: Theory and Skills(8th ed.). Belmont, CA: Brooks/Cole Loomis, James F.(1992). Case Management in Healthcare. In Rose, Stephen M.(Ed.), Case Management and Sacial Work Practice. New York: Longman Publishing Group

[제15장]

국가인권위원회(2004). 유엔인권해설집: 국제인권장전.

권중돈 외(2014). 노인 인권 길라잡이. 국가인권위원회.

김미혜(1999). 노인과 인권. 복지동향, 통권 8호, 31-40.

염형국(2004). 시설장애인의 인권보장을 위한 실천방안 모색. 교남 소망의 집. 개원 22주년 기념 세미나 자료집.

이창수 외(2005). 인권관련 정부 통계 현황에 대한 실태조사. 국가인권위원회.

조효제(2007). 인권의 문법. 서울: 후마니타스.

Gewirth, A.(1982). Human Rights. Illinois: The University of Chicago Press.

Ife, J.(2000). Human rights and social work. Columbia University Press.

Reighert, E.(2003). Social work and human rights: A foundation for policy and practice. New York: Columbia University Press.

Sweet, W.(2003). Philosophical theory and the universal declaration of human rights. Univ. of Ottawa Press.

저자소개

■ **전명숙**

신라대학교 사회복지학 박사(ph. D)
신라대학교 사회복지학부 외래교수
한국사회복지상담학회 이사
대구사이버대학교 사회복지현장실습 지도교수
現) 진흥원격평생교육원 노인복지론 개발교수
동원과학기술대학교 사회복지과
부산과학기술대학교 장례행정복지과

■ **김기명**

경성대학교 경영학과 경영학 박사
중부대학교 사회복지학과 사회복지학 석사
現) 명정장학재단 등기이사
사회복지법인 반석복지재단 사외이사
사회복지법인 파랑새복지관 사외이사
부산과학기술대학교 사회복지계열 장례행정복지과, 풍수명리복지과 전임교수(학과장)

노인복지론

초판 1쇄 인쇄 / 2021년 2월 20일
초판 1쇄 발행 / 2021년 2월 25일

•

공저자 / 전명숙 · 김기명
발행인 / 이 숭 수
발행처 / **동 문 사**

•

서울특별시 서대문구 홍제원 1길 12
(홍제동 137-8)
Tel: 02)736 3718(대), 736-3710, 3720
Fax: 02)736-3719
등록번호: 1974.04.27 세9-17호
가격: 20,000원

•

ISBN: 979-11-6328-262-4(93330)
E-mail: dong736@naver.com
www.dongmunsa.com